실속 100%

러시아어 첫걸음 1

개정판

랭기지플러스

머리말

개정판을 내며

<실속 100% 러시아어 첫걸음> 책이 출판된 지 벌써 10여년의 시간이 지났습니다. 어떤 언어이든 기본 문법이나 어휘는 시대가 바뀐다고 해서 크게 변화하는 것이 아니기 때문에 굳이 개정판을 낼 필요가 있을까 생각하기도 했지만, 이 기간 동안 학생들을 가르치고, 또 이 교재로 러시아어를 독학한 학생들의 피드백을 들으며, 누구나 혼자서도 학습할 수 있도록 필요한 사항을 추가하였습니다. 문법 설명 부분을 강화하고, 듣기를 따로 훈련할 수 있도록 듣기 평가 파트를 더하고, 여전히 러시아에서는 널리 사용되고 있는 러시아어 필기체를 연습할 수 있는 쓰기 노트를 제작하고, 그 사이 러시아에서 사용 빈도가 현격히 줄어든 단어들을 제외하는 등을 책의 구석구석을 새로 손보아 개정판을 출간하게 되었습니다.

이 책은 대학에서 처음으로 러시아어를 배우는 학생들을 대상으로 문법과 회화 수업을 연계하여 진행할 수 있도록 구성되어 있습니다. 예비과를 제외한 모든 과들은 문법을 다루는 «ГОВОРИ́ТЕ ПРА́ВИЛЬНО!» 부분과, 앞서 배운 문법에 근거하여 회화를 연습하는 «ДАВА́ЙТЕ ПОГОВОРИ́М!» 부분으로 나뉘어져 있습니다. 국내 대다수의 러시아어 관련학과의 커리큘럼이 저학년의 경우 러시아어 1·2, 러시아어회화 1·2 등과 같이 짜여져, 문법과 회화를 나누어 가르치도록 되어있는데, 그 두 수업 사이의 연계성을 높여 학습한 문법을 기초로 정확한 언어를 구사할 수 있도록 하는 교재를 개발하자는 것이 저자들의 집필 의도였습니다. 개정판은 훨씬 자세한 문법 설명을 담고 있고, 회화 공부를 도울 수 있는 mp3 파일과 듣기 평가 파트, 그리고 필기체 쓰기 노트까지 함께 제작되어, 독학으로 러시아어를 공부하는 학생들이 이 교재를 사용하는 데에도 별다른 어려움이 없으리라 생각됩니다.

초급 단계의 러시아어 학습을 위한 교재를 집필하며, 저자들이 특히 주의를 기울인 것은 다음의 세 가지 사항이었습니다.

먼저, 이 책의 가장 큰 집필 원칙은 '문법에 기초한 말하기 학습'입니다. 외국어 습득 초기 단계부터 회화를 중심으로 외국어를 교육하는 것이 최근 들어 널리 사용되고 있는 교수법의 특징이지만, 막상 현장에서 러시아어를 가르치다 보면, 탄탄한 문법 지식에 기반하지 않은 암기 위주의 회화 학습은 응용력을 키워 주지 못하는 한계를 지닌다는 것을 경험하게 됩니다. 저자들은 각 과에서 배운 기본 문법들을 중심으로 어떻게 하면 해당 문법을 최대한 활용하여 바르게 말하게 할 것인가를 회화 파트의 중심 주제로 삼았습니다. 편의상 각 과의 제목을 해당 과에서 다루는 회화 파트의 주요한 테마로 잡기는 했지만, 본 교재는 회화의 중심 주제에 따라 문법을 설명하는 회화 중심의 교재와는 방향을 달리 설정하고 있습니다. 우리의 관심은 테마별로 회화 능력을 키우고, 이를 위해 필요한 경우 문법을 익히도록 하는 것이 아니라, 어떻게 배운 문법을 최대한 말하기에 활용할 것인가에 맞추어져 있습니다.

두 번째로 저자들이 특별한 주의를 기울인 부분은 이 책의 '발음편'입니다. 사실상 영어보다 훨씬 복잡한 듯 보이는 러시아어의 철자와 발음은 처음 러시아어를 공부하는 학생들이 부딪히게 되는 최초의 어려움이기도 합니다. 저자들이 발음편에 1시간이 넘는 mp3 파일 러닝타임을 할애한 것은 정확한 발음 습득과 러시아어 음운 체계에 대한 기초적인 이해가 초급 단계 러시아어 학습에 있어 매우 중요한 역할을 차지한다는 생각 때문입니다. 더욱이 책의 구성을 보면 알 수 있듯이, 총 4과에 걸쳐 '발음편'을 학습하면서, 학생들은 단순히 암기식으로 개별 철자를 익히는 것이 아니라, 러시아어 음운 체계에 대한 기본 지식을 습득하고(이러한 지식은 나중에 문법, 특히 격과 관련된 문법을 학습하는 데 있어 아주 중요한 역할을 하게 됩니다), 간단한 단문을 만들고, 기본 억양 패턴을 연습하게 됩니다.

세 번째로 들 수 있는 이 책의 주요한 특징은 충실한 '부록'입니다. 교재가 초급 단계용으로 집필된 것인 만큼, 저자들은 본과에서 학생들이 학습하며 가질 수 있는 부담을 최소화하려고 하였습니다. 예를 들어, 어떤 명사가 전치사 в와 결합하고, 어떤 명사가 전치사 на와 결합하는지를 설명할 때, 본문에는 각각에 해당하는 대표 명사들을 1학년 학습에 필요한 정도로 최소화하여 나열했습니다. 하지만, 장기적으로 볼 때 분명 학생들은 기본적인 명사 외에 또 어떤 명사가 전치사 в 혹은 на와 결합하는지 궁금해할 것입니다. 따라서 본문에서는 가장 중요하고 기본적인 정보들을 다루고, 그 외의 필요한 정보들은 상세하게 구성된 부록에 실었습니다. 부록만으로도 학생들은 러시아어의 기본 문법을 잘 정리할 수 있을 것입니다.

10여년 만에 개정판을 출간하며 '정확한 문법에 기초한 말하기'라는 본 교재의 집필 방향이 여러분의 러시아어 학습에 많은 도움이 되기를 바라는 마음입니다.
끝으로, 꼼꼼하게 개정판 작업을 마무리해 주신 랭기지플러스 편집부 여러분께 감사의 인사를 전합니다.

안지영, G. A. 부드니고바

이 책의 구성

예비과

[발음편]을 통해 러시아어 철자를 익히고 러시아어 음운 체계에 대한 기본 지식을 습득할 뿐만 아니라 기본 억양 패턴도 익힐 수 있습니다.

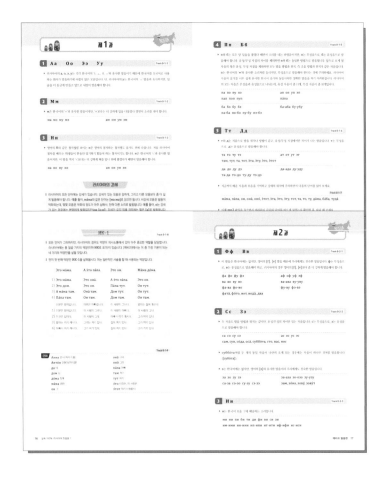

본과

ГОВОРИ́ТЕ ПРА́ВИЛЬНО!

기초 단계 학습자들의 수준에 맞게 해당 단원에서 배울 문법 사항을 상세하게 설명하였습니다. 각 문법 내용을 설명한 다음 연습문제를 제시하여 학습자들이 연습문제를 풀어 보면서 해당 문법을 제대로 습득하였는지 바로 파악할 수 있습니다. 또 3과부터는 '복습하기'를 제시하여 해당 과 이전까지 배운 문법 전체를 복습하고 새로운 문법을 공부할 수 있게 하였습니다.

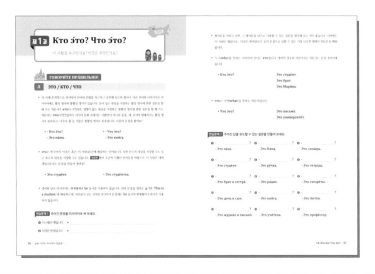

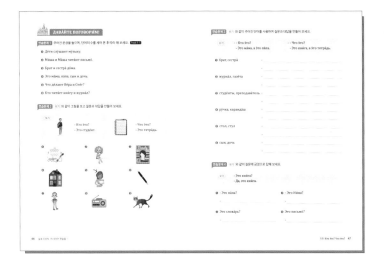

ДАВА́ЙТЕ ПОГОВОРИ́М!

앞에서 다룬 문법을 기반으로 다양한 회화 연습을 할 수 있도록 내용을 구성하였습니다. 다양하게 제시되는 연습 문제를 통해 회화 능력을 기를 수 있습니다.

ДИАЛО́ГИ

회화문을 원어민의 음성으로 녹음된 mp3 파일로 들으면서 청취 실력을 기르고 유창하게 말하기 연습을 할 수 있습니다.

> ※ mp3 파일은 랭기지플러스 홈페이지에서 다운로드 받을 수 있습니다.
> www.sisabooks.com

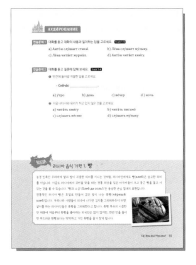

АУДИ́РОВАНИЕ

한 과를 마무리하면서 듣기 연습문제와 문화 페이지를 구성하였습니다. 듣기 연습문제를 풀어 보면서 원어민의 발음과 억양에 집중해 봅시다. 그리고 짤막하게 구성한 러시아 문화 이야기도 읽어 보면서 러시아에 한 발짝 더 다가가 보세요.

예비과

본과

학습 구성표

단원	문법 포인트	회화 포인트
1 과 Кто э́то? Что э́то? 이 사람은 누구인가요? 이것은 무엇인가요?	▸ ЭТО / КТО / ЧТО ▸ 대명사 ▸ 명사의 성 ▸ ЧИТА́ТЬ (읽다), СЛУ́ШАТЬ (듣다), ДЕ́ЛАТЬ (하다) ▸ 대격	▸ 사람, 사물에 관해 묻고 답하기 ▸ 안부 묻기
2 과 Как вас зову́т? 당신의 이름은 무엇입니까?	▸ 명사의 복수 ▸ 인칭대명사의 대격 ▸ СПРА́ШИВАТЬ (묻다), ПОНИМА́ТЬ (이해하다), ЗНАТЬ (알다)	▸ 부정, 긍정으로 답하기 ▸ 이름 묻고 답하기
3 과 Где вы живёте? 당신은 어디에 사시나요?	▸ 전치격 ▸ 전치사 В/НА ▸ 제2 전치격 -у	▸ 직업에 관해 대화 하기 ▸ 장소 관련 질문 하기
4 과 Что вы изуча́ете? 당신은 무엇을 공부하세요?	▸ 전치격 ▸ 전치사 В/НА ▸ 제2 전치격 -у	▸ 외국어 관련 이야기 나누기 ▸ 가족 소개하기
5 과 Како́й слова́рь? Кака́я кни́га? 어떤 사전인가요? 어떤 책인가요?	▸ 전치사 О ▸ 지시 형용사 ▸ 의문 형용사 ▸ 일반 형용사	▸ 형용사 사용하여 말하기 ▸ 서수사 사용하기
6 과 Где вы обе́даете? Что вы еди́те? 당신은 어디서 식사하세요? 무엇을 드세요?	▸ 관계대명사 ▸ ЕСТЬ (먹다), ПИТЬ (마시다) ▸ 대명사의 전치격 ▸ 소유 형용사, 지시 형용사 의 전치격 ▸ 일반 형용사와 의문 형용사의 전치격 ▸ 관계대명사의 전치격	▸ 음식 관련 대화 나누기 ▸ 관계대명사 사용 하여 말하기

예비과 발음편

러시아어는 총 33개의 문자로 이루어져 있습니다. 이 모든 문자와 그 음가를 익히는 데는 어느 정도 시간이 요구됩니다. 영어 알파벳을 거꾸로 뒤집은 것 같은 문자, 영어의 알파벳와 같이 생겼지만 음가와 명칭이 전혀 다른 문자, 어떻게 써야 할지도 막막한 문자 등 여러분이 처음 접해 보는 문자를 시간을 들여 암기해야 합니다. 하지만 이 과정은 반드시 충실하게 지나야 하는 과정입니다. 그래서 이 예비과의 발음편이 끝났을 때는 어떤 러시아어 텍스트를 보게 되더라도 혹여 뜻은 몰라도 잘 읽을 수 있어야 합니다.

발음편에서는 총 네 과에 걸쳐 러시아어의 개별 발음과 몇 가지 주요한 억양 패턴을 살피도록 하겠습니다. 개별 발음에 대한 설명을 잘 읽고, mp3 파일을 들으면서 가능한 원어민의 발음에 가깝게 발음하도록 노력해 보세요. 급하게 외우고 지나가지 말고, 모르는 단어도 잘 읽을 수 있도록 러시아어 문자를 읽는 일에 익숙해져야 합니다. 발음편에서는 철자 외에도 4가지 기본 억양을 함께 배우고, 간단한 문장 만들기도 실습합니다.

러시아어 알파벳

▶ 본격적으로 러시아어 철자를 공부하기에 앞서 러시아어 알파벳에 관하여 간단하게 알아
  봅시다. 러시아어 알파벳은 키릴문자로 이루어져 있습니다. 키릴문자는 9세기경 슬라브
  어를 사용하는 정교회 신자들을 위해 만들어진 표기 체계입니다.

▶ 현대 러시아어의 알파벳은 모음 10개, 자음 21개, 음가를 지니지 않는 부호 2개로 총 33
  문자로 구성되어 있습니다. 러시아어에도 대문자와 소문자가 있고, 인쇄체와 필기체도
  있습니다. 옆의 표에는 대문자, 소문자와 인쇄체, 필기체가 모두 수록되어 있습니다. 성,
  인명, 지명, 책, 신문이나 잡지의 제목, 영화나 연극 제목, 식당, 호텔, 상점, 회사명 등 고
  유명사는 대문자로 시작하고, 모든 문장도 대문자로 시작합니다.

▶ 이제부터 총 네 과에 걸쳐 러시아 개별 철자의 발음을 공부하도록 합시다. 개별 철자를 익
  히면서 러시아어의 기본 문형과 억양도 함께 익히게 될 것입니다. mp3 파일을 들으며 열
  심히 따라 하고, 간단한 표현도 익혀 봅시다.

▶ 인쇄체는 서적에만 사용되고 손으로 적을 때는 필기체를 씁니다. 필기체도 함께 익혀서
  연습문제를 풀 때 필기체로 쓰도록 합시다.

Русский алфавит – Кириллица 러시아어 알파벳 – 끼릴리짜

인쇄체	필기체	철자명	소리	인쇄체	필기체	철자명	소리
Аа	*Аа*	а [아]	[a]	Рр	*Рр*	эр [에르]	[r 떨림]
Бб	*Бб*	бэ [베]	[b]	Сс	*Сс*	эс [에스]	[s]
Вв	*Вв*	вэ [베]	[v]	Тт	*Тт*	тэ [떼]	[t]
Гг	*Гг*	гэ [게]	[g]	Уу	*Уу*	у [우]	[u]
Дд	*Дд*	дэ [데]	[d]	Фф	*Фф*	эф [에프]	[f]
Ее	*Ее*	е [예]	[je]	Хх	*Хх*	ха [하]	[h(kh)]
Ёё	*Ёё*	ё [요]	[jo]	Цц	*Цц*	цэ [쩨]	[ts]
Жж	*Жж*	же [줴] [жэ]	[ž]	Чч	*Чч*	че [체]	[tʃ]
Зз	*Зз*	зэ [제]	[z]	Шш	*Шш*	ша [샤]	[ʃ]
Ии	*Ии*	и [이]	[i]	Щщ	*Щщ*	ща [시차]	[ʃi:, ʃtʃ:]
Йй	*Йй*	и [(짧은) 이] краткое	[j]	ъ	*ъ*	твёрдый знак [경음 기호]	[j 앞자음 경음]
Кк	*Кк*	ка [까]	[k]	ы	*ы*	ы [의/으이]	[yj]
Лл	*Лл*	эл [엘]	[l]	ь	*ь*	ь мягкий знак [연음 기호]	[앞자음 연음]
Мм	*Мм*	эм [엠]	[m]	Ээ	*Ээ*	э [에]	[e, æ]
Нн	*Нн*	эн [엔]	[n]	Юю	*Юю*	ю [유]	[ju]
Оо	*Оо*	о [오]	[o]	Яя	*Яя*	я [야]	[ja]
Пп	*Пп*	пэ [뻬]	[p]				

 # 제 1 과

1   A a   O o   Э э   У у

Track 0-1-1

▶ 러시아어의 a, o, э, y는 각각 한국어의 'ㅏ, ㅗ, ㅔ, ㅜ'와 유사한 발음이기 때문에 한국어를 모국어로 사용하는 화자가 발음하기에 어렵지 않은 모음입니다. 단, 러시아어의 y는 한국어의 'ㅜ' 발음과 유사하지만, 입술을 더 둥글게 만들고 앞으로 내밀어 발음해야 합니다.

2   М м

Track 0-1-2

▶ м은 한국어의 'ㅁ'과 유사한 발음이지만, 'ㅁ'보다는 더 강하게 입을 다물었다 열면서 소리를 내야 합니다.

ма мо му мэ   ам ом ум эм

3   Н н

Track 0-1-3

▶ 영어의 H와 같은 철자처럼 보이는 н은 영어의 철자와는 철자명도 음가도 전혀 다릅니다. 처음 러시아어 철자를 배우는 학생들이 한동안 암기하기 힘들어 하는 철자이기도 합니다. н은 한국어의 'ㄴ'과 유사한 발음이지만, 이 발음 역시 'ㄴ'보다는 더 강하게 혀를 앞니 뒤에 붙였다가 떼면서 발음해야 합니다.

на но ну нэ   ан он ун эн

러시아어의 강세

▌ 러시아어의 모든 단어에는 강세가 있습니다. 강세가 있는 모음은 강하게, 그리고 다른 모음보다 좀 더 길게 발음해야 합니다. 예를 들어, мáма와 같은 단어는 [ма:ма]로 읽으면 됩니다. 비강세 모음은 발음이 약화되는데, 몇몇 모음은 약화의 정도가 아주 심해서, 전혀 다른 소리로 발음됩니다. 예를 들어, о는 강세가 오는 경우에는 분명하게 발음되지만(он [о:н]), 강세가 오지 않을 경우에는 짧은 [а]로 발음됩니다 (онá [ana:]).

Track 0-1-4

мáма, нам, он, онá, онó

4 П п   Б б

▶ п와 б는 모두 양 입술을 붙였다 떼면서 소리를 내는 파열음이지만, п는 무성음으로, б는 유성음으로 발음해야 합니다. 유성/무성 자질의 차이를 제외하면 п와 б는 동일한 방법으로 발음됩니다. 앞으로 보게 될 자음의 쌍은 유성, 무성 자질을 제외하면 모두 발음 방법과 위치, 즉 조음 방법과 위치가 같은 자음입니다. п는 한국어의 'ㅃ'와 유사한 소리처럼 들리지만, 무성음으로 발음해야 한다는 것에 주의하세요. 러시아어 자음의 음가를 너무 쉽게 유사한 한국어 음가와 동일시하면 정확한 발음을 하기 어려워집니다. 러시아어의 모든 자음은 무성음과 유성음으로 나뉘는데, 유성 자음이 총 11개, 무성 자음이 총 10개입니다.

па по пу пэ	ап оп уп эп
пап поп пуп	па́па

ба бо бу бэ	ба-аба бу-убу
па-ба по-бо пу-бу пэ-бэ	

5 Т т   Д д

▶ т와 д는 치음으로 발음 위치나 방법이 같고, 유성/무성 자질에서만 차이가 나는 발음입니다. т는 무성음으로, д는 유성음으로 발음해야 합니다.

та то ту тэ	ат от ут эт
там, тут, та, тот, э́та, э́ту, э́то, э́тот	

да до ду дэ	да-ада ду-уду
та-да то-до ту-ду тэ-дэ	

▶ 지금까지 배운 자음과 모음을 기억하고 강세의 위치에 주의하면서 다음의 단어를 읽어 보세요.

Track 0-1-7

ма́ма, па́па, он, она́, оно́, э́тот, э́та, э́то, э́ту, тот, та, то, ту, да́ма, ба́ба, туда́

▶ 이제 mp3 파일을 들으면서 여러분이 각각의 단어를 바르게 읽었는지 확인한 후, 따라 해 보세요.

ИК–1

모든 언어가 그러하지만, 러시아어의 경우도 억양이 의사소통에서 있어 아주 중요한 역할을 담당합니다. 러시아어에는 총 일곱 가지의 억양(이하 **ИК**로 표기)이 있습니다. [예비과]에서는 이 중 가장 기본이 되는 네 가지의 억양만을 살필 것입니다.

먼저 첫 번째 억양인 **ИК-1**을 살펴봅시다. 이는 일반적인 서술을 할 때 사용되는 억양입니다.

Это мáма.	А э́то пáпа.	Это он.	Мáма дóма.
1) Это мáма.	Это онá.	А э́то пáпа.	Это он.
2) Это дом.	Это он.	Пáпа тут.	Он тут.
3) А мáма там.	Онá там.	Дом тут.	Он тут.
4) Пáпа там.	Он там.	Дом там.	Он там.
이분은 엄마입니다.	이분은 아빠입니다.	이 사람이 그이다.	엄마는 집에 계신다.
1) 이분은 엄마입니다.	이 사람이 그녀다.	이 사람이 아빠다.	이 사람이 그다.
2) 이것은 집이다.	이 사람이 그다.	아빠가 여기 계시다.	그가 여기 있다.
3) 엄마는 저기 계시다.	그녀는 저기 있다.	집이 여기 있다.	그가 여기 있다.
4) 아빠가 저기 계시다.	그가 저기 있다.	집이 저기 있다.	그가 거기 있다.

단어

Анна 안나(여자 이름)	онá 그녀
Антóн 안톤(남자이름)	онó 그것
да 네	пáпа 아빠
дом 집	там 저기
дóма 집에	тут 여기
мáма 엄마	э́то 이것은, 이 사람은
он 그	э́тот 이(지시형용사)

제 2 과

1   Ф ф   В в   Track 0-2-1

▶ 이 발음은 한국어에는 없지만, 영어의 [f], [v] 발음 때문에 우리에게도 친숙한 발음입니다. ф는 무성음으로, в는 유성음으로 발음해야 하고, 러시아어의 경우 영어의 [f], [v]보다 좀 더 강하게 발음해야 합니다.

фа фо фу фэ	аф оф уф эф
ва во ву вэ	ва-ава ву-уву
фа-ва фо-во	фу-ву фэ-вэ
фата́, фо́то, вот, вода́, два	

2   С с   З з   Track 0-2-2

▶ 두 자음도 발음 방법과 위치는 같지만, 유성/무성의 차이만 있는 자음입니다. с는 무성음으로, з는 유성음으로 발음해야 합니다.

са со су сэ	ас ос ус эс
сам, суп, со́да, оса́, суббо́та, сто, вас, нос	

▶ суббо́та처럼 두 개의 동일 자음이 나란히 오게 되는 경우에는 자음이 하나인 것처럼 발음합니다 ([субо́та]).

▶ з는 한국어에는 없지만, 영어의 [z]와 유사한 발음이라 우리에게도 친숙한 발음입니다.

за зо зу зэ	за-аза зо-озо зу-узу
са-за со-зо су-зу сэ-зэ	зам, зо́на, зову́, зову́т

3   И и   Track 0-2-3

▶ и는 한국어 모음 'ㅣ'에 해당하는 소리입니다.

ми ни пи би ти ди фи ви си зи
им-ими ин-ини ип-ипи ит-ити иф-ифи ис-иси

▶ 다음 단어와 문장을 신경 써서 읽어 보세요.

Ни́на, они́, мой, твой, стои́т, оди́н, спаси́бо, Ива́н, иду́, иду́т, институ́т

Ива́н и Ни́на иду́т.　　Они́ иду́т.

Ива́н стои́т.　　　И Ни́на стои́т.　　　Он стои́т.　　　И она́ стои́т.

4　Й й

Track 0-2-4

▶ й는 '짧은 и(и кра́ткое)'라는 명칭처럼 и를 짧게 발음해야 합니다. 단어의 끝에 올 때 발음하기가 쉽지 않은데, 음성을 잘 듣고, 가능한 짧은 и 소리를 내려고 노력해 보세요.

найти́, найди́, пойти́, пойди́, зайти́, зайди́, дай, май, мой, твой

5　К к　　Г г

Track 0-2-5

▶ 두 자음도 발음 방법과 위치는 동일하지만, 유성/무성 자질에서는 차이가 나는 발음입니다. 각각 к는 무성음으로, г는 유성음으로 발음해야 합니다. к는 한국어 단어의 첫머리에 오는 'ㄲ'과, г는 모음 사이에 오는 'ㄱ'과 유사한 소리입니다. 하지만 훨씬 더 목젖 가까이 입의 안쪽에서 나는 소리이므로 음성을 들으며 발음을 연습해 보세요.

ка ко ку ки　　　　　　ак ок ук ик

как, кот, кит, куда́, кино́, како́й, като́к, ток, док, сок, сук, бак, Москва́, кто

га го гу гэ ги　　　　　　га-ага гу-угу ги-иги

ка-га ко-го ку-гу ки-ги

гам, гак, гон, нога́, мно́го, когда́, кни́га

무성음화

▮ 여러분은 이미 유성, 무성의 차이를 제외하면 조음 방법과 조음 위치가 동일한 몇 개의 자음 쌍을 익혔습니다. 'б-п', 'д-т', 'в-ф', 'з-с', 'г-к'는 각각 '유성–무성'의 짝을 이루고 있습니다.

▮ 단어 속에서 차지하는 위치에 따라 유성 자음이 짝을 이루는 무성 자음으로, 무성 자음이 짝을 이루는 유성 자음으로 발음되는 경우가 있습니다. 이를 각각 무성음화, 유성음화라고 부릅니다. 먼저 유성 자음이 무성 자음으로 발음되는 무성음화를 살펴보도록 합시다. 무성음화는 다음의 경우에 일어납니다.

> ❶ 유성 자음이 단어의 끝에 올 때
> сад [сат], год [гот], зуб [зуп], газ [гас], зов [зоф], дог [док]

> ❷ 유성 자음이 무성 자음 앞에 올 때
> ко́вка [ко́фка], коро́бка [каро́пка]

ИК - 2

Track 0-2-6

▮ 자, 이제는 억양 제2번, **ИК-2**를 공부해 봅시다. 이 억양은 의문사가 있는 의문문을 말할 때, 그리고 누군가를 부를 때 사용됩니다. 음성을 들으며 연습해 보세요.

• Кто э́то?
• Куда́ они́ иду́т?
• Анна, кто э́то?

다음의 대화를 듣고 따라 해 보세요.

1) Track 0-2-7

- Кто э́то? 이분은 누구야?

- Это ма́ма. 이분은 엄마야.

- Кто э́то? 이분은 누구야?

- Это па́па. 이분은 아빠야.

- Как вас зову́т? 당신의 이름은 무엇입니까?

- Анто́н. Как вас зову́т? 안톤입니다. 당신의 이름은 무엇입니까?

- Анна. 안나입니다.

- Анто́н, кто э́то? 안톤, 이 사람은 누구인가요?

- Это Ива́н. А э́то Ни́на. 이 사람은 이반입니다. 그리고 이 사람은 니나입니다.

- Куда́ они́ иду́т? 그들은 어디로 가나요?

- Они́ иду́т в кино́. 그들은 영화관으로 갑니다.

Track 0-2-10

단어

вас 당신을	кино́ 영화
вода́ 물	кни́га 책
год 해, 년(年)	когда́ 언제
два 둘	кто 누구
зову́т 부르다	куда́ 어디로
Как вас зову́т? 당신의 이름은 무엇입니까?	Москва́ 모스크바
Ива́н 이반(남자 이름)	оди́н 하나
институ́т 연구소	сок 주스
как 어떻게	спаси́бо 고맙습니다
како́й 어떤	суп 수프

제 3 과

1 Ы ы

Track 0-3-1

▶ 한국어의 'ㅡ'에 가까운 발음이지만, 정확히 일치하지는 않기 때문에 쉽지 않은 발음입니다. 주의해서 듣고 따라 해 보세요. ы 모음을 한국어의 'ㅢ'와 같은 발음이라고 생각하는 경우가 있는데, 한국어의 'ㅢ'가 'ㅡ'와 'ㅣ'를 빠르게 붙여 발음하는 이중모음인 것과 달리, 러시아어의 ы는 단모음이라는 사실을 명심하세요.

мы ны пы бы ты ды вы сы зы

ым ын ып ыт ыф ыс

ты, мы, вы, сын, сыт, быт, мы́та, сны, мы́ты, му́зыка

2 X x

Track 0-3-2

▶ x는 무성 자음으로 가장 유사한 한국어 발음으로 'ㅎ'을 들 수 있겠지만, 러시아어의 x 발음이 훨씬 거세고, 가래가 끓는 소리라고 느껴질 만큼 목젖과 목구멍이 있는 입의 안쪽에서 나오는 소리입니다.

ха хо ху хи

ах ох ух их

хит, стихи́, у́хо, вы́ход, вход [фхот]

3 Я я

Track 0-3-3

▶ я는 한국어의 'ㅑ'와 유사하게 발음되는 모음입니다.

мя ня пя бя тя дя вя ся зя

ям ян яп ят яс

ма-мя на-ня па-пя ба-бя та-тя да-дя са-ся

ам-ям ан-ян ап-яп ат-ят ас-яс

я, я́ва, я́года, яд, мя́та, моя́, твоя́

До свида́ния!

▶ я도 а와 마찬가지로 모음 약화의 정도가 심한 모음입니다. 강세가 오지 않을 때 я는 짧은 и와 유사하게 발음됩니다. 다음의 단어를 읽어 보세요.

Track 0-3-4

пята́[пита:], язы́к[изы:к]

▶ 하지만 강세가 없는 я가 단어의 맨 끝에 오면 이때의 я은 어미로 문법적 기능을 수행하기 때문에 모음 약화가 일어나지 않습니다. 따라서 [и]가 아니라 원래대로 [я]로 발음해야 합니다.

и́мя[и:мя], Анастаси́я[анастаси:я]

▶ 드물기는 하지만 강세 없는 я가 겹쳐 오는 경우가 있는데, 그런 경우는 앞에 있는 я는 약화되어 си́няя[си:ния]로 발음됩니다.

4 Ю ю
Track 0-3-5

▶ ю는 한국어의 'ㅠ'와 유사하게 발음되는 모음입니다.

мю ню пю бю тю дю вю сю

юм юн ют юс юк

му-мю ну-ню пу-пю бу-бю ту-тю ду-дю су-сю

ум-юм ун-юн уп-юп ут-ют ус-юс ук-юк

ю́ный, тюк, мою́, твою́, пою́, костю́м, юг, утю́г

▶ 드물기는 하지만 강세 없는 ю가 겹쳐 오는 경우가 있는데, 그런 경우 앞에 있는 ю는 약화되어 си́нюю[си:нию]로 발음됩니다.

5 Ё ё
Track 0-3-6

▶ ё는 한국어의 'ㅛ'와 유사한 모음입니다. 한 가지 기억할 것은 이 모음에는 항상 강세가 온다는 사실입니다.

мё нё пё бё тё дё фё вё сё зё

ём ён ёт ёк ёс

мо-мё но-нё по-пё бо-бё то-тё до-дё фо-фё во-вё

со-сё зо-зё ко-кё ом-ём он-ён от-ёт ок-ёк ос-ёс

идёт, идём, поём, поёт, днём

▸ е는 한국어의 'ㅔ'와 유사하게 발음되는 모음입니다.

ме не пе бе те де фе ве се зе ке ге хе

ем ен еп ет еф ес ек ех

мэ-ме нэ-не пэ-пе бэ-бе тэ-те дэ-де вэ-ве сэ-се

эм-ем эн-ен эп-еп эт-ет эс-ес

ем, ест, де́ти, пе́сня, газе́та, студе́нт, студе́нтка, где

▸ е도 모음 약화에 주의해야 하는 발음입니다. 강세가 오지 않을 때는 짧은 и와 유사하게 발음해야 합니다.

меня́[миня:], тебя́[тибя:], весна́[висна:], её[иё], его́[иво:], сего́дня[сиво:дня]

　▎ е 뒤에 го가 오게 되면 его의 발음이 [иво]로 바뀌게 됩니다.

　　его́ [иво:]　　　　　　　　сего́дня [сиво:дня]

　▎ 또 o 뒤에 го가 오게 될 경우에는 o에 강세가 있으면 [ова]로, 강세가 없으면 [ава]로 발음됩니다.

　　како́го [како:ва]　　　　　　но́вого [но:вава]

▸ 하지만 강세가 없는 е가 단어의 맨 끝에 오면 이때의 е는 어미라는 문법적 기능을 수행하기 때문에 모음 약화가 일어나지 않습니다. 따라서 [и]가 아니라 원래대로 [е]로 발음해야 합니다.

мо́ре[мо:ре], извини́те[извини:те], зда́ние[зда:ние]

▸ 드물기는 하지만 강세 없는 е가 겹쳐 오는 경우가 있는데, 그런 경우는 앞에 있는 е는 약화되어 си́нее[си:ние]로 발음됩니다.

7   Ъ ъ (твёрдый знак)

Track 0-3-10

▶ 이는 경음 부호로, 그 자체로는 음가를 가지지 않고, 앞에 있는 자음이 경음이라는 것을 표시해 주는 기능을 합니다. 경음 부호가 단어 중간에 끼어 있을 때는 이어서 발음하지 말고, 경음 부호 전의 자음을 먼저 발음하고 이어 나머지 부분을 발음해야 합니다.

бъя съе дъе бъё въе

бя-бъя бё-бъё се-съе де-дъе ве-въе

съем, въезд, съезд, объя́вит, объём, съёмка

8   Ь ь (мягкий знак)

Track 0-3-11

▶ 이는 연음 부호로 두 가지 기능이 있습니다. 연음 부호가 자음과 모음 사이에 있을 때는 경음 부호와 같은 역할을 합니다. 즉, 연음 부호를 사이에 둔 자음과 모음을 붙여서 읽지 말고 따로따로 읽어야 한다는 것을 표시합니다.

мья нья пья бья тья дья вья сья зья

мью нью пью бью тью дью сью

мьё ньё пьё бьё тьё дьё сьё

мье нье пье бье тье дье сье

мя-мья ня-нья тя-тья дя-дья вя-вья ся-сья

мю-мью ню-нью тю-тью дю-дью вю-вью сю-сью

мё-мьё нё-ньё тё-тьё дё-дьё вё-вьё сё-сьё

ме-мье не-нье те-тье де-дье ве-вье се-сье

ми-мьи ни-ньи ти-тьи ди-дьи ви-вьи си-сьи

семья́, вью́га, пью, пьёт

▶ 연음 부호가 단어의 끝에 오는 자음 뒤에 위치하거나, 단어 중간에 있는 자음들 사이에 오게 되면, 이는 연음 부호 앞에 오는 자음을 연음으로 발음해야 한다는 것을 의미합니다. 한국인이 연음을 발음하기는 쉽지 않기 때문에 들릴 듯 말 듯 아주 짧은 и를 붙여서 발음한다 생각하고 음성 파일을 주의 깊게 들으며 따라 해 보세요.

Track 0-3-12

мать, пять, семь, во́семь, де́вять, де́сять, здесь, знать, есть,
письмо́, познако́мься, познако́мьтесь, бу́дьте

러시아어의 연음과 경음

▌ 러시아어의 자음에는 유성/무성 자질 외에도 한국어에는 없는 연음/경음의 자질이 있습니다. 한국어 자음에 연음/경음의 대립 자질이 없기 때문에, 한국인 화자가 연음/경음을 정확하게 구별하여 발음하기란 쉽지 않습니다. 연자음은 и가 발음되는 위치를 향해 혀를 입천장 쪽으로 올리면서 발음하면 됩니다.

▌ 연음 부호와 모음 я, ю, е, ё는 자음 뒤에 위치하여 앞의 자음이 연음이라는 것을 표시해 줍니다. 단어 тук과 тюк은 가운데 위치한 모음이 달라 다른 단어가 된 것처럼 보이지만, 음운상 이 두 단어의 차이는 모음 음운이 아닌 자음 음운의 차이(тук [тук]과 тюк[т'ук]), 즉 경자음과 연자음의 차이에서 비롯됩니다.

ИК - 3

Track 0-3-13

▌ 이제 세 번째 억양인 **ИК-3**를 공부해 봅시다. 이 억양은 의문사 없는 의문문을 말할 때 사용됩니다. 의문사가 없는 의문문은 평서문과 문장 구성이 동일하기 때문에 의사 전달에 있어 억양이 아주 중요한 역할을 하게 됩니다. 이 억양을 제대로 살려 말하지 못하면 러시아인은 여러분이 말한 것이 의문문인지 평서문인지 구분하지 못하게 됩니다.

- Это Антóн?
- Они́ иду́т в кинó?

▌ 문장에서 질문자가 묻고자 하는 바에 따라 묻고자 하는 부분을 올려 강조하여 발음하여야 합니다. 억양의 강조점이 어디에 있느냐에 따라 질문의 내용이 달라집니다.

- Дéти иду́т в кинó? (아이들이 영화관에 가는지 안 가는지를 묻는 질문)
- Дéти иду́т в кинó? (영화관을 가는지 다른 곳에 가는지를 묻는 질문)

다음의 대화를 듣고 따라 해 보세요.

1) `Track 0-3-14`

- Здесь семья́ - па́па, ма́ма и сын. 여기 가족이 있어. 아빠, 엄마, 그리고 아들.

- Кто э́то? Э́то сын? 이 사람이 누구야? 이 사람이 아들이야?

- Да, э́то сын. 그래, 이 사람이 아들이야.

- Как его́ зову́т? 그의 이름이 뭐야?

- Его́ зову́т Макси́м. 그의 이름은 막심이야.

- Он студе́нт? 그는 대학생이야?

- Да, он студе́нт. 응, 그는 대학생이야.

2) `Track 0-3-15`

- Дава́йте познако́мимся. Как вас зову́т? (서로) 인사합시다. 성함이 어떻게 되시지요?

- Меня́ зову́т Татья́на Анто́новна. Как вас зову́т?
  제 이름은 타티야나 안토노브나입니다. 당신 성함은요?

- Меня́ зову́т Ни́на Ива́новна. 제 이름은 니나 이바노브나입니다.

`Track 0-3-16`

단어

во́семь 여덟	му́зыка 음악
вы 당신, 너희들	мы 우리들
газе́та 신문	пе́сня 노래
где 어디에	письмо́ 편지
де́вять 아홉	познако́мьтесь 서로 인사하세요
день 하루, 날	пять 다섯
де́сять 열	сего́дня 오늘
де́ти 아이들(복수)	семь 일곱
До свида́ния! 안녕(헤어질 때 하는 인사)	семья́ 가족
его́ 그의	стихи́ 시(복수)
её 그녀의	студе́нт 대학생(남)
здесь 여기에	студе́нтка 대학생(여)
извини́те 미안합니다	тебя́ 너를
костю́м 정장	ты 너
мать 어머니	я 나
меня́ 나를	

제 4 과

1 Л л

Track 0-4-1

▶ л은 한국어의 'ㄹ'과 비슷한 소리이지만, 특히 연음 л의 경우 제대로 발음하는 것이 쉽지 않습니다. 주의 깊게 듣고 따라 해 보세요.

ли ля лю лё ле льи лья лью льё лье

ла ло лу лы

ал ол ул ыл ил ял юл ёл ел

ла́мпа, лак, класс, алло́, пло́хо, лю́ди, Ле́на, лёд, хлеб, стол, стул, ско́лько, льёт, лью

2 Р р

Track 0-4-2

▶ р는 혀를 떨어서 내는 소리로 한국어에는 없는 발음입니다. 혀를 떨기 어려운 사람은 '가르치다'와 같은 단어를 말할 때 'ㄹ'의 위치에 주목하여 발음해 보세요. 이 발음을 연습할 때는 тр, др와 같이 т나 д 음을 붙여서 발음해 보는 것이 좋습니다.

тра тро тру тры дра дро дру дры

ра ро ру ры

ри ря рья рю рью рё рьё ре рье

ар ор ур ыр ир яр юр ёр ер

ра́дио, ру́сский, рубль, три, брат, сестра́, тетра́дь, Росси́я, Коре́я, университе́т, сигаре́та, сигаре́ты, преподава́тель, слова́рь, Здра́вствуйте! До́брый день! До́брое у́тро!

3　Ш ш　Ж ж

▶ 이 두 자음은 한국인이 가장 발음하기 어려운 자음 중의 하나입니다. ш와 ж도 발음 방법과 위치가 동일하고 유성/무성 자질에서만 차이가 나는 자음 쌍입니다. 또 한 가지 주의할 것은, 러시아어의 거의 모든 자음이 연음과 경음으로 나뉘어 발음되는 것과 달리, ш와 ж는 항상 경음으로만 발음된다는 점입니다. 예를 들어, ё, и, е와 같이 앞선 자음이 연음이라는 것을 표시해 주는 모음과 함께 올 때도 발음은 다음과 같이 해야 합니다.: шёл [шол], шил [шыл], шесть [шэсть](강세가 있는 경우), шестóй [шыстой] (강세가 없는 경우). 또 뒤에 연음 부호가 붙는 경우에도 경음으로 발음해야 합니다.

ша шо шу ши шью шьё шье

аш ош ёш уш иш еш юш

шар, машúна, пишý, хорошó, шёл, нашёл, шесть, шестóй, Сáша, ýши, карандáш

▶ 우리말에는 ж와 유사한 발음이 없기 때문에, 이 역시 어려운 발음입니다. ж도 항상 경음으로 발음해야 합니다.: жёлтый [жóлтый], жил [жыл], жесть [жэсть], женá [жынá]

жа жо жу жи жью жьё жье

жаль, жук, боржóми, пожáлуйста, жить, жесть, жёлтый, скажý, журнáл, вúжу, желáние, женá, ждать, муж, нож

шить-жить, Сáша-сáжа, шесть-жесть

4　Ц ц

▶ 한국어의 'ㅉ'과 유사하게 들리지만, 'ㅉ'과는 달리 치음으로 발음해야 합니다. 오히려 영어의 students 발음이나 러시아어의 тс[ts] 발음에 가깝습니다. ц는 항상 경음이기 때문에 и와 е 앞에서도 경음으로 발음해야 합니다.: цирк [цырк], центр [цэнтр]

ца цо цу цы це　　　　ац оц уц иц ец

лицó, центр, концéрт, ýлица, птúца, отéц

5   Ч ч

▶ **ч**는 무성 자음으로 항상 연음으로 발음해야 합니다. 예를 들어 **чо**와 **чё**는 모두 [чо]로 발음해야 합니다 ([чо]: плечо́, чёрный). 한국어의 'ㅊ'과 유사한 발음처럼 보이지만, 혀를 앞니 뒤에 붙였다 떼면서 더 강하게 발음해야 합니다.

ча чо чу чи че чью чьё чья   ач оч ёч уч ич еч

час, очки́, учи́ть, учи́тель, учи́тельница, челове́к, ночь, но́чью,

врач, дочь, ве́чер, ру́чка, де́вочка, ма́льчик

До́брый ве́чер!

> ┃ 주의하세요! ┃
> ▶ '지금'이라는 뜻의 СЕЙЧА́С는 [сича:с]로 발음됩니다.

6   Щ щ

▶ щ는 무성 자음으로 연음으로만 발음됩니다. ш 발음이 입의 안쪽에서 나는 발음이라면 щ는 그보다는 훨씬 입의 앞쪽에서 나는 소리이니 구분하여 발음할 수 있도록 연습해 보세요.

ща щу щи щё

ащ ущ ищ ёщ ющ ящ

щу́ка, ищу́, прощу́, вещь, плащ, о́вощ

▎ 러시아어의 자음은 총 21개로, 그 중 12개의 자음이 무성음, 유성음 짝을 이룹니다. 유성음 - 무성음 짝을 이루지 않는 자음으로는 유성 자음인 м, н, р, л, й와 무성 자음인 х, ц, ч, щ를 들 수 있습니다.

▎ 지금까지 배운 러시아어의 유성/무성 자음의 쌍을 표로 만들어 보면 다음과 같습니다.

유성	б	в	г	д	ж	з	й	л	м	н	р	-	-	-	-
무성	п	ф	к	т	ш	с	-	-	-	-	-	х	ц	ч	щ

▎ 앞에서 살펴본 바와 같이 유성음의 무성음화는 1) 유성음이 단어의 끝에 올 경우(зуб[зуп], код[кот], рука́в[рука:ф], нож[нош])와 2) 유성음이 무성음 앞에 위치할 경우(ло́жка[ло:шка], в кино́[ф кино:])에 일어납니다.

▎ 이와 반대되는 현상, 즉 무성음의 유성음화도 일어나는데, 이는 무성음이 б, г, д, ж, з 등 유성음 앞에 올 때 일어납니다.

сде́лать[зде:лать], футбо́л[фудбо:л], вокза́л[вагза:л] про́сьба[про:з'ба]

빈도상으로 보자면, 유성음화는 무성음화보다는 훨씬 드물게 일어나는 현상입니다.

▎ 러시아어에는 다음과 같은 철자 규칙이 있습니다.

❶ к, г, х, ж, ч, ш, щ 뒤에는 ы, я, ю, э가 올 수 없고, 대신 и, а, у, е를 써야 합니다. 몇몇 외래어의 경우 예외가 있을 수 있습니다[예: Мари́я Кюри́(마리 퀴리), жюри́(배심원), брошю́ра(브로슈어)].

❷ 명사와 형용사 어미에서 ж, ч, ш, щ, ц 뒤에는 강세 없는 о가 올 수 없고, 그럴 경우에는 о 대신 е를 써야 합니다.

▎ 이 규칙은 나중에 문법 편에서 형용사나 명사의 어미를 배울 때 중요한 역할을 하게 됩니다. 지금은 이런 철자 규칙이 있다는 사실만 확인하면 됩니다.

주의하세요!

1 자음이 -тся, 혹은 -ться로 결합되면, [ца]로 발음됩니다.

улыба́ться, улыба́ется, умыва́ться, умыва́ется

2 ч가 т와 함께 오면 [шт]로, н과 함께 오면 [шн]로 발음될 수 있습니다.

что[што], что́бы[што:бы], ску́чно[ску:шна]

3 сч가 겹쳐오면 щ로 발음해야 합니다.

счита́ть[щита:ть]

4 모음 а가 ч나 щ와 결합할 때 강세가 없으면 [и]로 발음됩니다.

час[час], поща́да[паща:да]

часы́[чисы:], начала́[начила:], щади́ть[щиди:ть]

하지만 ча, ща가 단어의 끝에 위치할 때는 강세가 없어도 그대로 [а]로 발음합니다.

зада́ча[зада:ча], ча́ща[ча:ща]

ИК - 4

이제 억양 제 4번, **ИК-4**를 보도록 합시다. 이는 의문사가 없는 불완전한 의문문이 접속사 а와 함께 쓰일 때 사용됩니다.

- Меня́ зову́т Ми́ша. А вас?
- Мы идём в кафе́. А Па́вел?

다음의 대화를 듣고 따라 해 보세요.

1) Track 0-4-9

- Здра́вствуй, де́вочка, как тебя́ зову́т? 안녕, 꼬마(소녀)야, 네 이름이 뭐니?

- Меня́ зову́т Ната́ша. А вас? 제 이름은 나타샤예요. 당신의 이름은요?

- Меня́ зову́т Мари́на Алекса́ндровна. 내 이름은 마리나 알렉산드로브나란다.

2) Track 0-4-10

- У тебя́ есть брат? 너는 형이 있니?

- Да, есть. А у тебя́? 응, 있어. 그럼 너는?

- У меня́ есть сестра́. 나는 누나가 있어.

- Как её зову́т? 누나(그녀) 이름이 뭔데?

- Её зову́т Же́ня. 누나(그녀) 이름은 제냐야.

3) Track 0-4-11

- У тебя́ есть ру́чка? 너 펜 있니?

- Да, есть. 응, 있어.

- А каранда́ш? 연필은?

- То́же есть. 연필도 있어

4) Track 0-4-12

- До́брый день, Са́ша! 안녕, 사샤!

- Здра́вствуйте, Дми́трий Никола́евич! 안녕하세요, 드미트리 니콜라예비치!

- Как дела́? 어떻게 지내니?

- Спаси́бо, хорошо́. А у вас? 감사해요, 잘 지냅니다. 선생님은요(당신은요)?

- То́же хорошо́. 나도 잘 지낸다.

- До свида́ния, Дми́трий Никола́евич. 안녕히 가세요, 드미트리 니콜라예비치!

- До свида́ния, Са́ша. 잘 가라, 사샤.

단어

Алло́! 여보세요

брат 남자 형제

ве́чер 저녁

До́брый ве́чер! 안녕하세요?(저녁 인사)

де́вочка 소녀

дочь 딸

жена́ 아내

журна́л 잡지

Здра́вствуйте! 안녕하세요?(일반적인 인사)

каранда́ш 연필

класс 교실, 학년

Коре́я 한국

лю́ди 사람들(복수)

ма́льчик 소년

муж 남편

оте́ц 아버지

пло́хо 나쁘다

пожа́луйста 제발(영어의 please)

преподава́тель 강사

ра́дио 라디오

ру́чка 펜

Росси́я 러시아

ру́сский язы́к 러시아어

сестра́ 여자 형제

сигаре́та 담배

ско́лько 얼마나

слова́рь 사전

стол 탁자, 책상

стул 의자

тетра́дь 공책

три 셋(3)

университе́т 대학

у́тро 아침

До́брое у́тро! 안녕하세요?(아침 인사)

учи́тель 교사(남)

учи́тельница 교사(여)

хорошо́ 좋다

челове́к 사람

четы́ре 넷(4)

шесть 여섯(6)

주의하세요!

숫자 (1~10)

1	2	3	4	5	6	7	8	9	10
оди́н	два	три	четы́ре	пять	шесть	семь	во́семь	де́вять	де́сять

본과

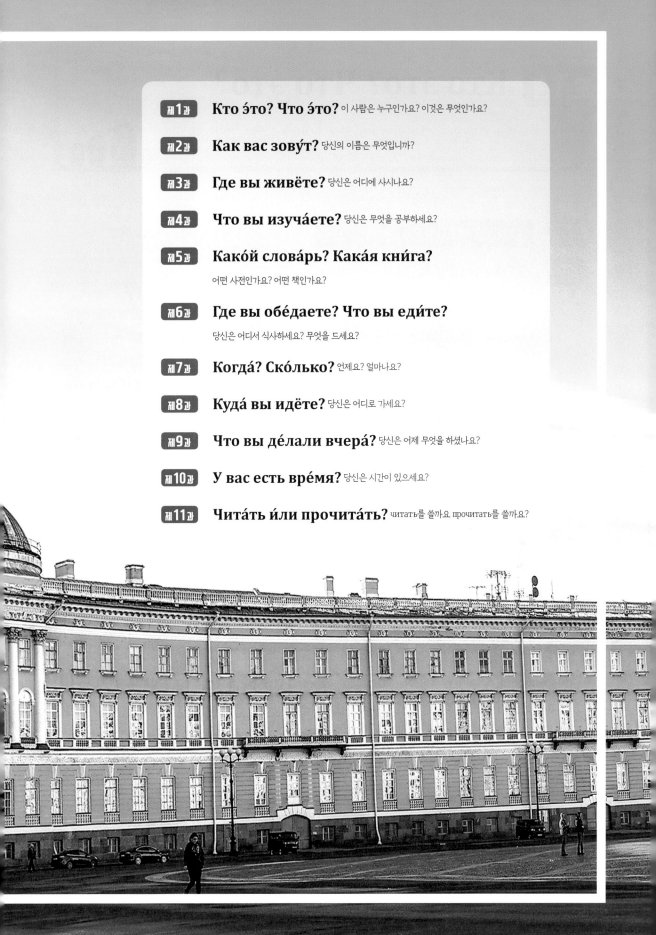

Кто э́то? Что э́то?

제 1 과

이 사람은 누구인가요? 이것은 무엇인가요?

 ГОВОРИ́ТЕ ПРА́ВИЛЬНО!

A　ЭТО / КТО / ЧТО

▶ 자, 이제 본격적으로 러시아어 단어와 문법을 차근차근 공부해 보도록 합시다. 다른 언어와 마찬가지로 러시아어에도 활성 명사와 불활성 명사가 있습니다. 살아 있는 대상을 지칭하는 활성 명사에 관한 질문을 할 때 쓰는 의문사가 **кто**(누구?)라면, 생명이 없는 대상을 지칭하는 불활성 명사에 관한 질문을 할 때 쓰는 의문사는 **что**(무엇?)입니다. 러시아 문화 속에서는 사람만이 아니라 동물, 새, 심지어 벌레까지도 활성 명사로 분류되고, 나무나 풀 등 식물은 불활성 명사로 분류됩니다. 다음의 문장을 볼까요?

- - Кто э́то?
  - Э́то ма́ма.

- - Что э́то?
  - Э́то кни́га.

▶ **э́то**는 한국어의 '이것은' 혹은 '이 사람(분)은'에 해당하는 단어입니다. 또한 단수의 대상을 지칭할 수도 있고 복수의 대상을 지칭할 수도 있습니다. **발음편** 에서 조금씩 익혔던 단어들을 바탕으로 '이 사람은 대학생입니다'라는 문장을 만들어 볼까요?

- Э́то студе́нт.

- Э́то студе́нтка.

▶ 영어와 달리 러시아어는 현재형에서 be 동사를 사용하지 않습니다. 위의 문장을 영어로 옮기면 'This is a student.'에 해당하는데, 여러분이 보는 것처럼 러시아어 문장에는 be 동사의 현재형이나 관사가 사용되지 않습니다.

연습문제 1 주어진 문장을 러시아어로 써 보세요.

❶ 이 사람은 형입니다. ▶ _____ .

❷ 이것은 편지입니다. ▶ _____ .

▶ 평서문을 익히고 나면, 그 평서문을 답으로 사용할 수 있는 질문을 생각해 보는 것이 좋습니다. 이번에는 '이 사람은 형입니다.', '이것은 편지입니다.' 등의 문장으로 답할 수 있는 가장 단순한 형태의 의문문을 배워 봅시다.

▶ '누구(who)'를 뜻하는 러시아어 단어는 **кто**입니다. 영어의 경우와 마찬가지로 의문사는 문장 첫머리에 옵니다.

- Кто э́то?   Это студе́нт.
                              Это брат.
                              Это Мари́на.

▶ **что**는 '무엇(what)'을 뜻하는 의문사입니다.

- Что э́то?   Это письмо́.
                              Это университе́т.

연습문제 2 주어진 답을 유도할 수 있는 질문을 만들어 보세요.

❶ - _____ ?
- Это па́па.

❷ - _____ ?
- Это Ни́на.

❸ - _____ ?
Это слова́рь.

❹ - _____ ?
- Это студе́нт.

❺ - _____ ?
- Это ру́чка.

❻ - _____ ?
- Это тетра́дь.

❼ - _____ ?
- Это брат и сестра́.

❽ - _____ ?
- Это ра́дио.

❾ - _____ ?
- Это сигаре́ты.

❿ - _____ ?
- Это дочь и сын.

⓫ - _____ ?
- Это кни́га.

⓬ - _____ ?
- Это Анто́н.

⓭ - _____ ?
- Это журна́л и письмо́.

⓮ - _____ ?
- Это учи́тель.

⓯ - _____ ?
- Это профе́ссор.

단어 кто 누구 | что 무엇 | ма́ма 엄마 | студе́нт (남)학생 | кни́га 책 | студе́нтка (여)학생 | письмо́ 편지 | брат 남자 형제 | университе́т 대학 | па́па 아빠 | слова́рь 사전 | ру́чка 펜 | тетра́дь 노트 | сестра́ 여자 형제 | ра́дио 라디오 | сигаре́та 담배 | дочь 딸 | сын 아들 | журна́л 잡지 | учи́тель (초·중·고교) 교사 | профе́ссор 교수

▶ 여러분이 지금까지 익힌 단어로 의문사가 없는 의문문도 만들 수 있습니다. 앞서 말한 대로 러시아어는 현재형 be 동사를 쓰지 않고, 의문사가 없는 일반 의문문에서도 도치 등의 문형 변형이 없기 때문에 쉽게 의문문을 만들 수 있습니다. «Это дом.(이것은 집이다.)»라는 평서문의 문장 부호만 물음표로 바꾸어 주면 «Это дом?(이것은 집입니까?)»라는 의문문으로 만들 수 있습니다. 대신 글로는 문장 부호로 표현되는 것이 실제 말로 할 때는 억양으로 전해져야 하기 때문에 **발음편** 에서 배운 억양, 특히 **ИК-3**에 각별히 유의해야 합니다.

- - Это дом? 이것은 집인가요?
  - Да, э́то дом. 네, 이것은 집입니다.
- - Он студе́нт? 그는 대학생인가요?
  - Нет, он не студе́нт, а учи́тель. 아니요, 그는 학생이 아니라 선생님입니다.
- - Это ма́ма? 이 사람이 엄마인가요?
  - Нет, э́то не ма́ма, а студе́нтка. 아니요, 이 사람은 엄마가 아니라 여대생입니다.

▶ 이렇게 의문사가 없는 의문문에는 긍정이나 부정으로 답할 수 있습니다. 러시아어로 '네'에 해당하는 말은 'Да'이고, '아니오'에 해당하는 말은 'Нет'이며, '~이 아니다'에 해당하는 말은 'не(영어의 not)'입니다. 'не А, а В'는 영어의 'not A but B'처럼 'A가 아니라 B다.'라는 표현입니다. 다음 문장을 읽고 해석해 보세요.

- - Это кни́га?
  - Да, э́то кни́га.
- - Это кни́га?
  - Нет, это не кни́га, э́то журна́л.

Б   대명사

▶ 다음 표를 보고 러시아어 대명사를 암기해 보세요. 대명사 **вы**는 2인칭 단수 존칭(당신), 복수 존칭(당신들), 복수 비칭(너희들)의 세 가지 의미를 가진다는 사실에 주목하세요.

인칭	단수		복수	
1인칭	я	나	мы	우리
2인칭	ты	너	вы	당신, 당신들, 너희들
3인칭	он	그	они́	그들
	она́	그녀		
	оно́	그것		

연습문제 3 주어진 문장을 러시아어로 써 보세요.

❶ 그는 안톤이다.   ▶ _____

❷ 그녀는 대학생이다.   ▶ _____

В   명사의 성

▶ 러시아어의 모든 명사는 남성, 여성, 중성의 성(性)을 가집니다. 하지만 명사의 성을 구분할 기준(단어의 마지막 철자)이 비교적 분명하기 때문에 암기하는 데에 특별한 어려움은 없습니다. 다음 표를 보고 명사의 성의 구분 기준을 살펴보세요. 자음으로 끝나는 명사는 -#로 표기합니다.

남성 명사(-#, - й, -ь)	студе́нт 학생 журна́л 잡지 музе́й 박물관 слова́рь 사전 день 날, 낮
여성 명사(-а, -я, -ь)	ма́ма 엄마 кни́га 책 пе́сня 노래 мать 어머니 тетра́дь 공책
중성 명사(-о, -е, -мя)	письмо́ 편지 мо́ре 바다 вре́мя 시간 и́мя 이름

▶ 표를 보면 알 수 있듯이 **-ь**으로 끝나는 명사는 여성 명사일 수도 있고, 남성 명사일 수도 있습니다. 따라서 **-ь**으로 끝나는 명사는 여성과 남성을 구분하여 암기해야 합니다. **-ь**로 끝나는 명사의 성에 관하여는 **별표 1** 을 참조하세요.

여성 명사	мать 어머니 дочь 딸 тетра́дь 공책 ночь 밤
남성 명사	учи́тель 선생님 преподава́тель 강사 слова́рь 사전 день 날, 낮 портфе́ль 서류가방

▶ 표를 보면 알 수 있듯이, 러시아어 명사의 성 구분은 물리적 성을 위배하는 경우가 없습니다. 다시 말해, 어머니가 남성 명사가 되거나, 삼촌이 여성 명사가 되는 경우는 없습니다. 따라서 **-ь**로 끝나는 명사 중 실제 성이 분명한 명사는 그 성을 기준으로 남성, 여성을 구분하면 됩니다. 그 외의 명사는 여러분이 신경을 써서 따로 암기해야 합니다.

▶ 또 몇몇 활성 명사는 남성 명사이지만, 어미가 **-а, -я**로 끝납니다.

па́па 아빠 | **дя́дя** 아저씨 | **де́душка** 할아버지 | **мужчи́на** 남자 | **ю́ноша** 젊은이

▶ 앞의 표에서 볼 수 있는 것처럼 **-о**나 **-е**로 끝나는 명사 외에 **и́мя**, **вре́мя**처럼 **-мя**로 끝나는 명사도 중성 명사입니다.

▶ 'he/she/it'을 구분하는 영어와는 달리 대명사를 사용할 때는 사람인지 사물인지의 여부와 관계 없이, 남성 명사는 **он**으로, 여성 명사는 **она́**로, 중성 명사는 **оно́**로 받습니다.

연습문제 4 **보기** 와 같이 일반 명사를 대명사로 받아 보세요.

보기	• Это дом.	▶ Это он.
	• Это кни́га.	▶ Это она́.
	• Это письмо́.	▶ Это оно́.

❶ Это сестра́. ▶ _____   ❷ Это журна́л. ▶ _____

❸ Это ра́дио. ▶ _____   ❹ Это учи́тель. ▶ _____

❺ Это па́па. ▶ _____   ❻ Это дочь. ▶ _____

❼ Это и́мя. ▶ _____   ❽ Это Анто́н. ▶ _____

❾ Это Ни́на. ▶ _____   ❿ Это слова́рь. ▶ _____

⓫ Это мо́ре. ▶ _____   ⓬ Это тетра́дь. ▶ _____

단어 мать 어머니 | дочь 딸 | тетра́дь 공책 | ночь 밤 | учи́тель (초·중·고교) 교사 | преподава́тель (대학의) 강사 | слова́рь 사전 | день 낮, 날 | портфе́ль 서류가방 | дом 집 | кни́га 책 | письмо́ 편지 | сестра́ 여자 형제 | журна́л 잡지 | ра́дио 라디오 | и́мя 이름 | мо́ре 바다

Г 새 동사

▶ 이번에는 처음으로 러시아어 일반 동사를 배워 봅시다. 3인칭 단수에서 -s나 -es를 붙이는 비교적 간단한 현재형 동사 변화를 하는 영어와 달리 러시아어의 동사는 주어의 인칭과 단·복수 여부에 따라, 즉 я, ты, он(а), мы, вы, они가 주어로 올 때 각각 다르게 동사 변화를 합니다. 하지만 기본적인 패턴이 있기 때문에 대표 동사 몇 가지를 암기하면 나머지 동사는 그 패턴에 맞추어 변화시키면 됩니다. 이 과에서는 러시아어의 가장 기본적인 동사 변화형, 흔히 1식 변화 동사라고 부르는 동사 변화형에 따라 변하는 동사를 살펴봅시다.

	ЧИТА́ТЬ (읽다)	СЛУ́ШАТЬ (듣다)	ДЕ́ЛАТЬ (하다)
я	чита́ю	слу́шаю	де́лаю
ты	чита́ешь	слу́шаешь	де́лаешь
он, она́	чита́ет	слу́шает	де́лает
мы	чита́ем	слу́шаем	де́лаем
вы	чита́ете	слу́шаете	де́лаете
они́	чита́ют	слу́шают	де́лают

▶ 동사 변화를 익히면 다음과 같이 일반 동사를 사용한 현재형 문장을 만들 수 있습니다.

- Анто́н слу́шает ра́дио.
- Ма́ма чита́ет журна́л.
- Что ты де́лаешь?

▶ 또 일반 동사를 부정할 때는 부정어 не를 사용하면 됩니다.

- - Сейча́с па́па слу́шает ра́дио?
  - Нет, он не слу́шает ра́дио.

연습문제 5 читать와 слушать 동사 중 문맥상 적절한 동사를 골라 알맞은 형태로 넣으세요.

❶ Я _____ ра́дио.

❷ Брат и сестра́ _____ му́зыку.

❸ Вы _____ журна́л?

❹ Ты _____ газе́ту и́ли журна́л?

❺ Мы _____ пе́сню.

❻ Ольга и Ве́ра _____ стихи́.

❼ Ма́ма _____ кни́гу, а Ни́на _____ письмо́.

❽ - Ты _____ журна́л?

  - Нет, я не _____ журна́л, я _____ му́зыку.

단어 му́зыка 음악 | журна́л 잡지 | газе́та 신문 | пе́сня 노래 | стихи́ 시 | кни́га 책 | письмо́ 편지

Д 대격

▶ 러시아어 명사는 주격, 생격, 여격, 대격, 조격, 전치격 등 총 6개의 격으로 변합니다. 한국어에서는 조사로 표현하는 다양한 활용을 러시아어는 명사의 격 변화를 통해 표현합니다. 예를 들어, 주격은 주체 표현(~은/는, ~이/가), 생격은 소유 표현(~의), 여격은 수여 표현(~에게), 대격은 목적어 표현(~을/를), 조격은 도구나 자격 표현(~로써, 로서), 전치격은 전치사의 의미에 따른 다양한 표현을 담당하게 됩니다. 이 책을 통하여 우리는 명사의 격을 하나하나 살펴보게 될 것입니다. 한꺼번에 표로 6격의 격변화를 모두 암기할 수도 있지만, 그렇게 기계적으로 학습하게 될 경우, 다양한 격의 쓰임을 말하거나 글쓰기에 적극적으로 활용하기 어렵습니다. 격의 전반적인 활용에 관해서는 **별표 2** 를 참조하세요.

▶ 여러분이 지금까지 공부한 단어는 모두 명사의 주격형입니다. 이제는 '~을/를'에 해당하는 러시아 명사의 대격(목적격)을 공부해 보도록 합시다. 여러분은 이미 **연습문제 5** 에서 대격의 기본 형태를 보았습니다. **연습문제 5** 를 주의 깊게 풀어 보았다면, 몇몇 명사의 대격과 주격의 어미 형태가 다르다는 것을 알 수 있었을 것입니다. 어떤 경우에 어미가 변하나요? 이 질문에 답하기 위해 다음의 예들을 주의 깊게 읽어 보세요.

- Это журна́л.   Ни́на чита́ет журна́л.
- Это письмо́.   Ни́на чита́ет письмо́.
- Это стихи́.   Ни́на чита́ет стихи́.
- Это кни́га.   Ни́на чита́ет кни́гу.

- Это пе́сня.
- Это тетра́дь.

Ни́на чита́ет пе́сню.

Ни́на чита́ет тетра́дь.

위의 예를 통해 볼 수 있듯이, 불활성 명사의 경우 남성과 중성 명사는 주격과 대격이 같습니다. 반면 -a, -я로 끝나는 여성 명사의 대격 어미는 각각 -y, -ю입니다. -ь으로 끝나는 여성 명사는 주격과 대격이 동일합니다.

▶ 또 한 가지 기억할 것은 동사도 특정 격을 지배한다는 점입니다. 지금까지 우리가 배운 동사, 즉 **чита́ть**, **слу́шать, де́лать**는 모두 대격을 지배하는 동사입니다. 이 외에도 많은 동사가 대격을 지배하는데, 이에 관하여는 별표 12 를 참조하세요.

연습문제 6 괄호 안에 주어진 단어를 알맞은 형태로 넣으세요.

❶ Ма́ма чита́ет _____ (журна́л).

❷ Па́па чита́ет _____ (газе́та).

❸ Ни́на слу́шает _____ (му́зыка).

❹ Я чита́ю _____ (письмо́).

❺ Де́ти слу́шают _____ (ра́дио).

❻ Мы чита́ем _____ (стихи́).

❼ - Что вы чита́ете?

   - Я чита́ю _____ (тетра́дь).

❽ Они́ слу́шают _____ (пе́сня).

❾ Профе́ссор чита́ет _____ (ле́кция).

❿ Брат чита́ет _____ (кни́га) и́ли слу́шает _____ (му́зыка)?

단어 ле́кция 강의 | профе́ссор 교수 | и́ли 혹은 | чита́ть ле́кцию 강의하다

보기 와 같이 주어진 문장의 각 부분이 답이 될 수 있는 질문을 만들어 보세요.

> 보기
> • Па́па чита́ет газе́ту.
> - Кто чита́ет газе́ту?   - Па́па.
> - Что де́лает па́па?   -Чита́ет.
> - Что чита́ет па́па?   -Газе́ту.

❶ Макси́м чита́ет кни́гу.

- _____ ?   - Макси́м.

- _____ ?   - Чита́ет.

- _____ ?   - Кни́гу.

❷ Ма́ма слу́шает ра́дио.

- _____ ?   - Ма́ма.

- _____ ?   - Слу́шает.

- _____ ?   - Ра́дио.

연습문제 8 보기 와 같이 괄호 안의 단어를 이용하여 주어진 질문에 답해 보세요.

> 보기
> - Что де́лает Макси́м? (чита́ть, письмо́)
> - Он чита́ет письмо́.

❶ - Что де́лает сестра́? / (слу́шать, му́зыка)

- _____ .

❷ - Что ты де́лаешь? / (чита́ть, стихи́)

- _____ .

❸ - Что они́ де́лают? / (слу́шать, ра́дио)

- _____ .

④ - Что де́лают де́ти? / (чита́ть, кни́га)

   - _____ .

┃ 주의하세요! ┃

КТО ЧИТА́ЕТ ГАЗЕ́ТУ?

▶ «Кто чита́ет газе́ту?»라는 문장의 주어는 무엇일까요? 여러분이 알 수 있는 것처럼 кто입니다. 그러면 кто는 무엇을 기준으로 동사를 변화시켜야 할까요? кто는 3인칭 단수 남성, 즉 он과 같이 취급하여 동사 변화를 시키면 됩니다.

ДАВА́ЙТЕ ПОГОВОРИ́М!

연습문제 1 주어진 문장을 들으며, 단어의 수를 세어 본 후 따라 해 보세요. **Track 1-1**

❶ Де́ти слу́шают му́зыку.

❷ Ми́ша и Ма́ша чита́ют письмо́.

❸ Брат и сестра́ до́ма.

❹ Это ма́ма, па́па, сын и дочь.

❺ Что де́лают Ве́ра и Оле́г?

❻ Кто чита́ет кни́гу и журна́л?

연습문제 2 보기 와 같이 그림을 보고 질문과 대답을 만들어 보세요.

보기

- Кто э́то?
- Это студе́нт.

- Что э́то?
- Это тетра́дь.

연습문제 3 보기 와 같이 주어진 단어를 사용하여 질문과 대답을 만들어 보세요.

보기
  • - Кто э́то?
    - Э́то ма́ма, а э́то па́па.
  • - Что э́то?
    - Э́то кни́га, а э́то тетра́дь.

❶ брат, сестра́ 　-
　　　　　　　　　-

❷ журна́л, газе́та 　-
　　　　　　　　　-

❸ студе́нты, преподава́тель -
　　　　　　　　　-

❹ ру́чка, каранда́ш 　-
　　　　　　　　　-

❺ стол, стул 　-
　　　　　　　　　-

❻ сын, дочь 　-
　　　　　　　　　-

연습문제 4 보기 와 같이 질문에 긍정으로 답해 보세요.

보기
  - Э́то кни́га?
  - Да, э́то кни́га.

❶ - Э́то па́па?

　-

❷ - Э́то Ни́на?

　-

❸ - Э́то слова́рь?

　-

❹ - Э́то письмо́?

　-

연습문제 5 주어진 단어들로 보기 와 같이 질문을 만들고 부정으로 답해 보세요.

> 보기
> - кни́га, слова́рь
>   - Это кни́га?
>   - Нет, э́то слова́рь.

❶ журна́л, газе́та

- _____

- _____

❷ ру́чка, каранда́ш

- _____

- _____

❸ шко́ла, университе́т

- _____

- _____

❹ стол, стул

- _____

- _____

연습문제 6 보기 와 같이 주어진 단어를 사용하여 질문과 대답을 만들어 보세요.

> 보기
> - кни́га, слова́рь
>   - Это кни́га и́ли слова́рь?
>   - Это слова́рь.

❶ ру́чка, каранда́ш

- _____

- _____

❷ журна́л, газе́та

- _____

- _____

❸ кни́га, тетра́дь

- _____

- _____

❹ ма́льчик, де́вочка

- _____

- _____

보기 와 같이 질문에 긍정과 부정으로 답해 보세요.

보기
- - Это письмо́?
- - Ни́на чита́ет кни́гу?

- Да, э́то письмо́.
- Нет, э́то не письмо́.
- Да, Ни́на чита́ет кни́гу.
- Нет, Ни́на не чита́ет кни́гу.

❶ Это стихи́?

- _____
- _____

❷ Макси́м преподава́тель?

- _____
- _____

❸ Лари́са слу́шает му́зыку?

- _____
- _____

❹ Оте́ц чита́ет газе́ту?

- _____
- _____

❺ Это Ви́ктор Ива́нович?

- _____
- _____

❻ Он учи́тель?

- _____
- _____

❼ Они́ слу́шают ра́дио?

- _____
- _____

❽ Это тетра́дь?

- _____
- _____

연습문제 8 그림을 보고 보기 와 같이 짧은 대화문을 만들어 보세요.

보기

- Это па́па?
- Да, э́то па́па.
- Он чита́ет газе́ту?
- Да, он чита́ет газе́ту.

❶

❷

연습문제 9 보기 와 같이 주어진 단어를 사용하여 질문을 만들고 질문에 부정으로 답해 보세요.

보기

• студе́нт - преподава́тель, чита́ть газе́ту - чита́ть письмо́
- Это студе́нт?
- Нет, э́то преподава́тель.
- Он чита́ет газе́ту?
- Нет, он чита́ет письмо́.

❶ ма́ма - па́па, слу́шать му́зыку - слу́шать пе́сню

-
-
-
-

❷ брат - сестра́, чита́ть кни́гу - чита́ть письмо́

-
-
-
-

❸ Вади́м - Ива́н, чита́ть кни́гу- слу́шать ра́дио

- _____

- _____

- _____

- _____

연습문제 10 그림을 보고 서로서로 질문해 보세요.

· Студе́нт 1: Кто э́то?

· Студе́нт 2: Это па́па.

· Студе́нт 1: Что он де́лает?

· Студе́нт 2: Он чита́ет.

· Студе́нт 1: Что он чита́ет?

· Студе́нт 2: Он чита́ет газе́ту.

 **ДИАЛО́ГИ**

다음의 대화를 듣고 따라 해 보세요.

1) Track 1-2

- Познако́мьтесь, э́то Ве́ра. А э́то Макси́м. 서로 인사해. 이쪽은 베라이고, 이쪽은 막심이야.

- Здра́вствуй, Ве́ра! 안녕, 베라!

- До́брый день, Макси́м! 안녕, 막심!

2) Track 1-3

- Алло́! 여보세요!

- Приве́т, Оле́г. 안녕, 올렉!

- Приве́т, Ива́н. 안녕, 이반!

- Оле́г, что ты сейча́с де́лаешь? 올렉, 너 지금 뭐 하고 있니?

- Я чита́ю кни́гу. А ты? 나는 책을 읽고 있어. 그럼 너는?

- Я слу́шаю му́зыку. 나는 음악을 듣고 있어.

3) Track 1-4

- Алло́! Это Ни́на? 여보세요! 니나니?

- Да, па́па. 네, 아빠.

- Ма́ма до́ма? 엄마 집에 계시니?

- Да, до́ма. 네, 집에 계세요.

- Что она́ де́лает? 엄마 뭐 하시니?

- Чита́ет журна́л. 잡지를 읽고 계세요.

- А Серге́й до́ма? 세르게이는 집에 있니?

- Да. 네.

- Что он де́лает? 걔는 뭐 하니?

- Он слу́шает ра́дио. 걔는 라디오를 듣고 있어요.

- Ну, хорошо́. До свида́ния, Ни́на. 그렇구나, 알겠다. 안녕, 니나.

- До свида́ния, па́па. 안녕히 계세요, 아빠.

다음의 러시아 이름 중 마음에 드는 이름을 택하여 본인의 러시아 이름으로 사용해 보세요.

여자 이름	남자 이름
Анастаси́я (На́стя)	Алекса́ндр (Са́ша)
Алекса́ндра (Са́ша)	Алексе́й (Алёша)
А́нна (А́ня)	Андре́й
Валенти́на (Ва́ля)	Анто́н
Вале́рия (Ле́ра)	Бори́с (Бо́ря)
Ве́ра	Вади́м
Гали́на (Га́ля)	Вале́рий (Вале́ра)
Екатери́на (Ка́тя)	Ви́ктор (Ви́тя)
Еле́на (Ле́на)	Влади́мир (Во́ва, Воло́дя)
Евге́ния (Же́ня)	Генна́дий (Ге́на)
Ири́на (Ира)	Дми́трий (Ди́ма)
Любо́вь (Лю́ба)	Евге́ний (Же́ня)
Людми́ла (Лю́да, Ми́ла)	Ива́н (Ва́ня)
Мари́на	И́горь
Мари́я (Ма́ша)	Константи́н (Ко́стя)
Наде́жда (На́дя)	Макси́м
Ната́лья (Ната́ша)	Михаи́л (Ми́ша)
Ни́на	Никола́й (Ко́ля)
О́льга (О́ля)	Оле́г
Светла́на (Све́та)	Па́вел (Па́ша)
Со́фья (Со́ня)	Рома́н (Ро́ма)
Татья́на (Та́ня)	Серге́й (Серёжа)
Ю́лия (Ю́ля)	Ю́рий (Ю́ра)

▶ Cа́ша, Же́ня, Ва́ля는 남자 이름과 여자 이름의 애칭이 같습니다.

▶ 애칭의 경우 남자의 이름도 종종 -a나 -я로 끝나 외국인은 이름만 보고는 여자인지, 남자인지를 식별하기 어렵습니다. 따라서 이름을 익힐 때 애칭도 함께 익혀 두는 것이 좋습니다.

이름과 부칭, 그리고 성

▶ 이름과 성 외에도 러시아에는 부칭(о́тчество; о́тче = оте́ц)이라는 것이 있습니다. 부칭은 아버지의 이름에 따라 만들어집니다. 남자의 부칭은 아버지의 이름에 -ович, -евич를 붙여 만들고, 여자의 부칭 은 -овна, -евна를 붙여서 만듭니다.

Бори́с ▶ Бори́сович   Алекса́ндр ▶ Алекса́ндровна

▶ 만일 아버지의 이름이 **-й**로 끝나면 철자 **й**를 빼고 어미 **-евич, -евна**를 붙입니다.

Серге́й ▶ Серге́евич/Серге́евна

▶ 또 **-й** 앞에 **-ли-**나 **-ни-**가 오는 경우에는 **-й**를 빼고 어미 **-евич, -евна** 앞에 **ь**을 덧붙입니다.

Васи́лий ▶ Васи́льевич   Евге́ний ▶ Евге́ньевна

▶ 러시아에서는 '교수님, 선생님, 사장님' 등 직분 명칭을 호칭으로 사용하지 않습니다. 윗사람을 부르거나 서
  로 존대할 때는 Ива́н Ива́нович, Ве́ра Бори́совна와 같이 이름과 부칭으로 불러야 합니다.

연습문제 12 아버지의 이름을 참조하여 주어진 이름에 부칭을 써 보세요.

이름	부칭	아버지 이름
Мари́я		Влади́мир
Ви́ктор		Евге́ний
Светла́на		Алексе́й
Игорь		Дми́трий
Наде́жда		Анто́н

┃ 주의하세요! ┃

성과 부칭

▶ 성과 부칭을 혼동하지 마세요. 전형적인 러시아 성은 **-ов**(남자), **-ова**(여자)로 끝납니다.

· Ири́на   Алекса́ндровна   Лавро́ва   · Ива́н   Васи́льевич   Лавро́в
  이름   부칭   성   이름   부칭   성

연습문제 13 아래의 성과 부칭 중 부칭을 골라 표시해 보세요.

Ива́новна	Ивано́ва	Петро́вич	Петро́в
Смирно́в	Влади́миров	Анто́нович	Дми́триевна
Ви́кторов	Соколо́ва	Васи́льев	Васи́льевич

АУДИ́РОВАНИЕ

연습문제 1 대화를 듣고 대화의 내용과 일치하는 답을 고르세요. **Track 1-5**

a) Анто́н слу́шает стихи́.

b) Ле́на слу́шает му́зыку.

c) Ле́на чита́ет журна́л.

d) Анто́н чита́ет кни́гу.

연습문제 2 대화를 듣고 질문에 답해 보세요. **Track 1-6**

❶ 빈칸에 들어갈 적절한 답을 고르세요.

· Сейча́с _____.

a) у́тро

b) день

c) ве́чер

d) ночь

❷ 지금 나타샤와 유리가 하고 있지 않은 것을 고르세요.

a) чита́ть кни́гу

b) чита́ть письмо́

c) слу́шать пе́сню

d) слу́шать му́зыку

러시아 음식 기행 1. 빵

농경 민족인 우리에게 쌀과 밥이 귀중한 의미를 지니는 것처럼, 러시아인에게도 빵(хлеб)은 숭고한 의미를 지닙니다. 지금도 러시아에서 귀빈을 맞을 때는 전통 의상을 입은 아가씨들이 크고 둥근 빵을 들고 서 있는 것을 볼 수 있습니다. '빵과 소금!(Хлеб да соль!)'은 융숭한 손님 접대의 표현입니다.

전통적인 러시아 빵은 호밀로 만들어 검은 빛이 나는 흑빵(чёрный хлеб)입니다. 우리나라 사람들이 외국에 나가면 김치를 그리워하듯이 타향살이를 하는 러시아인들은 흑빵을 그리워한다고 합니다. 흑빵 특유의 시큼한 맛 때문에 처음부터 흑빵을 좋아하는 외국인은 많지 않지만, 한번 맛을 들이면 부드러운 흰빵보다는 딱딱하고 거친 흑빵을 즐겨 찾게 됩니다.

Как Вас зову́т?

당신의 이름은 무엇입니까?

 ГОВОРИ́ТЕ ПРА́ВИЛЬНО!

A 명사의 복수

▶ 2과에서는 러시아어 명사의 복수형을 살펴봅시다. 영어 명사에 **-s, -es**가 붙어 복수 명사가 만들어지고, 또 많은 불규칙 복수 명사가 있는 것처럼, 러시아어 명사도 기본 복수 어미로 복수형이 만들어지고, 불규칙 복수 명사도 존재합니다. 러시아어의 남성, 여성 명사의 복수 기본 어미는 **-Ы, И**이고, 중성 명사의 복수 어미는 **-А, -Я**입니다. 이제 복수 어미를 하나씩 살펴봅시다.

– И
1. -ь: слова́рь ▶ словари́, тетра́дь ▶ тетра́ди
2. -я: дя́дя ▶ дя́ди, пе́сня ▶ пе́сни
3. -й: музе́й ▶ музе́и, трамва́й ▶ трамва́и
4. -к, -г, -х, -ж, -ш, -ч, -щ: ма́льчик ▶ ма́льчики, каранда́ш ▶ карандаши́, врач ▶ врачи́
5. 어미 -а 앞에 -к, -г, -х, -ж, -ш, -ч, -щ가 위치한 경우: ру́чка ▶ ру́чки, кни́га ▶ кни́ги, де́душка ▶ де́душки

– Ы
-#, -а(여성·남성 명사): студе́нт ▶ студе́нты, газе́та ▶ газе́ты

– А
-о: письмо́ ▶ пи́сьма, сло́во ▶ слова́

– Я
-е: мо́ре ▶ моря́, зда́ние ▶ зда́ния

┤ 주의하세요! ├

철자 규칙 1

▶ -к, -г, -х, -ж, -ч, -ш, -щ로 끝나는 남성 명사나 어미 -а 앞에 -к, -г, -х, -ж, -ч, -ш, -щ가 위치한 여성 명사의 경우 복수 어미 -Ы 대신 -И가 사용되는 것은 발음편 에서 보았던 제1번 철자 규칙에 따른 것입니다.

연습문제 1 주어진 명사를 복수형으로 바꾸어 보세요.

단수	복수	단수	복수
преподава́тель		упражне́ние	
окно́		ма́ма	
журна́л		портфе́ль	
де́вочка		мужчи́на	
плащ		неде́ля	
трамва́й		шко́ла	
врач		библиоте́ка	
кинотеа́тр		вокза́л	
пло́щадь		банк	

단어

слова́рь 사전 | тетра́дь 공책 | дя́дя 아저씨, 삼촌 | пе́сня 노래 | музе́й 박물관 | трамва́й 전차 | ма́льчик 소년 | каранда́ш 연필 | врач 의사 | ру́чка 펜 | кни́га 책 | де́душка 할아버지 | газе́та 신문 | письмо́ 편지 | сло́во 단어 | мо́ре 바다 | зда́ние 건물 | преподава́тель 강사 | упражне́ние 연습문제 | окно́ 창문 | портфе́ль 서류가방 | де́вочка 소녀 | мужчи́на 남자 | плащ 우비, 망토 | неде́ля 한 주 | шко́ла 초·중·고등학교 | кинотеа́тр 영화관 | библиоте́ка 도서관 | вокза́л 기차역 | пло́щадь 광장 | банк 은행

▶ 다음의 명사는 복수형이 불규칙하기 때문에 따로 암기해야 합니다. 이 중 брат, сын, муж, друг, стул, учи́тель, профе́ссор, го́род, дом, па́спорт, глаз는 남성 명사이지만 복수형 어미가 -а, -я인 불규칙 복수 명사입니다.

단수	복수	단수	복수
брат	бра́тья	учи́тель	учителя́
сын	сыновья́	профе́ссор	профессора́
муж	мужья́	го́род	города́
друг	друзья́	дом	дома́
стул	сту́лья	па́спорт	паспорта́
сосе́д	сосе́ди	глаз	глаза́
я́блоко	я́блоки	челове́к	лю́ди
		ребёнок	де́ти

▶ 단수와 복수형의 강세 위치가 다른 경우도 있습니다.

- письмо́ → пи́сьма
- окно́ → о́кна
- сестра́ → сёстры
- жена́ → жёны

강세 이동으로 인해 생기는 철자 변화이기는 하지만 **сёстры**, **жёны**의 경우에는 철자 변화도 생겨, 불규칙 복수의 일종으로 생각하고 암기해야 합니다.

▶ 또 여성 명사 **мать**와 **дочь**는 복수 어미 앞에 '-ер-'가 붙습니다. **мать**와 **дочь**는 단수 주격과 단수 대격을 제외한 모든 격변화에 '-ер-'가 붙게 되니 특별히 주의하여 암기하는 것이 좋습니다.

- мать → ма́тери
- дочь → до́чери

▶ 모든 명사가 단수형과 복수형을 가지는 것은 아닙니다. 단수로만 사용되는 명사도 있고(**мя́со**, **карто́фель**, **рис**, **виногра́д** 등), 복수로만 사용되는 명사도 있습니다(**часы́**, **очки́**, **но́жницы**, **брю́ки** 등). 상시 단수 명사, 상시 복수 명사에 관해서는 **별표 3**을 참조하세요.

단어   сын 아들 | муж 남편 | друг 친구 | стул 의자 | сосе́д 이웃 | я́блоко 사과 | го́род 도시 | па́спорт 여권 | глаз 눈 | челове́к 사람 | ребёнок 아기 | жена́ 아내 | мя́со 고기 | карто́фель 감자 | рис 쌀 | виногра́д 포도 | часы́ 시계 | очки́ 안경 | но́жницы 가위 | брю́ки 바지

Б 인칭대명사의 대격

▶ 이제 인칭대명사의 대격을 살펴봅시다. '나를', '너를', '우리를'에 해당하는 인칭대명사의 대격은 타동사의 목적어로도 사용되지만 러시아어로 이름을 묻는 표현에도 사용됩니다. **발음편** 에서 몇 차례 보았던 것처럼 '당신의 이름은 무엇입니까?'에 해당하는 러시아어 표현은 «Как вас зову́т?»입니다. 이를 직역해 보면 '(그들은) 당신을 어떻게 부릅니까?'가 됩니다. 그래서 질문을 할 때나 답을 할 때 인칭대명사의 대격형을 사용하게 되는 것입니다. 다음 표를 보고 인칭대명사의 대격형을 암기한 후 **연습문제 2** 를 풀어 보세요.

주격	대격	주격	대격
я	МЕНЯ́	мы	НАС
ты	ТЕБЯ́	вы	ВАС
он, оно́	ЕГО́	они́	ИХ
она́	ЕЁ		

연습문제 2 **보기** 와 같이 문장을 완성해 보세요.

> **보기**
> - Как вас зову́т?
> - Меня́ зову́т Анто́н. А вас?
> - Меня́ зову́т Ни́на.

❶ - Как _____ (он) зову́т?

  - _____ (он) зову́т Макси́м.

❷ - Как _____ (ты) зову́т?

  - _____ (я) зову́т Светла́на.

❸ - Как _____ (вы) зову́т?

  - _____ (мы) зову́т Ви́ктор и Серге́й.

❹ - Как _____ (она́) зову́т?

  - _____ (она́) зову́т _____.

❺ - Как _____ (они́) зову́т?

  - _____ (они́) зову́т _____.

▶ 다음 동사는 모두 목적어를 취하는 타동사입니다. **спра́шивать** 동사는 한국어와 달리 '~에게 묻다' 형의 활용을 하지 않고 '~을 묻다'형의 활용을 한다는 점에 주의하세요.

	СПРА́ШИВАТЬ (묻다)	ПОНИМА́ТЬ (이해하다)	ЗНАТЬ (알다)
я	спра́шиваю	понима́ю	зна́ю
ты	спра́шиваешь	понима́ешь	зна́ешь
он, она́	спра́шивает	понима́ет	зна́ет
мы	спра́шиваем	понима́ем	зна́ем
вы	спра́шиваете	понима́ете	зна́ете
они́	спра́шивают	понима́ют	зна́ют

연습문제 3 **보기** 와 같이 빈칸에 적절한 대명사의 대격을 넣으세요.

보기 • Это преподава́тель. Мы хорошо́ понима́ем <u>его́</u>.

❶ Это Ди́ма. Я хорошо́ зна́ю _____ .

❷ Это Анна. Преподава́тель спра́шивает _____ .

❸ Это Вади́м и Лари́са. Мы зна́ем _____ .

❹ Это иностра́нец. Я не понима́ю _____ .

❺ Это мы. Вы понима́ете _____ ?

❻ Это вы. Я зна́ю _____ .

❼ Это Влади́мир Серге́евич. Мы спра́шиваем _____ .

❽ Это я. Вы зна́ете _____ ?

❾ Это Мари́я Алекса́ндровна и Оле́г Никола́евич. Я _____
хорошо́ зна́ю.

Это кни́га. Я чита́ю её.

▶ 명사의 성을 익힐 때 배웠던 것처럼 러시아어 일반 명사를 대명사로 받을 때 он, она́, оно́는 영어의 he, she, it처럼 사람이냐 사물이냐의 기준이 아니라 명사의 성을 기준으로 삼습니다. 이는 대명사의 대격형에서도 동일합니다.

⑩ Это му́зыка. Мы слу́шаем _____ .

⑪ Это письмо́. Ле́на чита́ет _____ .

⑫ Это стихи́. Ма́ма чита́ет _____ .

⑬ Это ра́дио. Де́ти слу́шают _____ .

⑭ Это газе́та. Па́па чита́ет _____ .

단어 | хорошо́ 잘 | иностра́нец 외국인 | му́зыка 음악 | письмо́ 편지 | стихи́ 시 | газе́та 신문

ДАВА́ЙТЕ ПОГОВОРИ́М!

연습문제 1 보기 와 같이 짧은 대화를 나누어 보세요.

> 보기
> • Студе́нт 1: Это журна́л.
>   Студе́нт 2: А э́то журна́лы.

❶ Это дочь.

_____

❷ Это стол.

_____

❸ Это стул.

_____

❹ Это ребёнок.

_____

❺ Это студе́нт.

_____

❻ Это челове́к.

_____

❼ Это газе́та.

_____

❽ Это шко́ла.

_____

❾ Это магази́н.

_____

❿ Это апте́ка.

_____

⓫ Это теа́тр.

_____

⓬ Это музе́й.

_____

연습문제 2 주어진 단어를 사용하여 보기 와 같이 다음의 세 가지 방식으로 이야기해 보세요.

> 보기
> • - Это кни́га? - Нет, э́то тетра́дь.
>   - Это кни́га? - Нет, э́то не кни́га, э́то тетра́дь.
>   - Это кни́га? - Нет, э́то не кни́га, а тетра́дь

❶ стол, стул

- _____   - _____

- _____   - _____

- _____   - _____

❷ брат, сестра́

- _____   - _____

- _____   - _____

- _____   - _____

❸ газе́та, журна́л

- _____   - _____

- _____   - _____

- _____   - _____

❹ кафе́, рестора́н

- _____   - _____

- _____   - _____

- _____   - _____

❺ банк, по́чта

- _____   - _____

- _____   - _____

- _____   - _____

❻ Оле́г, Юрий

- _____   - _____

- _____   - _____

- _____   - _____

⑦ де́душка, ба́бушка

- _____ - _____

- _____ - _____

- _____ - _____

연습문제 3 　보기　와 같이 짧은 대화를 나누어 보세요.

> 　보기　 　　• Студе́нт 1: Это Ни́на. Кого́ спра́шивает преподава́тель?
> 　　　　　　　Студе́нт 2: Преподава́тель спра́шивает её.

❶ - Это Ди́ма. Кого́ вы зна́ете?

- _____

❷ - Это Ве́ра. Кого́ вы понима́ете?

- _____

❸ - Это студе́нты. Кого́ спра́шивает Та́ня?

- _____

❹ - Это мы. Кого́ зна́ет учи́тель?

- _____

❺ - Это Ма́ша и Ми́ша. Кого́ ты зна́ешь?

- _____

 **ДИАЛО́ГИ**

다음의 대화를 듣고 따라 해 보세요.

1) `Track 2-1`

- Алло́! 여보세요!

- Это Ми́ша? 미샤니?

- Да, э́то я. 응, 나야.

- Приве́т, Ми́ша. Это Анто́н. 안녕, 미샤. 나 안톤이야.

- Приве́т, Анто́н. 안녕, 안톤.

- Ми́ша, что ты де́лаешь? 미샤, 너 뭐 해?

- Я чита́ю кни́гу. А ты? 나는 책을 읽고 있어. 너는?

- Я слу́шаю му́зыку. 나는 음악을 듣고 있어.

2) `Track 2-2`

- Здра́вствуйте! 안녕하세요!

- До́брый день! 안녕하세요!

- Как вас зову́т? 성함이 어떻게 되시나요?

- Меня́ зову́т Ната́лья. А вас? 제 이름은 나탈리야예요. 당신 이름은요?

- Меня́ зову́т Серге́й. 제 이름은 세르게이입니다.

- Очень прия́тно, Серге́й. 반갑습니다, 세르게이.

- Очень прия́тно, Ната́лья. 반갑습니다, 나탈리야.

3) `Track 2-3`

- Это преподава́тель? 저분이 강사 선생님이신가요?

- Да, э́то преподава́тель. 네, 저분이 강사 선생님이에요.

- Вы зна́ете, как его́ зову́т? 그분 이름을 아시나요?

- Да, зна́ю. Его́ зову́т Анто́н Ива́нович. 네, 알아요. 그분 이름은 안톤 이바노비치입니다.

연습문제 4 주어진 답을 유도할 수 있는 질문을 만들어 보세요. 밑줄 친 부분이 있는 경우에는 그 부분이 답이 될 수 있는 질문을 만들어 보세요.

❶ - _____ ?

  - Я слу́шаю пе́сню.

❷ - _____ ?

  - Меня́ зову́т Татья́на.

❸ - _____ ?

  - Нет, э́то журна́лы.

❹ - _____ ?

  - Да, я зна́ю его́.

❺ - _____ ?

  - Нет, я не понима́ю её.

❻ - _____ ?

  - Нет, не зна́ю.

АУДИ́РОВАНИЕ

연습문제 1 대화를 듣고 대화의 내용에 맞는 답을 고르세요. `Track 2-4`

❶ Их зову́т _____.

a) Оле́г и Све́та

b) Семён и Ольга

c) Ве́ра и Алексе́й

d) Со́ня и Алекса́ндр

❷ _____

a) Он студе́нт.

b) Они студе́нты.

c) Она́ студе́нтка.

연습문제 2 두 남자, 안톤과 이고리의 대화를 듣고 이어 주어진 대화문에 해당하는 질문을 들어 보세요. 그리고 각각의 질문에 ДА 혹은 НЕТ로 답해 보세요. `Track 2-5`

❶ _____ ❷ _____ ❸ _____ ❹ _____

 **러시아 음식 기행 2. 차**

차(чай)는 대략 16세기 말에 러시아로 유입되었습니다. 처음에는 주로 귀족들만 차를 즐겼지만, 19세기에 이르면서 서민층으로까지 급속도로 확산되어, 길고 혹독한 겨울을 이길 수 있게 도와주는, 러시아인의 좋은 벗이 되었습니다. 러시아인의 집에 초대를 받아 가면 대부분의 시간을 차 마시기(чаепи́тие)에 보낸다고 해도 과언이 아닐 만큼 여러 잔의 차를 마시게 됩니다. 간혹 녹차를 즐기는 러시아인도 있지만, 러시아인이 가장 즐겨 마시는 차는 홍차(чёрный чай - black tea)로, 설탕을 듬뿍 넣고, 레몬을 곁들여 마시기도 합니다. 러시아에는 동양 문화권에서 볼 수 있는 복잡한 형태의 다도는 없지만, 대신 사모바르(самова́р)라는 독특한 차 기구가 있습니다.

제3과 Где вы живёте?

당신은 어디에 사시나요?

복 습

3과부터 각 과는 '복습' 문제로 시작됩니다. 모든 '복습' 문제에는 해당 과 이전까지 배운 문법 전체를 복습할 수 있는 문제들이 수록되어 있으니 새로 시작하는 과에서 새로운 문법을 배우기 전에 반드시 풀어 보세요.

괄호 안에 주어진 단어들을 알맞은 형태로 바꾸어 보세요.

1 Дéти слýшают _____ (пéсня).

2 Пáпа читáет _____ (газéта и журнáл).

3 Мы читáем _____ (письмó).

4 - Что ты слýшаешь?

- Я слýшаю _____ (мýзыка).

5 - Что ты дéлаешь?

- Я читáю _____ (кнúга).

6 Это Вадúм. Ты знáешь _____ (он)?

7 Это Мáша. Вы понимáете _____ (онá)?

8 Как _____ (ты) зовýт?

9 Я не знáю, как _____ (вы) зовýт.

10 - Ты знáешь, что сейчáс дéлает Лéна?

- Да, знáю, онá читáет.

- Онá читáет _____ (кнúга)?

- Нет, онá читáет не _____ (кнúга), а _____ (журнáл).

A 전치격

▶ 이 과에서는 명사의 전치격에 관하여 배웁니다. 러시아어의 전치격은 전치격 지배 전치사와 결합하여 아주 다양한 의미를 전할 때 사용됩니다. 이 과에서 우리는 장소를 뜻하는 전치격 지배 전치사와 결합하는 전치격의 쓰임을 익히고자 합니다. 이를 위해 먼저 '~에서'라는 장소 표현에 자주 사용되는 동사를 익혀 봅시다. 세 개의 동사 중 **жить**와 **учи́ться** 동사는 그간 여러분이 배웠던 동사와는 다른 유형의 동사 변화를 합니다. 주의하여 암기하세요.

	ЖИТЬ (살다)	РАБО́ТАТЬ (일하다)	УЧИ́ТЬСЯ (공부하다)
я	живу́	рабо́таю	учу́сь
ты	живёшь	рабо́таешь	у́чишься
он, она́	живёт	рабо́тает	у́чится
мы	живём	рабо́таем	у́чимся
вы	живёте	рабо́таете	у́читесь
они́	живу́т	рабо́тают	у́чатся*

┤ 주의하세요! ├

учу́сь vs. у́чишься

▶ учи́ться 동사 변화를 잘 살펴보면 원형에 있던 -ся 어미의 모양이 동사 변화형에서 -сь와 -ся로 바뀌는 것을 알 수 있습니다. -ся 어미는 자음과 결합할 때는 -ся형을 그대로 유지하지만, 모음과 결합하게 되면 -сь로 모양을 바꾸니 주의하세요!

▶ 그럼 이제 '–에서'라는 표현을 러시아어로 어떻게 말할 수 있을지 살펴봅시다. 러시아어로 '–에서'는 〈전치사 в/на + 명사의 전치격〉을 사용하여 표현합니다.

다음의 표에서 볼 수 있는 것처럼 러시아어 단수 명사의 전치격 어미는 -е 혹은 -и인데, -ий, -ия, -ие 그리고 -ь로 끝나는 여성 명사의 전치격 어미는 -и, 그 외 모든 단수 명사의 전치격 어미는 -е입니다. 단독으로 쓸 수 있는 다른 격들과 달리 전치격은 반드시 전치사와 함께 사용합니다.

한 가지 주의할 것은 전치격 어미 -е 혹은 -и를 어디에 붙여야 하는지입니다. 우리가 명사의 성을 익힐 때나 명사의 복수형을 만들 때 자음, 모음으로 끝나는 명사를 각각 -#, -а, -я, -о, -е, -ь 등으로 표기했지요? -# 표시는 자음으로 끝나는 명사, 즉 어미가 없는 명사이기 때문에 바로 뒤에 -е 혹은 -и를 붙이면 되지만, 나머지 명사의 경우는 -а, -я, -о, -е, -ь 등 - 뒤에 표기된 어미를 전치격 어미 -е나 -и로 바꾸어야 합니다.

- университе́т-# ▶ в университе́те
- шко́л-**а** ▶ в шко́ле
- пло́щад-**ь** ▶ на пло́щади

▶ 이제 남성, 여성, 중성 명사들의 전치격을 더 자세하게 살펴봅시다.

남성 명사

Это университе́т.	Брат у́чится **в** университе́те.
Это вокза́л.	Оте́ц рабо́тает **на** вокза́ле.
Это Су́здаль.	Оле́г живёт **в** Су́здале.
Это Кита́й.	Студе́нты у́чатся **в** Кита́е.
Это санато́рий.	Ма́ма рабо́тает **в** санато́рии.

여성 명사

Это шко́ла.	Ви́ктор у́чится **в** шко́ле.
Это по́чта.	Сестра́ рабо́тает **на** по́чте.
Это пло́щадь.	Студе́нты рабо́тают **на** пло́щади.
Это Коре́я.	Мы живём **в** Коре́е.
Это Росси́я.	Они́ живу́т **в** Росси́и.

중성 명사

Это мо́ре.	Мы живём **на** мо́ре.
Это общежи́тие.	Студе́нты живу́т **в** общежи́тии.

단어 университе́т 대학 | вокза́л 기차역 | Су́здаль 수즈달(모스크바 근교의 고도) | Кита́й 중국 |
санато́рий 요양원, 리조트 | шко́ла 초·중·고등학교 | по́чта 우체국 | пло́щадь 광장 | Коре́я
한국 | Росси́я 러시아 | мо́ре 바다 | общежи́тие 기숙사

▶ 우리가 배운 동사 외에도 전치격과 결합하는 다양한 동사들이 존재합니다. 이에 관하여는 **별표 13** 을 참
조하세요.

연습문제 1 보기 와 같이 주어진 문장의 각 단어가 답이 될 수 있는 질문을 만들어 보세요.

보기
- Ви́ктор у́чится в университе́те.
  - Кто у́чится в университе́те?   - Ви́ктор.
  - Что де́лает Ви́ктор?   - У́чится.
  - Где у́чится Ви́ктор?   - В университе́те.

---

❶ Алекса́ндр живёт в Москве́.

- _____ ?   - _____ .

- _____ ?   - _____ .

- _____ ?   - _____ .

❷ Оте́ц рабо́тает в компа́нии «Самсу́нг».

- _____ ?   - _____ .

- _____ ?   - _____ .

- _____ ?   - _____ .

❸ Де́ти у́чатся в шко́ле.

- _____ ?   - _____ .

- _____ ?   - _____ .

- _____ ?   - _____ .

▶ 한 가지 주의할 것은 한국어로는 '공부하다'라는 하나의 동사가 비교적 넓은 의미로 사용될 수 있는 것과 달리, '공부하다'를 뜻하는 러시아어 동사의 쓰임은 매우 세분화되어 있다는 점입니다. 여러분은 그 중 첫번째 동사를 배운 셈인데, 흔히 '공부하다'로 번역되는 **учи́ться** 동사의 구체적인 의미는 '~학교 기관의 학생이다, ~에서 교육을 받는다'입니다. 그런 의미에서 **«Я учу́сь в библиоте́ке/до́ма.*»** 등의 문장은 비문입니다. '집에서 공부한다', '도서관에서 공부한다'는 말을 하고 싶을 때는 우리가 아직 배우지 않은 다른 동사를 사용해야 합니다.

▶ 장소 표현을 배우는 데 있어 이제 남은 문제는 똑같이 '~에서'의 뜻을 지니는 전치사 в와 на 중에서 어떤 경우에 в를 사용하고, 어떤 경우에 на를 사용할까 하는 문제입니다.

전치사 в와 결합하는 명사			
апте́ка 약국	банк 은행	библиоте́ка 도서관	больни́ца 병원
фи́рма 공장	кафе́ 카페	магази́н 상점	общежи́тие 기숙사
шко́ла 학교	парк 공원	университе́т 대학	институ́т 연구소
о́фис 사무실	музе́й 박물관	рестора́н 레스토랑	

전치사 на와 결합하는 명사			
вокза́л 기차역	заво́д 공장	по́чта 우체국	стадио́н 경기장
уро́к 수업	конце́рт 콘서트	ле́кция 강의	пло́щадь 광장

▶ 전치사 в를 쓰는 경우와 на를 쓰는 경우를 모두 암기하기보다는 '~에서'라는 장소를 뜻하는 전치사의 기본을 в라고 생각하고 на를 써야 하는 경우를 따로 암기하는 것이 좋습니다.

▶ 보통 구체적인 장소를 뜻하는 것이 아니라, 어떤 사건(event)을 의미하는 명사(уро́к 수업, ле́кция 강의, конце́рт 콘서트, бале́т 발레, о́пера 오페라 등)는 전치사 на와 결합합니다. 하지만 이것도 절대적인 기준은 아니기 때문에 각각의 명사별로 암기해 두는 것이 좋습니다.

▶ 이 외에도 в/на와 결합하는 명사를 가르는 기준이 되는 사항으로 다음과 같은 것을 들 수 있습니다. 전치사 в는 나라 이름(в Коре́е), 행정구역 명칭(в прови́нции Кёнги, в шта́те Калифо́рния), 도시, 농촌 등의 지역명(в го́роде, в дере́вне)과 결합하고, 전치사 на는 방위 표시(на восто́ке), 섬이나 반도의 명칭(на Сахали́не, на Камча́тке), 강·호수·바다 명칭(на Байка́ле), 산의 명칭(на Соракса́не), 거리와 광장의 이름(на у́лице, на пло́щади, на проспе́кте) 등과 결합합니다. 이 외에도 전치사 в/на와 결합하는 다양한 명사들에 관하여는 **별표 4**를 참조하세요.

단어　прови́нция 지방, 도(都) | го́род 도시 | дере́вня 시골 | восто́к 동(東) | у́лица 거리 | пло́щадь 광장 | проспе́кт 대로

주의하세요!

НА ЧЕ́ДЖУ (제주도에서)

▶ 모든 지명이 전치격으로 변하는 것은 아닙니다. 자음이나 -а, -я, -ь로 끝나는 지명은 전치격으로 변하지만, 그 외의 모음으로 끝나는 지명은 변하지 않습니다.

- Че́джу → на Че́джу
- То́кио → в То́кио
- Нагаса́ки → в Нагаса́ки

▶ 흔히 외래어 지명이 격변화하지 않는다고 생각하는 경우가 있는데, 외래어 지명이라 할지라도 자음으로 끝나거나 -а, -я, -ь로 끝나는 경우는 전치격으로 변합니다.

- Вене́ция → в Вене́ции
- Сеу́л → в Сеу́ле

연습문제 2 빈칸에 필요한 전치사를 넣고, 주어진 명사를 알맞은 형태로 바꾸세요.

❶ Брат у́чится ____________ (университе́т), а сестра́ ____________ (шко́ла).

❷ Оте́ц рабо́тает ____________ (заво́д), а ма́ма ____________ (библиоте́ка).

❸ Мы живём ________________________ (Коре́я, Сеу́л).

❹ Я учу́сь ________________________ (Сувóн, университе́т).

❺ Студе́нты живу́т ________________________ (общежи́тие).

❻ Они́ рабо́тают ________________________ (Аме́рика и́ли Англия).

❼ Она́ живёт ________________________ (Япо́ния, То́кио).

단어 университе́т 대학 | шко́ла 초·중·고등학교 | заво́д 공장 | библиоте́ка 도서관 | Коре́я 한국 | Сеу́л 서울 | Сувóн 수원 | общежи́тие 기숙사 | Аме́рика 미국 | Англия 영국 | Япо́ния 일본 | То́кио 도쿄

다음의 동사도 종종 장소를 뜻하는 명사의 전치격과 결합합니다. 아래의 다섯 개의 동사는 모두 1식 변화 동사, 다시 말해 чита́ть형으로 변하는 동사입니다.

> за́втракать 아침 먹다　обе́дать 점심 먹다　у́жинать 저녁 먹다
> гуля́ть 산책하다　отдыха́ть 쉬다

빈칸에 알맞은 동사 변화 어미를 넣고, 문장을 해석해 보세요.

❶ Я обе́да ＿＿＿＿＿＿＿＿ в рестора́не.

❷ Брат отдыха́ ＿＿＿＿＿＿＿＿ на Байка́ле.

❸ Мы гуля ＿＿＿＿＿＿＿＿ в па́рке.

❹ Вы у́жина ＿＿＿＿＿＿＿＿ в рестора́не и́ли кафе́?

❺ Они́ отдыха́ ＿＿＿＿＿＿＿＿ на о́строве Че́джу.

❻ Ты за́втрака ＿＿＿＿＿＿＿＿ в кафе́? Нет, я за́втрака ＿＿＿＿＿＿＿＿ до́ма.

단어　Байка́л 바이칼 호수 ｜ о́стров 섬

┃ *주의하세요!* ┃

ДО́МА

▶ 자기 집에 관하여 이야기할 때, 러시아 사람들은 'в до́ме'라는 표현 대신, 'до́ма'라는 부사를 사용합니다. 다음의 두 문장을 비교해 보세요.

- - Где оте́ц? 아버지는 어디 계시니?
  - До́ма. 집에 계십니다.
- Я у́жинаю до́ма. 나는 집에서 저녁을 먹어요.
- - Где апте́ка? 약국이 어디 있나요?
  - В до́ме № 5. 5동에 있습니다.
- Мы живём в до́ме № 10. 우리는 10동에 삽니다.

▶ '우리는 집에서 저녁 먹는다', '엄마는 집에 계신다' 등 일상적으로 '집에', '집에서'라는 표현을 할 때는 장소를 뜻하는 부사 до́ма를 사용해야 합니다. в до́ме라는 표현은 아파트 동 등 '어떤 건물에'라는 의미로 사용합니다.

연습문제 4 주어진 단어를 사용하여 문장을 만들어 보세요.

❶ Олéг, обéдать, рестора́н, и́ли, кафé

▶ _____

❷ ма́ма, и, па́па, отдыха́ть, юг, мо́ре

▶ _____

❸ дéти, гуля́ть, парк

▶ _____

❹ мы, у́жинать, дом

▶ _____

❺ я, за́втракать, общежи́тие

▶ _____

▶ 장소 표현은 일반 동사와만 결합하는 것은 아닙니다. '그가 도서관에 있다'와 같은 구문에서는 〈be 동사 +
장소〉가 사용되어야 하는데, 러시아어는 be 동사의 현재형을 사용하지 않기 때문에 다음과 같은 질문과
답이 가능합니다.

- • - Где брат?   - Он на стадио́не.
- • - Где сестра́?   - Она́ в библиоте́ке.
- • - Где кни́га?   - Она́ на столе́. (Она́ в столе́.)

╢ 주의하세요! ╟

В СТОЛÉ и́ли НА СТОЛÉ?

▶ «на столе́»는 물건이 책상 위에 있을 경우, «в столе́»는 책상 안에 있을 경우에 사용합니다.

- • - Где письмо́? 편지가 어디 있나요?
  - Письмо́ на столе́ / Письмо́ в столе́. 편지는 책상 위에/책상 안에 있습니다.

연습문제 5 ❶, ❷, ❸번은 괄호 안에 주어진 단어를 사용하고, ❹, ❺, ❻번은 여러분이 적절한 명사를 생각하여 주어진 질문에 답해 보세요.

❶ Где слова́рь? (стол) ▶ _____

❷ Где письмо́? (кни́га) ▶ _____

❸ Где газе́та? (портфе́ль) ▶ _____

❹ Где де́ти? ▶ _____

❺ Где брат? ▶ _____

❻ Где де́душка и ба́бушка? ▶ _____

단어 стол 책상 | портфе́ль 서류가방 | де́ти 아이들 | де́душка 할아버지 | ба́бушка 할머니

B　제2 전치격 – у

▶ 몇몇 남성 명사는 장소를 표시할 때는 전치격 어미 -у를 취합니다. 아래 명사의 장소 전치격을 따로 암기하세요. 이런 경우 강세는 항상 어미에 오게 됩니다. 아래의 명사 외에 장소를 뜻할 때 전치격 어미 -у를 취하는 명사에 대해서는 **별표 5**를 참조하세요.

주격	장소 전치격
сад 정원	в саду́
лес 숲	в лесу́
пол 바닥	на полу́
шкаф 옷장	в (на) шкафу́
аэропо́рт 공항	в аэропорту́

연습문제 6 주어진 명사를 적절한 형태로 바꾸어 넣으세요.

❶ Де́ти гуля́ют _____(лес и́ли сад)?

❷ - Где кни́га?

 - Она́ _____(портфе́ль).

❸ - Где письмо́?

 - Оно́ _____(стол).

❹ Пальто́ _____(шкаф).

❺ - Где соба́ка?

 - Она́ _____(пол).

❻ Ма́ша обе́дает _____(дом), а Ви́ктор обе́дает _____(кафе́).

❼ - Где брат?

 - Он _____(Япо́ния, То́кио).

❽ - Где рабо́тает Ольга?

 - Она́ рабо́тает _____(аэропо́рт).

❾ - Юрий у́жинает _____(дом)?

 - Нет, сего́дня он у́жинает не _____(дом), а _____(рестора́н).

❿ Это дом № 3, а магази́н «Ру́сский сувени́р» _____(дом № 4).

단어 пальто́ 코트 | соба́ка 개 | сувени́р 기념품

ДАВА́ЙТЕ ПОГОВОРИ́М!

연습문제 1 주어진 단어를 사용하여 보기 와 같이 두 가지 방식으로 이야기해 보세요.

> 보기
> • - Вы рабо́таете?
> - Нет, я учу́сь.
> • - Вы рабо́таете?
> - Нет, я не рабо́таю, а учу́сь.

❶ учи́ться - рабо́тать

- _____

- _____

- _____

❷ рабо́тать - отдыха́ть

- _____

- _____

- _____

❸ за́втракать - обе́дать

- _____

- _____

- _____

❹ обе́дать - у́жинать

- _____

- _____

- _____

책을 보지 말고 주어진 문장을 듣고 기억하여 따라 해 보세요. **Track 3-1**

❶ Брат не рабóтает, а ýчится в университéте.

❷ Это не шкóла, а университéт.

❸ Натáша зáвтракает дóма.

❹ Отéц рабóтает в компáнии «Старт».

❺ Дéдушка не рабóтает, он пенсионéр.

단어 компáния 회사 | пенсионéр 연금수령자

연습문제 3 보기 와 같이 질문에 긍정과 부정으로 답해 보세요.

> 보기
> - Свéта, ты не знáешь, где рабóтает Игорь?
> - Знáю, он рабóтает на завóде.
> - Нет, я не знáю.

❶ - Андрéй, ты не знáешь, где ýчится Пáвел?

- _____

- _____

❷ - Ты не знáешь, где Ольга?

- _____

- _____

❸ - Вы не знáете, где рабóтает Михайл Дмúтриевич?

- _____

- _____

❹ - Са́ша, ты не зна́ешь, где ма́ма?

   - _____

   - _____

❺ - Ты не зна́ешь, где слова́рь?

   - _____

   - _____

❻ - Та́ня, ты не зна́ешь, кто э́то?

   - _____

   - _____

❼ - Ты не зна́ешь, что э́то?

   - _____

   - _____

❽ - Макси́м, ты не зна́ешь, что де́лает ма́ма?

   - _____

   - _____

연습문제 4 직업을 뜻하는 다음 단어를 듣고 암기하세요. `Track 3-2`

аптéкарь 약사

библиотéкарь 사서

бизнесмéн 사업가

врач 의사

инженéр 엔지니어

пóвар 요리사

почтальóн 우체부

преподавáтель
(преподавáтельница) 강사

учи́тель (учи́тельница) 교사

연습문제 5 위의 단어를 사용하여 보기 와 같이 누가 어디에서 일하는지 이야기해 보세요.

보기

· Аптéкарь рабóтает в аптéке.
· Преподавáтель рабóтает в университéте.
· Инженéр рабóтает на завóде.

다음의 대화를 듣고 따라 해 보세요.

1) `Track 3-3`

- Дóброе ýтро! Меня́ зову́т Влади́мир. А вас? 안녕하세요! 제 이름은 블라디미르입니다. 당신은요?

- Меня́ зову́т Лари́са. 제 이름은 라리사예요.

- Óчень прия́тно, Лари́са. 만나서 반갑습니다, 라리사.

- Óчень прия́тно, Влади́мир. 만나서 반가워요, 블라디미르.

- Лари́са, вы ýчитесь и́ли рабо́таете?
  라리사, 당신은 학생이신가요 아니면 직장인이신가요(공부하시나요 아니면 일하시나요)?

- Я учу́сь в университе́те. А вы? 저는 대학에 다녀요. 당신은요?

- Я рабо́таю в компа́нии «Самсу́нг». 저는 삼성에서 일합니다.

2) `Track 3-4`

- Здра́вствуйте! 안녕하세요?

- Дóбрый день! 안녕하세요?

- Как вас зову́т? 당신 이름이 무엇입니까?

- Меня́ зову́т Ви́ктор Алексе́евич. А вас? 제 이름은 빅토르 알렉세예비치입니다. 당신은요?

- Меня́ зову́т Еле́на Антóновна. 제 이름은 엘레나 안토노브나입니다.

- Óчень прия́тно. Где вы живёте? 만나서 반갑습니다. 당신은 어디에 사시나요?

- Я живý в Москве́. А вы? 저는 모스크바에서 살아요. 당신은요?

- Я живý во Владивостóке. 저는 블라디보스토크에서 삽니다.

- Где вы рабо́таете? 당신은 어디서 일하세요?

- Я рабо́таю в университе́те. Я преподава́тель. А вы?
  저는 대학에서 일합니다. 저는 강사예요. 당신은요?

- Я рабо́таю в шкóле, я учи́тельница. 저는 학교에서 일해요. 교사입니다.

3) **Track 3-5**

- Алло́! 여보세요!

- Ната́ша? Здра́вствуй! Это Серге́й. 나타샤? 안녕! 나 세르게이야.

- До́брый день, Серге́й! 안녕, 세르게이!

- Ната́ша, а Ди́ма до́ма? 나타샤, 지마는 집에 있어?

- Нет. 아니.

- А ты не зна́ешь, где он сейча́с? 혹시 지금 지마가 어디 있는지 알아?

- Он в библиоте́ке. 도서관에 있어.

- Спаси́бо. До свида́ния, Ната́ша. 고마워. 안녕, 나타샤.

- До свида́ния, Серге́й. 안녕, 세르게이.

연습문제 6 주어진 답을 유도할 수 있는 질문을 만들어 보세요. 답변에 밑줄 친 단어가 있을 경우 그 단어가 답이 될 수 있는 질문을 만들어 보세요.

❶ - _____ ?

 - Меня́ зову́т Мари́я.

❷ - _____ ?

 - Я живу́ в Се́уле.

❸ - _____ ?

 - Он рабо́тает в шко́ле.

❹ - _____ ?

 - Он чита́ет кни́гу.

❺ - _____ ?

 - Да, он за́втракает до́ма.

❻ - _____?

   - Нет, э́то не магази́н, а библиоте́ка.

❼ - _____?

   - Ле́на гуля́ет.

연습문제 7 주어진 질문에 답해 보세요.

❶ - Кто э́то?

   - _____

❷ - Что э́то?

   - _____

❸ - Как вас зову́т?

   - _____

❹ - Что вы сейча́с де́лаете?

   - _____

❺ - Вы у́читесь и́ли рабо́таете?

   - _____

❻ - Где вы у́читесь?

   - _____

❼ - Где вы живёте?

   - _____

❽ - Где вы за́втракаете?

   - _____

❾ - Где вы обе́даете?

   - _____

❿ - Где па́па и ма́ма?

   - _____

⓫ - Где вы отдыха́ете?

   - _____

⓬ - Где вы гуля́ете?

   - _____

⓭ - Вы не зна́ете, где профе́ссор?

   - _____

⓮ - Вы у́жинаете в рестора́не?

   - _____

⓯ - Э́то преподава́тель. Вы понима́ете его́?

   - _____

АУДИ́РОВАНИЕ

연습문제 1 대화를 듣고 질문에 답해 보세요. [Track 3-6]

❶ Кто живёт в Москве́?

a) Наде́жда

b) Никола́й

c) Наде́жда и Никола́й

❷ 대화의 내용에 상응하는 답을 고르세요.

a) Наде́жда – студе́нтка, у́чится в институ́те.

b) Она́ не у́чится, а рабо́тает в институ́те.

c) Она́ у́чится и рабо́тает в институ́те.

d) Никола́й рабо́тает в библиоте́ке.

연습문제 2 대화를 듣고 이어 주어진 대화문에 따른 질문을 들어 보세요. 각각의 질문에 ДА 혹은 НЕТ로
답해 보세요. [Track 3-7]

❶ _____   ❷ _____   ❸ _____

❹ _____   ❺ _____   ❻ _____

러시아 음식 기행 3. 블린

블린(блин)은 가장 대표적인 러시아의 전통 음식입니다. '팬케이크'로 번역하기도 하지만 팬케이크보다
훨씬 얇게 구워내는 밀가루 음식입니다. 러시아인들은 농담 삼아 구워 낸 블린을 들었을 때 마주앉은 상대
의 얼굴이 블린을 통해 비쳐 보여야 한다고 말합니다. 블린은 러시아에 기독교가 유입되기 훨씬 전부터 있
었던 토속신앙에 기반한 봄맞이 축제(Ма́сленица)를 대표하는 음식이기도 합니다. 블린의 둥근 모양은
봄이 다가오며 힘을 얻게 되는 둥근 해를 상징합니다. 러시아 일상의 삶과 아주 밀접한 연관이 있는 음식이
기 때문에 "한 번 실수는 병가지상사(Пе́рвый блин - ко́мом)" 등 블린
과 연관된 속담도 많습니다.

종이처럼 얇게 구운 블린을 수십 장 쌓아 놓고, 한 장씩 집어 그 속에 철갑상
어알이나 연어알을 올려 사각형이나 원형으로 말아 먹기도 하고, 고기나 버섯
볶음 등을 얹기도 하며, 간단하게 잼이나 꿀을 발라 먹기도 합니다.

제4과 Что вы изуча́ете?

당신은 무엇을 공부하세요?

복 습

괄호 안의 단어를 이용하여 문장을 완성해 보세요.

1 Брат чита́ет _____ (журна́л, письмо́, стихи́, кни́га, тетра́дь).

2 Студе́нты живу́т _____ (Росси́я, Москва́).

3 Сон Ок живёт _____ (Коре́я, Сеу́л).

4 Сестра́ рабо́тает _____ (Пуса́н, библиоте́ка).

5 Наде́жда у́чится _____ (Сувóн, университе́т).

6 Это преподава́тель. Мы понима́ем _____ (он).

7 Это Людми́ла. Вы зна́ете _____ (она́)?

8 - Как _____ (вы) зову́т?

  - _____ (я) зову́т Дми́трий.

9 Мы гуля́ем _____ (сад).

10 Юми живёт _____ (Япо́ния, Са́пporo).

ГОВОРИ́ТЕ ПРА́ВИЛЬНО!

A 새 동사

	ИЗУЧА́ТЬ (공부하다)
я	изуча́ю
ты	изуча́ешь
он, она́	изуча́ет
мы	изуча́ем
вы	изуча́ете
они́	изуча́ют

▶ изуча́ть 동사는 чита́ть 동사와 동일한 1식 변화 동사로 '~을 공부하다, 전공하다'는 뜻의 타동사입니다.

- Я изуча́ю ру́сский язы́к.
- Студе́нты изуча́ют англи́йский язы́к.
- Брат изуча́ет исто́рию.
- Де́ти изуча́ют литерату́ру.

▶ 앞서 배운 учи́ться 동사도 '공부하다'를 뜻하지만 두 동사는 활용이나 의미가 다릅니다. 활용상 изуча́ть 동사는 반드시 목적어를 필요로 하는 반면 (изуча́ть + что?), учи́ться 동사는 직접목적어를 취하지 않고 단독으로 사용되거나 '어디에서'라는 장소 표현과 결합합니다(учи́ться + где?). 또 의미상으로도 изуча́ть 동사가 '~을 심도 있게 공부하다'라는 뜻으로 사용된다면, учи́ться 동사는 '(어떤) 학교 기관에 속해 있다(Я учу́сь в университе́те.)', 혹은 '학생 신분이다(Я не рабо́таю, я учу́сь.)' 등을 의미합니다. '공부를 잘한다' 혹은 '공부를 못한다'는 표현도 учи́ться 동사를 사용하여 표현합니다(Она́ хорошо́ у́чится. Брат пло́хо у́чится).

연습문제 1 учи́ться와 изуча́ть 동사 중 적절한 것을 골라 알맞은 형태로 넣으세요.

❶ Ната́ша _____. в шко́ле.

❷ Оле́г _____ англи́йский язы́к.

❸ Студе́нты _____ в институ́те, они́ _____ литерату́ру.

❹ Мы _____ в университе́те, мы _____ ру́сский язы́к.

❺ Где вы _____?

❻ Что вы _____?

단어 англи́йский язы́к 영어 | институ́т 학교, 연구소 | литерату́ра 문학 | ру́сский язы́к 러시아어

연습문제 2 필요한 경우 전치사를 넣고, 괄호 안의 단어를 알맞은 형태로 바꾸세요.

❶ Ви́ктор у́чится _____ (институ́т), он изуча́ет _____ (исто́рия).

❷ Мы у́чимся _____ (университе́т), изуча́ем _____ (ру́сский язы́к).

❸ Сестра́ изуча́ет _____ (литерату́ра).

❹ Ве́ра у́чится _____ (шко́ла).

❺ Де́ти изуча́ют _____ (англи́йский язы́к).

▶ 이제 지금껏 배운 동사와는 조금 다른 형태로 변하는 동사를 익혀 봅시다.

	ГОВОРИ́ТЬ (말하다)
я	говорю́
ты	говори́шь
он, она́	говори́т
мы	говори́м
вы	говори́те
они́	говоря́т

▶ 규칙적으로 변하는 러시아어 동사는 앞서 보았던 **чита́ть**형 동사와 지금 본 **говори́ть**형의 동사로 나뉘어 변합니다. 흔히 **чита́ть**형의 동사를 1식 변화 동사, **говори́ть**형의 동사를 2식 변화 동사라고 부릅니다. 원형의 어미가 -**ить**로 끝나는 모든 동사(**брить** 면도하다, **стели́ть** 깔다 제외), -**еть**, -**ать**로 끝나는 몇몇 동사(**ви́деть** 보다, **смотре́ть** 보다, **ненави́деть** 미워하다, **верте́ть** 맴돌다, **терпе́ть** 인내하다, **оби́деть** 모욕하다, **зави́сеть** 달려 있다, **гнать** 뒤쫓다, **держа́ть** 쥐고 있다, **дыша́ть** 숨을 쉬다, **слы́шать** 들린다)가 대표적인 2식 변화 동사입니다.

▶ 이제 говори́ть 동사의 활용을 살펴봅시다. говори́ть 동사는 직접목적어를 취하지 않는 자동사입니다.

- Он говори́т по-коре́йски.
- Она́ говори́т по-япо́нски.

▶ 어떤 언어로 말한다고 할 때는 по-ру́сски, по-коре́йски와 같은 부사구를 사용해야 합니다. «Он говори́т ру́сский язы́к.*»은 틀린 문장입니다.

┃ 주의하세요! ┃

РУ́ССКИЙ ЯЗЫ́К и́ли ПО-РУ́ССКИ?

▶ '~ 언어'와 '~ 언어로'는 구별하여 암기해야 합니다. 특히 후자의 경우 철자에 주의하세요.

- ру́сский язы́к 러시아어
- коре́йский язы́к 한국어
- англи́йский язы́к 영어
- япо́нский язы́к 일본어
- кита́йский язы́к 중국어
- неме́цкий язы́к 독일어
- францу́зский язы́к 프랑스어
- испа́нский язы́к 스페인어

- по-ру́сски 러시아어로
- по-коре́йски 한국어로
- по-англи́йски 영어로
- по-япо́нски 일본어로
- по-кита́йски 중국어로
- по-неме́цки 독일어로
- по-францу́зски 프랑스어로
- по-испа́нски 스페인어로

▶ 언어와 관계된 동사의 활용은 아래와 같습니다. знать, изуча́ть 동사는 대격 직접목적어를 취하지만 ('러시아어를 안다', '한국어를 공부한다'), говори́ть, чита́ть, понима́ть 동사는 '언어'를 뜻하는 단어와 결합할 때는 직접목적어를 취하는 대신 '러시아어로 말하다', '한국어로 읽다', '영어로 이해하다'에 해당되는 활용을 합니다. 잘 생각해 보면, 한국어를 읽는 것이 아니라 한국어로 무엇인가를 읽고, 말하고, 이해하는 것이기 때문에 충분히 납득할 만한 활용입니다.

знать изуча́ть	ру́сский язы́к коре́йский язы́к англи́йский язы́к
говори́ть чита́ть понима́ть	по-ру́сски по-коре́йски по-англи́йски

연습문제 3 괄호 안의 표현 중 적절한 것을 골라 빈칸에 넣으세요.

❶ (ру́сский язы́к / по-ру́сски)

Ми Хи зна́ет _____, она́ изуча́ет _____. Она́
чита́ет и говори́т _____.

❷ (коре́йский язы́к / по-коре́йски)

Вы понима́ете _____? Вы изуча́ете _____? Ива́н
пло́хо говори́т _____.

❸ (англи́йский язы́к / по-англи́йски)

Де́ти хорошо́ чита́ют _____. Они́ изуча́ют _____.
Сон Ми хорошо́ зна́ет _____. Она́ говори́т _____.

Б 소유 형용사

▶ 소유 형용사를 비롯한 러시아어의 모든 형용사를 익힐 때 기본적으로 염두에 두어야 하는 것은 형용사는 형용사가 수식하는 명사의 성, 수, 격에 따라 변화한다는 점입니다. 이 과에서는 제일 먼저 남성, 여성, 중성, 복수 명사를 수식하는 주격 소유 형용사를 공부해 봅시다.

	ЧЕЙ	ЧЬЯ?	ЧЬЁ?	ЧЬИ?
나의	мой дом	моя́ кни́га	моё пальто́	мои́ сигаре́ты
너의	твой	твоя́	твоё	твои́
그의	его́	его́	его́	его́
그녀의	её	её	её	её
우리의	наш	на́ша	на́ше	на́ши
당신(들)의	ваш	ва́ша	ва́ше	ва́ши
그들의	их	их	их	их

▶ 표 상단의 **чей, чья, чьё, чьи**는 '누구의 ~?'라는 의문 형용사입니다. 의문 형용사도 수식하는 명사의 성과 격에 따라 형태를 달리하게 됩니다. 주의할 것은 **чей, чья, чьё, чьи**는 형용사인 동시에 의문사이기 때문에 문장의 맨 앞에 위치시켜야 한다는 점입니다.

Чей э́то дом?	Чья э́то кни́га?	Чьё э́то пальто́?	Чьи э́то кни́ги?
Э́то мой дом.	Э́то моя́ кни́га.	Э́то моё пальто́.	Э́то мои́ кни́ги.

연습문제 4 빈칸에 적절한 소유 형용사의 어미, 혹은 소유 형용사를 넣으세요.

❶ Э́то мо _____ оте́ц, а э́то тво _____ оте́ц.

❷ - Чья э́то кни́га?

   - Э́то наш _____ кни́га.

❸ - Э́то ваш _____ пальто́?

   - Да, э́то мо _____ пальто́.

❹ Э́то наш _____ ба́бушка.

❺ - Чей э́то слова́рь?

   - Э́то мо _____ слова́рь.

❻ - Чьи э́то де́ти?

   - Э́то наш _____ де́ти.

❼ Э́то Ната́ша, а э́то _____ брат.

❽ Э́то Серге́й, а э́то _____ оте́ц.

❾ Э́то Анто́н и Ольга. А э́то _____ де́душка.

❿ Э́то Ма́ша. А э́то _____ ма́ма и па́па.

단어   оте́ц 아버지 | пальто́ 코트 | ба́бушка 할머니 | де́душка 할아버지

ДАВА́ЙТЕ ПОГОВОРИ́М!

연습문제 1 **보기** 와 같이 주어진 단어들로 대화문을 만들어 보세요.

> **보기**
> • Анто́н, университе́т, ру́сский язы́к
> Студе́нт 1: Где у́чится Анто́н?
> Студе́нт 2: Он у́чится в университе́те.
> Студе́нт 1: Что он изуча́ет?
> Студе́нт 2: Он изуча́ет ру́сский язы́к.

❶ Лари́са, шко́ла, коре́йский язы́к

- _____

- _____

❷ брат, институ́т, исто́рия

- _____

- _____

❸ Оле́г и Анна, университе́т, англи́йский язы́к

- _____

- _____

❹ Со́ня, институ́т, литерату́ра

- _____

- _____

❺ Ви́ктор, шко́ла, ру́сский язы́к

- _____

- _____

6 Татья́на и Андре́й, университе́т, япо́нский язы́к

\- _____

\- _____

연습문제 2 보기 와 같이 주어진 질문에 긍정 혹은 부정으로 답해 보세요.

А)

> 보기
> \- Брат изуча́ет ру́сский язы́к?
> \- Да, он изуча́ет ру́сский язы́к.
>   Нет, он изуча́ет англи́йский язы́к.

1 - Ты изуча́ешь англи́йский язы́к?

\- Да, _____.

2 - Вы изуча́ете япо́нский язы́к?

\- Нет, _____.

3 - Сестра́ изуча́ет кита́йский язы́к?

\- Да, _____.

4 - Макси́м изуча́ет испа́нский язы́к?

\- Нет, _____.

Б)

> 보기
> \- Брат зна́ет ру́сский язы́к?
> \- Да, он зна́ет ру́сский язы́к.
>   Нет, он зна́ет англи́йский язы́к.

1 - Ты зна́ешь англи́йский язы́к?

\- Да, _____.

② - Вы зна́ете япо́нский язы́к?

- Нет, _____ .

③ - Еле́на зна́ет кита́йский язы́к?

- Да, _____ .

④ - Ми́ша зна́ет францу́зский язы́к?

- Нет, _____ .

B)

> 보기
>
> - Брат говори́т по-ру́сски?
> - Да, он говори́т по-ру́сски.
>   Нет, он не говори́т по-ру́сски.

❶ - Ты говори́шь по-англи́йски?

- Да, _____ .

❷ - Никола́й понима́ет по-коре́йски?

- Нет, _____ .

❸ - Наде́жда чита́ет по-япо́нски?

- Да, _____ .

❹ - Ка́тя говори́т по-францу́зски?

- Нет, _____ .

❺ - Вади́м понима́ет по-кита́йски?

- Нет, _____ .

▶ 비슷한 질문을 만들어 옆 사람과 대화해 보세요.

연습문제 3 보기 와 같이 주어진 단어들로 짧은 대화문을 만들어 보세요.

> 보기
> • кни́га, я
> - Студе́нт 1: Чья э́то кни́га?
> - Студе́нт 2: Это моя́ кни́га.

❶ журна́л, ты

- _____
- _____

❷ брат и сестра́, она́

- _____
- _____

❸ письмо́, вы

- _____
- _____

❹ подру́га, мы

- _____
- _____

❺ друг, они́

- _____
- _____

❻ сигаре́ты, он

- _____
- _____

❼ пальто́, я

- _____
- _____

단어 подру́га 여자친구 | друг 친구

▶ 비슷한 질문을 만들어 옆 사람과 대화해 보세요.

다음의 대화를 듣고 따라 해 보세요.

1) Track 4-1

- Ва́ля, где ты у́чишься? 발랴, 너는 어디서 공부해?

- Я учу́сь в университе́те. 나는 대학에서 공부해.

- Что ты изуча́ешь? 무엇을 전공해?

- Я изуча́ю англи́йский язы́к. 나는 영어를 전공해.

- Ты хорошо́ говори́шь по-англи́йски? 너는 영어를 잘하니?

- Нет, я не о́чень хорошо́ говорю́ по-англи́йски. 아니, 나는 그다지 영어를 잘하지 않아.

2) Track 4-2

- Серге́й, твой друг изуча́ет япо́нский язы́к? 세르게이, 네 친구는 일본어를 공부하니?

- Нет, мой друг изуча́ет коре́йский язы́к. 아니, 내 친구는 한국어를 공부해.

- Он хорошо́ говори́т и понима́ет по-коре́йски? 그는 한국어로 말을 잘하고 이해하니?

- Он хорошо́ понима́ет, но не о́чень хорошо́ говори́т.
  그는 이해는 잘하지만 말을 아주 잘하지는 않아.

- А он зна́ет кита́йский язы́к? 그는 중국어를 알아?

- Нет, не зна́ет. 아니, 몰라.

3) Track 4-3

- Ната́ша, ты зна́ешь япо́нский язы́к? 나타샤, 너는 일본어를 아니?

- Да, зна́ю, потому́ что я изуча́ю япо́нский язы́к. 응 알아. 왜냐하면 나는 일본어를 공부하거든.

- Ты хорошо́ говори́шь по-япо́нски? 너는 일본어로 말을 잘하니?

- Я хорошо́ чита́ю по-япо́нски, но пло́хо говорю́ и понима́ю. А что ты изуча́ешь?
  나는 일본어로 잘 읽지만 말하고 이해하는 것은 잘 못해. 너는 무엇을 공부하니?

- Я изуча́ю кита́йский язы́к. 나는 중국어를 공부해.

- Ты хорошо́ говори́шь по-кита́йски? 너는 중국어로 말을 잘하니?

- Нет, не о́чень хорошо́. 아니, 아주 잘하지는 못해.

Здра́вствуйте! Меня́ зову́т Мин Хо. Я студе́нт. Я учу́сь в университе́те Кёнхи. Я изуча́ю ру́сский язы́к. Я не о́чень хорошо́ говорю́ по-ру́сски.

А э́то моя́ семья́. Мой оте́ц - врач, он рабо́тает в больни́це. Моя́ ма́ма - учи́тельница. Она́ рабо́тает в шко́ле. Мой ста́рший брат - то́же студе́нт. Он у́чится в университе́те Корё. Он изуча́ет англи́йский язы́к. Он хорошо́ говори́т и понима́ет по-англи́йски.

❶ Как его́ зову́т?　　　　　　　　❷ Где он у́чится?

❸ Что он изуча́ет?　　　　　　　❹ Его́ оте́ц - учи́тель?

❺ Где рабо́тает его́ оте́ц?　　　　❻ Где рабо́тает его́ мать?

❼ Он хорошо́ говори́т по-ру́сски?　❽ Брат изуча́ет ру́сский язы́к?

❾ Его́ брат у́чится в университе́те Кёнхи?

단어　семья́ 가족 | оте́ц 아버지 | врач 의사 | больни́ца 병원 | учи́тельница 여교사 |
ста́рший 나이가 더 많은 | то́же 역시, ~도

연습문제 5 위의 글을 보고 여러분의 가족에 대하여 짧은 글을 쓴 후 발표해 보세요.

연습문제 6 주어진 답을 유도할 수 있는 질문을 만들어 보세요. 답변에 밑줄 친 단어가 있을 경우 그 단어가
답이 될 수 있는 질문을 만들어 보세요.

❶ - _____ ?

- Это <u>моя́</u> ру́чка.

❷ - _____ ?

- Нет, э́то не его́, а её портфе́ль.

❸ - _____ ?

- Та́ня у́чится <u>в шко́ле</u>.

❹ - _____ ?

- Она́ изуча́ет <u>кита́йский язы́к</u>.

❺ - _____ ?

- Да, она́ изуча́ет япо́нский язы́к.

❻ - _____ ?

- Нет, она́ изуча́ет коре́йский язык.

❼ - _____ ?

- Нет, я не о́чень хорошо́ говорю́ по-ру́сски.

연습문제 1 대화를 듣고 대화의 내용에 맞는 답을 고르세요. `Track 4-5`

    a) Серге́й обы́чно не за́втракает.

    b) Татья́на и Серге́й обе́дают в кафе́.

    c) Татья́на за́втракает и у́жинает до́ма.

연습문제 2 대화를 듣고 이어 주어진 대화문에 해당하는 질문을 들으세요. 각각의 질문에는 ДА 혹은 НЕТ 로 답해 보세요. `Track 4-6`

    ❶ _____ ❷ _____ ❸ _____ ❹ _____

    ❺ _____ ❻ _____ ❼ _____ ❽ _____

RUSSIA 러시아 음식 기행 4. 펠메니와 바레니키

많은 러시아인은 러시아식 만두인 펠메니(пельме́ни)를 가장 좋아하는 음식으로 꼽습니다. 코미-페르먀 츠크어(ко́ми-перм́яцкий язы́к)에서 온 '펠메니'라는 단어의 어원은 '빵으로 된 귀(耳)'입니다. 실제로 펠메니의 모양은 작은 귀처럼 생겼습니다. 러시아 만두와 한국 만두를 만드는 방법은 비슷합니다. 밀가루 로 피를 만들고 속에 넣는 소는 소고기나 돼지고기에 양파와 마늘, 후추와 소금을 넣어서 준비합니다. 때로 는 닭고기나 칠면조 고기, 또 생선이나 버섯을 넣기도 합니다. 러시아식 만두에는 보통 스메타나를 얹어서 먹습니다.

펠메니 외에도 바레니키(варе́ники)라 불리는 만두도 있는데, 펠메니와 는 만두소가 다릅니다. 바레니키용 소는 고기를 넣지 않고 산딸기, 버찌 등 에 설탕을 넣어 달콤하게 만들거나, 삶은 감자나 볶은 양배추로 만들기도 합 니다. 또 신 우유로 만든 트바로크(тво́рог)를 넣어 바레니키를 만들기도 합 니다. 바레니키는 펠메니와 마찬가지로 스메타나를 곁들여 먹습니다.

RUSSIA

Како́й слова́рь?
Кака́я кни́га?

어떤 사전인가요? 어떤 책인가요?

복 습

괄호 안에 주어진 단어를 알맞은 형태로 바꾸어 넣으세요.

1 Сейча́с Юрий слу́шает _____ (ра́дио).

2 Ван Ли живёт _____ (Кита́й, Пеки́н).

3 Анастаси́я у́чится _____ (институ́т), она́ изуча́ет _____

_____ (ру́сский язы́к и литерату́ра).

4 Же́ня зна́ет _____, он хорошо́ говори́т _____. А я не

о́чень хорошо́ понима́ю _____ (англи́йский язы́к, по-англи́йски).

5 - _____ э́то уче́бник?

- Это _____ (она́) уче́бник.

6 - _____ э́то тетра́дь?

- Это _____ (ты) тетра́дь.

7 - _____ э́то стихи́?

- Это _____ (он) стихи́.

8 - _____ э́то пальто́?

- Это _____ (я) пальто́.

단어 Пеки́н 북경 | литерату́ра 문학 | уче́бник 교과서 | стихи́ 시

ГОВОРИ́ТЕ ПРА́ВИЛЬНО!

A 전치사 O

▶ 우리는 앞에서 러시아어 명사의 전치격을 만드는 법을 익혔습니다. 이번에는 전치격을 지배하는 또 하나의 전치사를 공부해 봅시다. 전치사 o는 '~에 관하여'를 뜻합니다. 전치사 o의 쓰임을 익히기에 앞서 먼저 자주 전치사 o와 결합하는 다음의 동사들을 암기합시다.

	ДУ́МАТЬ (생각하다)	РАССКА́ЗЫВАТЬ (이야기하다)
я	ду́маю	расска́зываю
ты	ду́маешь	расска́зываешь
он, она́	ду́мает	расска́зывает
мы	ду́маем	расска́зываем
вы	ду́маете	расска́зываете
они́	ду́мают	расска́зывают

- Я ду́маю о ма́ме.
- Я расска́зываю о Росси́и.

▶ 전치격을 지배하는 전치사 o와 결합할 수 있는 동사는 ду́мать, расска́зывать 외에도 다양합니다. 그간 여러분이 배운 동사 중 говори́ть (о ком? о чём?), спра́шивать (кого? о ком? о чём?)도 종종 전치사 o와 결합합니다.

- Преподава́тель говори́т о Че́хове.
- Это Ви́ктор. Мы спра́шиваем его́ об экза́мене.

⎸ 주의하세요! ⎸

О и́ли ОБ?

▶ 전치사 o는 a-, э-, и-, o-, у-로 시작하는 명사와 결합할 때는 об의 형태를 취합니다.

- об уро́ке
- об институ́те
- об Анне

연습문제 1 괄호 안의 단어를 사용하여 주어진 질문에 답하세요.

❶ - О ком вы ду́маете?

- Я ду́маю _____ (ма́ма и па́па).

❷ - О чём говори́т Ве́ра?

- Она́ говори́т _____ (Росси́я).

❸ - О чём вы расска́зываете?

- Я расска́зываю _____ (Москва́).

❹ - О ком расска́зывает Татья́на?

- Она́ расска́зывает _____ (брат и сестра́).

❺ - О чём спра́шивает учи́тель?

- Он спра́шивает _____ (уро́к).

❻ - О чём расска́зывает Макси́м?

- Он расска́зывает _____ (институ́т).

❼ - О чём вы чита́ете?

- Мы чита́ем _____ (Коре́я).

❽ - О ком спра́шивает ма́ма?

- Она́ спра́шивает _____ (учи́тель Васи́лий Ива́нович).

❾ - О ком вы говори́те?

- Мы говори́м _____ (преподава́тель Анна Никола́евна).

❿ - О чём он спра́шивает?

- Он спра́шивает _____ (уче́бник и слова́рь).

В ЛЕСУ́ / О ЛЕ́СЕ

▶ 장소를 의미할 때 제2전치격 어미 -у를 취하는 명사들은 전치사 о와 결합할 때는 일반적인 전치격 어미 -e를 취합니다.

- Де́ти гуля́ют в лесу́.
- Де́ти говоря́т о ле́се.

Б **지시 형용사**

▶ 이제 지시 형용사 э́тот(э́та, э́то, э́ти)를 살펴보도록 합시다. 영어의 **this**에 해당하는 э́тот 역시 뒤에 오는 명사의 성, 수, 격에 따라 형태를 달리합니다. 이 과에서는 지시 형용사의 주격 단수, 복수형을 살펴봅시다.

남성	여성	중성	복수
э́тот дом 이 집	э́та кни́га 이 책	э́то письмо́ 이 편지	э́ти кни́ги 이 책들

▶ 지시 형용사를 익히다 보면 중성 지시 형용사 э́то가 그간 배웠던 지시 대명사 э́то와 동일하게 보여 혼란이 올 수 있습니다. 영어의 **this**가 때로는 지시 대명사로 사용되고(**This is my book.** 이것은 나의 책이다), 때로는 지시 형용사로 사용되는 것(**This book is mine.** 이 책은 나의 것이다)과 같은 맥락으로 이해하면 됩니다.

- Э́то моё письмо́. 이것은 나의 편지이다.
- Э́то письмо́ - моё. 이 편지는 나의 것이다.

▶ 위의 문장에서 볼 수 있는 것처럼 소유 형용사는 단독으로 소유 대명사(나의 것, 너의 것)로도 사용될 수 있습니다.

- Э́та кни́га - моя́. 이 책은 내것이다.

주어진 단어를 골라 적절한 곳에 넣으세요.

> сигаре́ты, слова́рь, тетра́дь, газе́та, пальто́, лю́ди, ба́бушка,
> де́душка, пла́тье, руба́шка, стихи́, стадио́н, кафе́, шко́ла

❶ э́тот костю́м, челове́к, _____

❷ э́та кни́га, де́вочка, _____

❸ э́то письмо́, _____

❹ э́ти брю́ки, де́ти, _____

단어 костю́м 정장 | челове́к 사람 | де́вочка 소녀 | брю́ки 바지 | лю́ди 사람들 | пла́тье 원피스
| руба́шка 셔츠 | стадио́н 스타디움

B   의문 형용사

▶ 의문 형용사 **како́й**는 한국어의 '어떤'에 해당하는 의문사입니다. **чей, чья, чьё, чьи**가 대상의 소유
관계를 묻는 의문사였다면, **какой**는 대상의 상태, 특성 등을 묻는 형용사입니다. 이 역시 의문사인 동시
에 형용사이기 때문에 뒤에 오는 명사의 성, 수, 격에 따라 형태를 달리합니다.

남성	여성	중성	복수
Како́й э́то дом?	Кака́я э́то кни́га?	Како́е э́то зда́ние?	Каки́е э́то де́ти?
이것은 어떤 집입니까?	이것은 어떤 책입니까?	이것은 어떤 건물입니까?	이것은 어떤 아이들입니까?

▶ 이런 질문에는 주로 '큰', '좋은', '새로운' 등의 일반 형용사로 답해야 합니다. 이제 본격적으로 러시아어의 일
반 형용사를 살펴봅시다. 먼저 옆의 표를 보세요.

	남성	여성	중성	복수
새로운	но́вый (дом)	но́вая (кни́га)	но́вое (пальто́)	но́вые (кни́ги)
작은	ма́ленький	ма́ленькая	ма́ленькое	ма́ленькие
큰	большо́й	больша́я	большо́е	больши́е
좋은	хоро́ший	хоро́шая	хоро́шее	хоро́шие
파란색의	си́ний	си́няя	си́нее	си́ние

▶ 위의 표에서 볼 수 있는 것처럼 일반 형용사의 어미도 형용사가 수식하는 명사의 성에 따라 달라집니다. 먼저 남성 형용사의 어미는 **-ый, -ий, -о́й**입니다. 이 중 가장 일반적인 기본 어미는 **-ый**입니다. **-о́й**가 쓰이는 경우는 많지 않으니, 우선 아래의 형용사를 암기해 두세요.

- **молодо́й** 젊은
- **плохо́й** 나쁜
- **друго́й** 다른
- **голубо́й** 푸른
- **большо́й** 큰
- **чужо́й** 타인의, 낯선

о́й로 끝나는 남성 형용사는 여성, 중성 형용사 변화에서도 모두 어미에 강세가 옵니다.

▶ 형용사 어미 **-ий**는 다음의 두 가지 경우에 사용됩니다. 하나는 **к, г, х, ж, ч, ш, щ** 다음에는 **-ы** 대신 **-и**가 온다는 철자 규칙에 의해서 **-ый** 대신 **-ий**를 사용하는 경우입니다.

- **хоро́ший** 좋은
- **горя́чий** 뜨거운
- **ма́ленький** 작은

▶ 또 하나는 연음 **- н-**과 결합하는 연변화 형용사의 경우입니다.

- **си́ний** 파란
- **ли́шний** 남는, 잉여의
- **дома́шний** 집의, 집에서 만든

▶ 연음 **-н-**과 결합하여 **-ний**로 끝나는 형용사를 연변화 형용사라 부르는데, 기타 연변화 형용사에 관하여는 **별표 6**을 참조하세요. 연변화 형용사의 수는 많지 않고, 이제 막 러시아어를 배우기 시작하는 여러분이 알아야 할 연변화 형용사는 당분간은 위의 세 형용사 정도입니다.

CИ́НИЙ vs. КРА́СНЫЙ

▶ 형용사 어미 앞에 자음 -н-이 위치한다고 해서 모두 연변화 형용사는 아닙니다. 예를 들어 кра́сный(붉은)는 연변화 형용사가 아닌 일반 형용사입니다.

▶ 이제 여성 형용사의 어미를 볼까요? 여성 형용사의 어미는 **-ая**와 **-яя**입니다. 기본형은 **-ая**이고, **-яя**는 연변화 형용사에만 사용합니다.

- си́няя   ли́шняя   дома́шняя

▶ 이제 중성 형용사의 어미를 봅시다. 중성 형용사의 기본 어미는 **-ое** 입니다. **-ее**를 사용하는 경우는 두 가지인데, 하나는 **ж, ч, ш, щ** 뒤에는 강세 없는 **-о-**가 올 수 없고 이를 **-е-**로 바꾸어야 한다는 제2철자 규칙(발음편 참조)에 의해 **-ое**를 **-ее**로 바꾸어 주는 경우입니다.

- хоро́шее   све́жее 신선한

물론 **ж, ч, ш, щ** 뒤에 강세가 오는 경우에는 어미 **-ое**를 사용합니다.

- большо́е   чужо́е

또 한 가지, 연변화 형용사의 경우도 중성 어미가 **-ее**입니다.

- си́нее   ли́шнее   дома́шнее

▶ 복수 형용사의 기본 어미는 **-ые**입니다. **-ие**를 사용하는 경우는 두 가지인데, 그 하나는 **к, г, х, ж, ч, ш, щ** 다음에는 **-ы** 대신 **-и**가 온다는 철자 규칙에 의해 **-ые** 대신 **-ие**를 사용하는 경우입니다.

- хоро́шие   горя́чие   ма́ленькие

이 밖에 연변화 형용사의 복수 어미가 **-ие**입니다.

- си́ние   ли́шние   дома́шние

▶ 끝으로 형용사 어미와 강세 문제를 정리해 보면 다음과 같습니다. 남성 형용사 어미 **-ый**, **-ий**, **-óй** 중 어미에 강세가 오는 것은 **-óй**뿐이고, 나머지 두 어미에는 강세가 오지 않습니다. 그리고 남성 형용사 기본형 어미가 **-óй**로 끝나는 형용사의 경우는 여성형과 중성형, 복수형에도 어미에 강세가 옵니다.

- молодóй   молодáя   молодóе   молоды́е
  голубóй   голубáя   голубóе   голубы́е

반면 이 외의 형용사 어미에는 강세가 오지 않습니다.

연습문제 3 빈칸에 알맞은 형용사 어미를 넣어 보세요.

❶ нóв _____ журнáл

❷ хорóш _____ кни́га

❸ си́н _____ джи́нсы

❹ крáсн _____ ю́бка

❺ чёрн _____ пальтó

❻ бéл _____ костю́м

❼ интерéсн _____ фильм

❽ мáленьк _____ мáльчик и дéвочка

❾ стáрш _____ брат

❿ млáдш _____ сестрá

⓫ домáшн _____ задáние

단어   джи́нсы 청바지 | ю́бка 치마 | костю́м 정장 | фильм 영화 | мáльчик 소년 | дéвочка 소녀
| стáрший 나이가 더 많은 | млáдший 나이가 더 어린 | домáшнее задáние 숙제

연습문제 4 주어진 단어를 사용하여 «Что э́то?»라는 질문에 답해 보세요.

Это, мой, нóвый, кни́га ▶ Это моя́ нóвая кни́га.

❶ Это, ваш, чёрный, брю́ки.   ▶ _____.

❷ Это, егó, нóвый, пальтó   ▶ _____.

❸ Это, наш, си́ний, маши́на   ▶ _____.

❹ Это, её, бéлый, блу́зка   ▶ _____.

❺ Это, её, большо́й, слова́рь   ▶ _____ .

❻ Это, их, ма́ленький, де́ти   ▶ _____ .

▶ 다른 언어를 배울 때도 마찬가지이지만, 형용사는 반의어나 주제 중심으로 함께 암기하는 것이 좋습니다. 아래의 반의어 형용사의 쌍과 색깔 형용사를 암기해 보세요.

형용사 반의어	
но́вый 새로운	↔ ста́рый 오래된, 낡은
молодо́й 젊은	↔ ста́рый 늙은
ста́рший 나이가 더 많은	↔ мла́дший 나이가 더 어린
ма́ленький 작은	↔ большо́й 큰
хоро́ший 좋은	↔ плохо́й 나쁜
горя́чий 뜨거운	↔ холо́дный 차가운
интере́сный 재미있는	↔ неинтере́сный 재미없는
краси́вый 아름다운	↔ некраси́вый 추한

색깔 형용사		
бе́лый 흰	голубо́й 하늘색의	жёлтый 노란
зелёный 초록색의	кра́сный 빨간	кори́чневый 갈색의
ора́нжевый 주황색의	ро́зовый 분홍색의	се́рый 회색의
си́ний 청색의	фиоле́товый 보라색의	чёрный 검은

ДАВА́ЙТЕ ПОГОВОРИ́М!

연습문제 1 소유 형용사를 사용하여 질문에 답해 보세요.

❶ - Где рабо́тает ваш оте́ц?

  - _____

❷ - Ва́ша ма́ма домохозя́йка?

  - _____

❸ - Где ва́ша ру́чка?

  - _____

❹ - Где ваш слова́рь?

  - _____

❺ - Кто ваш де́душка?

  - _____

❻ - Что вы де́лаете на уро́ке?

  - _____

❼ - Что вы де́лаете до́ма?

  - _____

❽ - Что вы изуча́ете?

  - _____

❾ - Вы зна́ете япо́нский язы́к?

  - _____

❿ - Вы говори́те по-ру́сски?

  - _____

단어 домохозя́йка 주부 | де́душка 할아버지

주어진 단어들로 보기 와 같이 짧은 대화문을 만들어 보세요.

> 보기
> • Ле́на, ду́мать - ма́ма
> Студе́нт 1: О ком ду́мает Ле́на?
> Студе́нт 2: Ле́на ду́мает о ма́ме.
> • Ле́на, ду́мать - дом
> Студе́нт 1: О чём ду́мает Ле́на?
> Студе́нт 2: Ле́на ду́мает о до́ме.

❶ Оте́ц, говори́ть - фи́рма

- _____
- _____

❷ Лари́са, спра́шивать - друг

- _____
- _____

❸ Же́ня, расска́зывать - Петербу́рг

- _____
- _____

❹ Сестра́, ду́мать - экза́мен

- _____
- _____

❺ Я, говори́ть - мать и оте́ц

- _____
- _____

❻ Мы, расска́зывать - учи́тель

- _____
- _____

연습문제 3 책을 보지 말고 문장을 듣고 암기하여 따라 해 보세요. `Track 5-1`

❶ Анто́н у́чится в университе́те, он изуча́ет коре́йский язы́к.

❷ Сеу́л - большо́й и краси́вый го́род.

❸ Ты не зна́ешь, где моё но́вое пальто́?

❹ Наш преподава́тель расска́зывает о Москве́.

단어
краси́вый 아름다운 | го́род 도시

연습문제 4 주어진 단어들로 보기 와 같이 질문과 대답을 만들어 옆 사람과 이야기해 보세요.

> 보기
>
> • (мой) (кра́сный) ру́чка
> Студе́нт 1: Где моя́ кра́сная ру́чка?
> Студе́нт 2: Она́ в портфе́ле.

❶ (твой) (краси́вый) пла́тье

- _____
- _____

❷ (ваш) (чёрный) брю́ки

- _____
- _____

❸ (его) (большо́й) тетра́дь

- _____
- _____

❹ (мой) (ста́рший) брат

- _____
- _____

❺ (наш) (мла́дший) сестра́

- _____
- _____

❻ (её) (ма́ленький) де́ти

- _____
- _____

❼ (их) (интере́сный) журна́л

- _____
- _____

단어 портфе́ль 서류가방 | пла́тье 원피스 | брю́ки 바지 | интере́сный 재미있는

▶ **기수와 서수 (1~10)**

러시아어에도 기수와 서수가 있습니다. 기수가 수사라면 서수는 품사상 형용사로 분류되고, 형용사와 같은 어미 활용을 합니다. 먼저 1~10까지의 기수와 서수를 익혀 봅시다.

숫자	기수	서수			
1	оди́н	пе́рвый	пе́рвая	пе́рвое	пе́рвые
2	два	второ́й	втора́я	второ́е	вторы́е
3	три	тре́тий	тре́тья	тре́тье	тре́тьи
4	четы́ре	четвёртый	четвёртая	четвёртое	четвёртые
5	пять	пя́тый	пя́тая	пя́тое	пя́тые
6	шесть	шесто́й	шеста́я	шесто́е	шесты́е
7	семь	седьмо́й	седьма́я	седьмо́е	седьмы́е
8	во́семь	восьмо́й	восьма́я	восьмо́е	восьмы́е
9	де́вять	девя́тый	девя́тая	девя́тое	девя́тые
10	де́сять	деся́тый	деся́тая	деся́тое	деся́тые

▶ 서수 형용사 중 남성형 기본형 어미가 **-о́й**인 **второ́й, шесто́й, седьмо́й, восьмо́й**는 어미에 강세가 오고, 나머지 서수 형용사의 어미에는 강세가 오지 않습니다. 20부터 1000까지의 기수와 서수에 관해서는 **별표 7**을 참조하세요.

┃ 주의하세요! ┃

КЛАСС / КУРС

▶ 서수사를 배우고 나면 다양한 표현이 가능합니다. 예를 들어 '몇 학년이다' 같은 표현도 할 수 있습니다. 그런데 이때 주의할 점이 있습니다. 러시아어로는 초·중·고등학교의 학년은 класс로, 대학교의 학년은 курс로 표시합니다.

- пе́рвый класс / второ́й класс / тре́тий класс
- пе́рвый курс, второ́й курс, тре́тий курс

▶ '~학년이다'라는 표현을 할 때도 취하는 전치사가 класс는 в, курс는 на로 각각 다릅니다. 이때 사용된 서수 형용사의 전치격에 관하여는 이어지는 과에서 배우게 됩니다.

- Я учу́сь в пе́рвом(второ́м, тре́тьем⋯) кла́ссе.
- Я учу́сь на пе́рвом(второ́м, тре́тьем⋯) курсе.

> [보기] • Это уро́к № 3 (но́мер 3). ▶ Это тре́тий уро́к.

❶ Это дом № 8. ▶ _____

❷ Это аудито́рия № 5. ▶ _____

❸ Это кварти́ра № 10. ▶ _____

❹ Это кабине́т № 2. ▶ _____

❺ Это авто́бус № 9. ▶ _____

❻ Это трамва́й № 6. ▶ _____

❼ Это упражне́ние № 4. ▶ _____

단어 аудито́рия 강의실 | кварти́ра 아파트 | кабине́т 사무실 | трамва́й 전차 | упражне́ние 연습문제

┃ **주의하세요!** ┃

ЭТА́Ж

▶ 1층, 2층, ~층 등 '층'에 해당하는 эта́ж는 전치사 на를 취하는 명사입니다.

  • Я живу́ на второ́м этаже́. 나는 2층에 삽니다.

ДИАЛÓГИ

다음의 대화를 듣고 따라 해 보세요.

1) `Track 5-2`

- Кто э́то? 이 사람은 누구야?

- Это мой брат. 그 사람은 내 형제야.

- Это ста́рший и́ли мла́дший брат? 형이야, 아니면 동생이야?

- Это мла́дший брат. 동생이야.

- Он рабо́тает и́ли у́чится? 그는 직장에 다녀, 아니면 공부해?

- Он у́чится в университе́те. 그는 대학생이야.

- Что он изуча́ет? 무엇을 전공하는데?

- Он изуча́ет францу́зский язы́к. 그는 프랑스어를 전공해.

- Он хорошо́ говори́т по-францу́зски? 그는 프랑스어를 잘해?

- Да, он о́чень хорошо́ говори́т по-францу́зски. 응, 그는 프랑스어로 말을 아주 잘해.

2) `Track 5-3`

- Анто́н, како́й сего́дня пе́рвый уро́к? 안톤, 오늘 첫 수업이 어떤 거지?

- Пе́рвый уро́к - ру́сский язы́к. 첫 수업은 러시아어야.

- А второ́й уро́к? 두 번째 수업은?

- Второ́й уро́к - литерату́ра. 두 번째 수업은 문학이야.

- А тре́тий уро́к? 그럼 세 번째 수업은?

- Тре́тий уро́к - англи́йский язы́к. 세 번째 수업은 영어야.

연습문제 6 주어진 시간표를 보고 짝을 지어 대화해 보세요.

№	предме́т 과목
1.	англи́йский язы́к 영어
2.	исто́рия 역사
3.	ру́сский язы́к 러시아어
4.	ру́сская литерату́ра 러시아 문학
5.	матема́тика 수학
6.	коре́йский язы́к 한국어

연습문제 7 보기 의 문장을 보고 주어진 답이 될 수 있는 질문을 만들어 보세요.

> 보기 • Их ста́рший брат у́жинает в рестора́не.

❶ - _____ ?

- Их.

❷ - _____ ?

- Ста́рший.

❸ - _____ ?

- Брат.

❹ - _____ ?

- У́жинает.

❺ - _____ ?

- В рестора́не.

주어진 문장이 답이 될 수 있는 질문을 만들어 보세요. 밑줄 친 부분이 있을 경우는 밑줄 친 단어가 답이 될 수 있는 질문을 만들어 보세요.

❶ - _____ ?

- Это сестра́.

❷ - _____ ?

- Это ста́ршая сестра́.

❸ - _____ ?

- Это слова́рь.

❹ - _____ ?

- Это ру́сско-коре́йский слова́рь.

❺ - _____ ?

- Сестра́ у́чится в шко́ле.

❻ - _____ ?

- Брат изуча́ет ру́сский язы́к.

❼ - _____ ?

- Оте́ц в Москве́.

❽ - _____ ?

- Оте́ц в Москве́.

❾ - _____ ?

- О бра́те и сестре́.

❿ - _____ ?

- Об экза́мене.

АУДИ́РОВАНИЕ

연습문제 1 대화를 듣고 대화의 내용에 맞는 답을 고르세요. `Track 5-4`

❶ Евге́ний _____ по-неме́цки.

a) пло́хо чита́ет

b) о́чень хорошо́ говори́т

c) не о́чень хорошо́ понима́ет

❷ Ста́рший брат _____.

a) живёт и у́чится в Москве́

b) хорошо́ говори́т по-испа́нски

c) хорошо́ зна́ет испа́нский и францу́зский языки́

연습문제 2 대화를 듣고 이어 주어진 대화문에 대한 질문을 들으세요. 각각의 질문에 ДА 혹은 НЕТ로 답해 보세요. `Track 5-5`

❶ _____ ❷ _____ ❸ _____ ❹ _____

러시아 음식 기행 5. 크바스

호밀이나 보리 등의 곡물을 발효시켜 만든 크바스는 아주 오래된 러시아의 전통 음료로, 한국의 보리 음료와 비슷한 맛이 납니다. 19세기 중후반까지는 러시아 농민들의 식탁에서 언제나 볼 수 있는 음료였지만, 제조법이 복잡하여 20세기에 들어서는 점차 사라지게 되었습니다. 지금까지도 전통 음료로 사랑을 받고 있지만 일상생활에서 자주 마시는 음료는 아닙니다. 우리나라에서 전통 음료 식혜를 마트에서도 파는 것처럼 러시아의 마트에 가면 페트병에 담긴 크바스를 구입할 수 있습니다.

Где вы обе́даете?
Что вы еди́те?

당신은 어디서 식사하세요? 무엇을 드세요?

복 습

괄호 안의 단어를 사용하여 문장을 완성해 보세요. 필요한 경우 적절한 전치사를 넣으세요.

1 - Где оте́ц?

    - Он _____ (Англия, Ло́ндон).

2 Мы обе́даем _____ (рестора́н).

3 Это _____ (наш, но́вый, библиоте́ка).

4 Вот _____ (ваш, си́ний, пальто́).

5 Это _____ (мой, ста́рший, бра́тья).

6 Мы говори́м о _____ (мать и оте́ц).

7 Ве́чером семья́ у́жинает _____ (дом) и слу́шает _____(му́зыка).

단어

Англия 영국 | Ло́ндон 런던 | вот 여기 | ве́чером 저녁에

ГОВОРИ́ТЕ ПРА́ВИЛЬНО!

A 관계대명사

▶ 이번에는 지금까지 배운 러시아어 형용사 어미에 관한 지식을 바탕으로 러시아어의 관계대명사에 대해 살 펴봅시다. 사실 관계대명사는 복문을 만드는 비교적 고급 문법으로 다른 언어를 학습할 때는 훨씬 뒤에 가 서 배우게 되는 문법입니다. 우리가 관계대명사를 비교적 빨리 익히고자 하는 것은, 러시아어의 관계대명 사는 형용사와 동일한 형태이고, 형용사와 동일하게 격변화하기 때문입니다. 따라서 형용사 주격형부터 형 용사를 배우는 과정 안에서 관계대명사를 학습하면 훨씬 수월하게 관계대명사를 익힐 수 있습니다.

여러분도 아는 것처럼 관계대명사는 공통분모를 가진 두 문장을 한 문장으로 연결할 때 사용됩니다. 관계 대명사로 대체되는 명사가 사람이냐 사물이냐에 따라 who나 which를 사용하는 영어의 관계대명사와 달리 러시아어의 관계대명사는 명사의 성에 따라 그 형태가 결정됩니다. 러시아어 관계대명사는 형용사처 럼 격변화하고, 주격형은 кото́рый(남성), кото́рая(여성), кото́рое(중성), кото́рые(복수)로 나 눕니다.

▶ 먼저 아래의 두 문장을 하나로 연결하여 러시아어 관계대명사의 사용법을 익혀 봅시다.

• Это мой друг <u>Макси́м</u>. <u>Макси́м</u> у́чится в шко́ле.

이 두 문장을 연결하는 방법은 두 가지입니다. 먼저 같은 단어가 두 번 반복되는 것을 피하기 위해 두 번째 문장의 Макси́м을 대명사로 바꿀 수 있습니다.

• Это мой друг Макси́м, **он** у́чится в шко́ле.

또 한 가지 방법은 관계대명사를 사용하는 것입니다.

• Это мой друг Макси́м, **кото́рый** у́чится в шко́ле.

이때, 두 번째 문장에서 남성 명사 Макси́м이 주격으로 사용되기 때문에 주격 관계대명사 남성형을 사 용한 것입니다. 주격 관계대명사 여성형을 사용하는 경우를 볼까요? 앞으로 여러분은 주격 관계대명사 외 에도 다양한 격의 관계대명사를 사용하게 될 것입니다. 꼭 기억할 것은 관계대명사의 격은 결합되는 두 문 장 중 앞 문장이 아닌 뒷 문장에서 결정된다는 점입니다.

• Это но́вая студе́нтка. Студе́нтка хорошо́ говори́т по-коре́йски.
  ▶ Это но́вая студе́нтка, **кото́рая** хорошо́ говори́т по-коре́йски.

관계대명사를 사용하여 두 문장을 연결해 보세요.

① Это наш сосéд. Сосéд рабóтает на завóде.

▶ _____

② Это дéти. Они гуля́ют в пáрке.

▶ _____

③ Это моя́ сестрá. Сестрá изучáет англи́йский язы́к.

▶ _____

④ Я слу́шаю рáдио. Онó стои́т на столé.

▶ _____

⑤ Отéц рабóтает в фи́рме. Фи́рма нахóдится в Сеýле.

▶ _____

⑥ Я ду́маю о дру́ге. Он живёт в Москвé.

▶ _____

단어   сосéд 이웃 | завóд 공장 | стоя́ть ~에 서 있다 | нахóдиться ~에 위치하다

Б   새 동사

▶ 이번에는 먹고 마시는 것과 관련된 새 동사를 익혀 봅시다. 두 동사 모두 대격을 목적어로 취하는 타동사입니다.

	ЕСТЬ (먹다)	ПИТЬ (마시다)
я	ем	пью
ты	ешь	пьёшь
он, онá	ест	пьёт

мы	еди́м	пьём
вы	еди́те	пьёте
они́	едя́т	пьют

연습문제 2 주어진 단어들로 [보기] 와 같이 문장을 만들어 보세요.

[보기]   • я, мя́со ▸ Я ем мя́со.   • он, вода́ ▸ Он пьёт во́ду.

❶ сын, рис и ры́ба   ▸ _____

❷ де́ти, фру́кты   ▸ _____

❸ дочь, молоко́   ▸ _____

❹ роди́тели, ко́фе   ▸ _____

❺ ты, хлеб   ▸ _____

❻ я, чай   ▸ _____

❼ вы, карто́фель   ▸ _____

❽ мы, сок   ▸ _____

[단어]
음식 мя́со 고기 | рис 쌀, 밥 | ры́ба 생선 | фру́кты 과일 | хлеб 빵 | карто́фель 감자
음료 вода́ 물 | молоко́ 우유 | ко́фе 커피 | чай 차 | сок 주스

┥ 주의하세요! ┝

ЕСТЬ, ПИТЬ + 목적어

▸ за́втракать, обе́дать, у́жинать는 자동사이기 때문에 단독으로 쓰이거나 장소 표현과 결합하고, есть, пить는 타동사로 구체적인 음식의 명칭과 결합합니다. «Я завтракаю рис.»* 같은 문장은 비문입니다. 이 경우 아침에 밥을 먹는다는 사실을 이야기하고 싶으면 «Утром я ем рис.(아침에 나는 밥을 먹는다.)»와 같이 표현해야 합니다.

• - Где ты за́втракаешь?   - В рестора́не.
• - Что ты ешь?   - Я ем мя́со и рис.

есть, пить, за́втракать, обе́дать, у́жинать 동사 중 적절한 동사를 골라 알맞은 형태로 넣으세요.

❶ Утром мы _____ до́ма.

❷ Мы _____ рис и о́вощи.

❸ Де́ти _____ молоко́.

❹ Ве́чером семья́ _____ в рестора́не.

❺ Они́ _____ суп, _____ сок.

❻ Я _____ торт, _____ чай.

❼ Днём студе́нты _____ в кафе́.

❽ Мы ча́сто _____ рис и кимчи́.

단어 о́вощи 야채 | торт 케이크 | кимчи́ 김치 | суп 수프

B   대명사의 전치격

▶ 이번에는 대명사의 전치격을 살펴보도록 합시다. 앞에서 명사의 전치격은 익혔지만, 아직 대명사의 전치격은 배우지 않았습니다. 전치격은 단독으로 사용되는 경우가 없기 때문에 대명사의 전치격을 전치사 o와 결합된 형태로 살펴보도록 합시다.

я	ты	он	она́	мы	вы	они́
обо мне	о тебе́	о нём	о ней	о нас	о вас	о них

- Я ду́маю о ней. 나는 그녀에 관하여 생각한다.
- А́нна ча́сто говори́т о тебе́. 안나는 자주 너에 관하여 이야기해.

연습문제 4 적절한 대명사를 선택하여 알맞은 형태로 넣으세요.

❶ Это мои́ роди́тели. Я ча́сто ду́маю о _____.

❷ Это Ольга. Макси́м ча́сто говори́т о _____.

❸ Сеу́л - о́чень краси́вый го́род. Студе́нты ча́сто расска́зывают о _____.

▶ 이 외에도 **별표 13** 에는 전치사 о와 결합하는 동사가 정리되어 있으니 참조하세요.

ㄱ 소유 형용사, 지시 형용사의 전치격

▶ 이제 형용사의 전치격을 살펴봅시다. 형용사의 전치격은 언제 사용되는 것일까요? 예를 들어 여러분이 러시아어로 '나는 아름다운 도시에 산다'라는 말을 하고 싶다고 해 봅시다. 〈Я живу́ + в + краси́вый го́род〉를 조합해야 하는데, 이때 в는 전치격 지배 전치사이기 때문에 го́род는 го́роде가 됩니다. 그렇다면 그 명사를 수식하는 형용사 краси́вый는 어떻게 해야 할까요? 전치격 명사를 수식하기 때문에 형용사 역시 전치격으로 변해야 합니다. 그래서 러시아어로 말하면 «Я живу́ в краси́вом го́роде.» 가 되는 것입니다. -ом은 형용사 전치격 어미, -е는 명사 전치격 어미인 것이지요.

이 단락에서 우리는 일반 형용사의 전치격을 살피기에 앞서 특수 형용사라 할 수 있을 소유 형용사, 지시 형용사, 의문 형용사의 전치격을 익히도록 합시다.

소유 형용사				
в, на, о	моём	отце́, до́ме, письме́	мое́й	ма́ме, кни́ге
	твоём		твое́й	
	его́		его́	
	её		её	
	на́шем		на́шей	
	ва́шем		ва́шей	
	их		их	
지시 형용사				
об	э́том	отце́, до́ме, письме́	э́той	ма́ме, кни́ге

▶ '그는 내 집에 산다.'라는 문장을 말하고 싶으면 〈Он + живёт + в + мой + дом〉의 단어를 조합해야 하는데, 여러분이 알고 있는 것처럼 전치격을 지배하는 전치사 в로 인해 дом은 전치격인 до́ме가 됩니

다. 이때 전치격 명사를 수식하는 소유 형용사인 **мой** 역시 **в**의 지배를 받아 전치격으로 바뀌어야겠지요. 표에서 볼 수 있는 것처럼 **мой**의 전치격은 **моём**입니다. 그래서 "그는 내 집에 산다."는 «**Он живёт в моём до́ме.**»가 되는 것입니다.

연습문제 5 | 보기 | 와 같이 괄호 안에 주어진 단어를 사용하여 질문에 답해 보세요.

보기	- Где вы у́читесь? (э́тот университе́т)
	- Я учу́сь в э́том университе́те.

❶ - Где преподава́тель? (э́та аудито́рия)

    - _____

❷ - Где уче́бник? (мой портфе́ль)

    - _____

❸ - Где фотогра́фии? (твой стол)

    - _____

❹ - О ком говоря́т студе́нты? (наш преподава́тель)

    - _____

❺ - О чём он говори́т? (ваш слова́рь и ва́ша тетра́дь)

    - _____

Д   일반 형용사와 의문 형용사의 전치격

▶ 이제 일반 형용사의 전치격을 살펴봅시다. 일반 형용사 전치격의 형태는 매우 간단합니다. 남성, 중성 명사의 전치격을 수식하는 형용사 전치격 어미는 **-ом**(**-ем**)이고, 여성 명사의 전치격을 수식하는 형용사 전치격 어미는 **-ой**(**-ей**)를 사용하면 됩니다.

어미에 **-о**가 아니라 **-е**가 오게 되는 경우는 다음과 같습니다.

1) 연변화 형용사

- в си́нем не́бе
- о дома́шнем зада́нии

2) 어간이 **ж, ч, ш, щ**로 끝나고, 어미에 강세가 오지 않는 경우

- в хоро́шем до́ме
- в хоро́шей кварти́ре
- о горя́чем ча́е
- в горя́чей воде́

▶ 물론 어간이 ж, ч, ш, щ로 끝난다 해도 어미에 강세가 오면 **-e**가 아닌 **-o**형의 어미를 취하게 됩니다(в большо́м доме, в чужо́й стране). 괄호 안에 있는 형용사를 보면 알겠지만, 이 형용사는 모두 남성 형용사 기본형이 **-о́й**로 끝나는 형용사입니다. 이 유형의 형용사들은 형용사 어미에 강세가 오지만, 그 외의 형용사들의 경우는 어미에 강세가 오지 않습니다.

- молодо́й челове́к - о молодо́м челове́ке
  молода́я де́вушка - о молодо́й де́вушке
- но́вый журна́л - о но́вом журна́ле
  но́вая кни́га - о но́вой кни́ге

▶ 일반 형용사를 사용한 답문을 이끌면 '어떤'이라는 의문 형용사 како́й, кака́я, како́е, каки́е를 사용해야겠지요? 의문 형용사의 전치격도 일반 형용사의 전치격 형태와 동일하여, 남성, 중성 형용사 전치격은 **-ом**, 여성 형용사의 전치격은 **-ой**를 취합니다.

의문 형용사			
в, на, о	како́м	отце́, до́ме, письме́	како́й	ма́ме, кни́ге

▶ 그럼 "너는 어떤 집에 살고 있니?"라고 물으려면 어떻게 문장을 만들면 될까요? 〈В + какой + дом + ты + живёшь〉를 조합하면 되겠지요? 이때 како́й의 전치격은 како́м이 되고, дом의 전치격은 до́ме가 되니, «В како́м до́ме ты живёшь?»라는 문장을 만들면 됩니다.

- На како́м заво́де рабо́тает твой оте́ц? 너의 아버지는 어떤 공장에서 일하시니?
- В како́м кафе́ ты обы́чно обе́даешь? 너는 보통 어떤 카페에서 점심을 먹니?

- В какóй шкóле ýчится твоя́ сестрá? 너의 여동생은 어떤 고등학교에서 공부하니?
- О какóм урóке ты говори́шь? 너는 어떤 수업에 관해 말하는 거니?
- О какóм письмé спрáшивает мáма? 엄마는 어떤 편지에 관하여 물어보시니?
- О какóй дéвушке расскáзывает Игорь?
  이고리는 어떤 아가씨에 관하여 이야기하고 있는 거니?

E 관계대명사의 전치격

▶ 관계대명사도 형용사와 동일하게 변하기 때문에 전치격을 써야 할 경우 형용사의 어미와 똑같이 변화시키면 됩니다. 앞서도 언급했듯이 관계대명사의 격은 주절이 아니라 관계대명사가 쓰인 종속절에서 결정됩니다.

관계대명사로 치환되는 뒷문장의 명사가 전치격인 경우 어떻게 관계대명사 전치격을 사용할 수 있는지 자세히 살펴봅시다.

- Вот студéнт. Я чáсто говорю́ о студéнте.

▶ 두 문장에서 공통분모가 되는 명사는 студéнт입니다. 그런데 뒷문장에서 студéнт가 전치격이고, 전치격은 늘 전치사와 함께 다닙니다. 관계대명사의 격은 뒷문장에서 결정되기 때문에 전치격 관계대명사를 사용해야 하고, 형용사와 똑같이 변하기 때문에 남성 형용사 전치격과 동일하게 어미 -ом을 사용해야 합니다. 그래서 이 두 문장을 관계대명사로 결합시키면 아래와 같은 문장이 됩니다.

- Вот студéнт, о котóром я чáсто говорю́.

▶ 다음의 문장을 보고 어떤 두 문장이 관계대명사로 연결된 것일지 생각해 보세요.

- Это Натáша, о котóрой спрáшивает Юрий.
  이 사람이 유리가 그녀에 관해 질문하는 나타샤다.
- Вот домáшнее задáние, о котóром расскáзывает преподавáтель.
  이것이 선생님이 (그것에 대해) 말씀하시는 숙제다.
- Это университéт, в котóром ýчится Ви́ктор.
  이것이 빅토르가 다니는 대학이다.
- Ви́ктор расскáзывает об университéте, в котóром он ýчится.
  빅토르는 자기가 다니는 대학에 관하여 이야기한다.

- Это кни́га, о кото́рой ча́сто говори́т Серге́й.
  이것이 세르게이가 자주 (그것에 대해) 이야기하는 책이다.
- Я чита́ю кни́гу, о кото́рой ча́сто говори́т Серге́й.
  나는 세르게이가 (그것에 대해) 자주 말하는 책을 읽는다.

연습문제 6 괄호 안의 단어를 사용하여 문장을 완성하되, 필요한 경우 적절한 전치사를 넣으세요.

❶ Мой друг живёт _____ (э́тот большо́й го́род).

❷ Роди́тели говоря́т _____ (наш ста́рый де́душка).

❸ - В како́м до́ме живёт Серге́й?

  - Он живёт _____ (э́тот но́вый дом).

❹ Я ду́маю _____ (их тру́дный экза́мен).

❺ Алекса́ндр Анто́нович рабо́тает _____ (э́та изве́стная компа́ния).

❻ - О ком вы говори́те?

  - Я говорю́ _____ (ва́ша ста́ршая сестра́).

❼ - О како́й де́вушке вы говори́те?

  - Я говорю́ _____ (э́та симпати́чная студе́нтка).

❽ Вот университе́т, в _____ (кото́рый) я учу́сь.

❾ - На _____ ку́рсе ты у́чишься?

  - Я учу́сь на _____ (пе́рвый курс).

❿ - В _____ кла́ссе у́чится твоя́ мла́дшая сестра́?

  - Она́ у́чится в _____ (шесто́й класс).

단어 го́род 도시 | тру́дный 어려운 | экза́мен 시험 | изве́стный 유명한 | симпати́чный
호감이 가는 | курс (대학교의) 학년 | класс (초·중·고등학교의) 학년

ДАВА́ЙТЕ ПОГОВОРИ́М!

연습문제 1 주어진 문장을 읽고, 읽은 문장에 형용사를 더하여 말해 보세요.

• Это мой костю́м. ▶ Это мой чёрный костю́м.

❶ Это его́ руба́шка.

❷ Это её ю́бка.

❸ Это ва́ши перча́тки.

❹ Это наш дом.

❺ Это твой слова́рь.

❻ Это моя́ сестра́.

❼ Это челове́к.

❽ Это де́вушка.

❾ Это вода́.

❿ Это де́ти.

단어 руба́шка 셔츠 | ю́бка 치마 | перча́тки 장갑 | челове́к 사람 | де́вушка 아가씨

연습문제 2 주어진 단어들을 사용하여 보기 와 같이 문장을 만들어 보세요.

A)

보기
• Это студе́нт - изуча́ть ру́сский язы́к.
▶ Это студе́нт, кото́рый изуча́ет ру́сский язы́к

❶ Это де́вушка - жить в до́ме № 3.

▶ _____

❷ Это де́ти - де́лать дома́шнее зада́ние.

▶ _____

❸ Это молодо́й челове́к - учи́ться в университе́те Корё.

▶ _____

❹ Это де́вочка - хорошо́ говори́ть по-ру́сски.

▶ _____

❺ Это студе́нты - знать япо́нский язы́к.

▶ _____

Б)

보기	• О ком ты говори́шь? (студе́нт - изуча́ть ру́сский язы́к) - Я говорю́ о студе́нте, кото́рый изуча́ет ру́сский язы́к.

❶ - О ком ты ду́маешь? (де́вушка - учи́ться в гру́ппе № 5)

 - _____

❷ - О ком ты говори́шь? (брат - де́лать дома́шнее зада́ние)

 - _____

❸ - О ком вы расска́зываете? (дево́чка - хорошо́ говори́ть по-ру́сски)

 - _____

❹ - О ком ты ду́маешь? (ма́ма и па́па - жить в Пуса́не)

 - _____

❺ - О ком расска́зывает па́па? (ба́бушка и де́душка - отдыха́ть на мо́ре)

 - _____

B)

• Это мой <u>друг</u>. <u>Друг</u> рабо́тает в ба́нке.

▸ Это мой друг, <u>кото́рый</u> рабо́тает в ба́нке.

• Это <u>кафе́</u>. Мы обы́чно обе́даем в <u>кафе́</u>.

▸ Это кафе́, в <u>кото́ром</u> мы обы́чно обе́даем.

❶ Мы говори́м <u>о профе́ссоре</u>. <u>Профе́ссор</u> хорошо́ зна́ет англи́йский, испа́нский и францу́зский языки́.

▸ _____

❷ Я чита́ю <u>рома́н</u>. Ты расска́зываешь <u>о рома́не</u>.

▸ _____

❸ <u>Ру́сские друзья́</u> расска́зывают <u>о го́роде</u>. Они́ живу́т <u>в го́роде</u>.

▸ _____

❹ Это <u>медици́нский институ́т</u>. Сестра́ у́чится <u>в медици́нском институ́те</u>.

▸ _____

❺ Роди́тели ду́мают <u>о до́чери</u>. <u>Дочь</u> у́чится в Росси́и.

▸ _____

단어 рома́н 소설 | медици́нский институ́т 의과대학

연습문제 3 주어진 질문에 답해 보세요.

❶ - Где вы обы́чно за́втракаете?

\- _____

❷ - Что вы обы́чно еди́те?

\- _____

❸ - Что вы пьёте?

\- _____

❹ - Где обе́дает ваш оте́ц?

\- _____

❺ - Что он обы́чно ест?

\- _____

❻ - Что он пьёт?

\- _____

❼ - Где обы́чно у́жинает ва́ша семья́?

\- _____

❽ - Что вы еди́те?

\- _____

❾ - Что вы пьёте?

\- _____

연습문제 4 그림 속 소녀에 대한 설명을 읽어 보세요.

Познако́мьтесь, это Наде́жда. Сейча́с она живёт в Москве́, она́ у́чится в университе́те. Её роди́тели живу́т в Хаба́ровске.

여러분은 Наде́жда에게 어떤 질문을 할 수 있을까요? 각자 적어도 5개씩의 질문을 만들어 질문해 보세요.

_____

_____

_____

_____

_____

 **ДИАЛОГИ**

다음의 대화를 듣고 따라 해 보세요.

1) Track 6-1

- Лю́ба, где ты обы́чно обе́даешь? 류바, 너는 보통 어디서 점심을 먹니?

- Я обе́даю в кафе́. 나는 카페에서 점심을 먹어.

- Что ты обы́чно ешь? 너는 보통 무엇을 먹니?

- Я ем суп, рис и мя́со. 나는 수프와 밥 그리고 고기를 먹어.

- Что ты пьёшь? 너는 무엇을 마시니?

- Я пью сок. 나는 주스를 마셔.

2) Track 6-2

- Анто́н, о ком говори́т Вади́м? 안톤, 바딤이 누구에 관하여 이야기하는 거야?

- Он говори́т о де́вушке, кото́рая живёт в на́шем до́ме.
그는 우리 건물에 사는 아가씨에 관하여 이야기하고 있는 거야.

- Ты зна́ешь, как её зову́т? 그 여자 이름이 뭔지 알아?

- Да, зна́ю. Её зову́т Све́та. 응. 알아. 그녀의 이름은 스베타야.

- А ты зна́ешь, где она́ у́чится? 그 여자가 어디서 공부하는지 알아?

- Она́ у́чится в медици́нском институ́те. 그 여자는 의대에서 공부해.

3) Track 6-3

- В како́м до́ме ты живёшь? 너는 어떤 건물에서 사니?

- Я живу́ в большо́м но́вом до́ме. 나는 새로 지은 큰 건물에서 살아.

- На како́м этаже́? 몇 층에서?

- На пя́том этаже́. 5층에서.

- В како́й кварти́ре? 어떤 아파트에서?

- В деся́той кварти́ре. (В кварти́ре № 10.) 10호 아파트에서.

연습문제 5 주어진 질문에 답해 보세요.

❶ - О ком говори́т Ната́ша?

  - _____

❷ - О како́м бра́те говори́т Серге́й?

  - _____

❸ - В како́м до́ме вы живёте?

  - _____

❹ - На како́м этаже́ вы живёте?

  - _____

❺ - Где вы обы́чно у́жинаете?

  - _____

❻ - В како́м рестора́не у́жинает ва́ша семья́?

  - _____

연습문제 6 주어진 문장이 답이 될 수 있는 질문을 만들어 보세요. 밑줄 친 부분이 있는 경우는 그 부분이 답
이 될 수 있는 질문을 만들어 보세요.

❶ - _____ ?

  - О ста́ршей сестре́.

❷ - _____ ?

  - Я за́втракаю до́ма.

❸ - _____ ?

  - Я обе́даю в ма́леньком кафе́.

❹ - _____ ?

    - Рис и ры́бу.

❺ - _____ ?

    - Чай или ко́фе.

❻ - _____ ?

    - На восьмо́м.

❼ - _____ ?

    - В пе́рвой.

АУДИ́РОВАНИЕ

연습문제 1 대화를 듣고 대화의 내용에 상응하는 답을 고르세요. `Track 6-4`

❶ Лю́да у́чится в _____.

 a) большо́м но́вом университе́те

 b) но́вом хоро́шем университе́те

 c) небольшо́м хоро́шем университе́те

❷ Лю́да не изуча́ет _____.

 a) фи́зику   b) хи́мию   c) эконо́мику

❸ До́ма Лю́да _____.

 a) обе́дает и у́жинает   b) за́втракает и у́жинает

 c) за́втракает и обе́дает

❹ В кафе́ Лю́да ест _____.

 a) рис, ры́бу   b) рис, мя́со

 c) карто́фель, суп   d) карто́фель, ку́рицу

❺ Что Лю́да пьёт в кафе́?

 a) сок   b) во́ду   c) ко́фе   d) молоко́

연습문제 2 대화를 듣고 이어 주어진 대화문에 대한 질문을 들으세요. 각각의 질문에 ДА 혹은 НЕТ로 답해 보세요. `Track 6-5`

❶ _____   ❷ _____   ❸ _____   ❹ _____   ❺ _____

러시아 음식 기행 6. 꿀

러시아인에게 꿀은 달콤한 먹거리일 뿐 아니라 치료제의 의미가 있습니다. 지금도 꿀을 넣어 마시는 차는 가장 좋은 감기 치료제로 사용됩니다. 고대 러시아에서는 꿀로 알코올 음료, 무알콜 음료 등 다양한 음료를 만들었습니다. 그 중 스비텐(сби́тень)이 유명한데, 스비텐은 꿀에 다양한 약초들과 월계수 잎, 생강을 넣어 만들었습니다. 또 고기 요리에 꿀을 넣어 풍미를 더하기도 했습니다. 또 러시아의 여인들은 꿀을 피부 미용에 이용하기도 했습니다.

Когда́? Ско́лько?

언제요? 얼마나요?

복 습

괄호 안에 주어진 단어를 알맞은 형태로 바꾸어 빈칸에 넣으세요. 필요한 경우 전치사를 넣으세요.

1 Обы́чно студе́нты обе́дают _____(ма́ленькое кафе́).

2 Они́ едя́т _____(суп, рис, ры́ба).

3 Обы́чно Алексе́й ест _____(мя́со и о́вощи).

4 - Что пьют де́ти?

- Они́ пьют _____(сок и́ли вода́).

5 - О чём он говори́т?

- Он говори́т _____(фильм).

6 - _____ (како́й) фи́льме он говори́т?

- Он говори́т _____(интере́сный фильм).

7 Это студе́нт, _____(кото́рый) изуча́ет кита́йский язы́к.

8 Это де́вушка, _____(кото́рый) у́чится в на́шем

университе́те.

9 Это Со́фья, _____(кото́рый) расска́зывает Вади́м.

10 Вот дом, _____(кото́рый) живёт Ви́ктор.

ГОВОРИ́ТЕ ПРА́ВИЛЬНО!

A 활성 명사의 대격

▶ 이제 활성 명사의 대격형을 익혀 봅시다. 여러분은 이미 앞선 과에서 명사의 대격에 관하여 공부했습니다. **-ь**으로 끝나는 여성 명사를 제외하면, 여성 명사는 주격과 대격이 달랐고, 남성 명사와 중성 명사는 주격과 대격이 동일했습니다.

• Э́то журна́л.	Я чита́ю журна́л.
• Э́то письмо́.	Я чита́ю письмо́.
• Э́то стихи́.	Я чита́ю стихи́.
• Э́то газе́та.	Я чита́ю газе́ту.
• Э́то пе́сня.	Я чита́ю пе́сню.
• Э́то тетра́дь.	Я чита́ю тетра́дь.

그런데 여러분이 1과의 명사의 대격을 자세히 공부했다면, 남성 명사의 주격과 대격이 동일하다는 설명 대신 불활성 남성 명사의 주격과 대격이 동일하다는 설명이 있었던 것을 기억할 것입니다. 불활성 남성 명사, 즉 무생물을 지칭하는 남성 명사는 주격과 대격이 동일하지만, 활성 남성 명사, 즉 생물을 지칭하는 남성 명사는 주격과 대격이 다릅니다.

▶ 그럼 활성 명사의 대격형을 한번 자세히 살펴봅시다. 먼저, 중성 활성 명사는 없습니다. 그러므로 주격과 대격이 언제나 동일합니다. 또 여성 명사는 활성 명사의 대격과 불활성 명사의 대격이 동일합니다.

• Э́то кни́га.	Я чита́ю кни́гу.
• Э́то Ната́ша.	Я спра́шиваю Ната́шу.
• Э́то дочь.	Я понима́ю дочь.

그렇다면 문제가 되는 것은 남성 명사뿐인데, 남성 불활성 명사의 경우는 주격과 대격이 동일하지만, 남성 활성 명사의 대격은 주격과 달리 어미 **-a**나 **-я**를 취합니다. **-ь**이나 **-й**로 끝나는 활성 명사는 대격어미 **-я**를, 나머지 경우는 **-a**를 취합니다.

• Э́то Ива́н.	Я зна́ю Ива́на.
• Э́то студе́нт.	Я спра́шиваю студе́нта.
• Э́то учи́тель.	Я понима́ю учи́теля.
• Э́то Васи́лий.	Я зна́ю Васи́лия.

▶ **별표 12** 에 활성 명사 대격과 자주 결합하는 동사가 정리되어 있습니다.

이 중 **знать**(알다), **спра́шивать**(질문하다), **понима́ть**(이해하다), **слу́шать**(듣다),
встреча́ть(만나다), **приглаша́ть**(초대하다) 등을 꼭 알아두세요.

연습문제 1 괄호 안에 주어진 명사를 알맞은 형태로 바꾸어 넣으세요.

❶ Я спра́шиваю _____ (Юрий Петро́вич) о Москве́.

❷ Ви́ктор хорошо́ зна́ет _____ (исто́рия и литерату́ра).

❸ Вы понима́ете _____ (преподава́тель).

❹ Мы ча́сто встреча́ем _____ (Влади́мир Серге́евич и Мари́я
Ива́новна).

❺ Де́ти чита́ют _____ (стихи́) о Коре́е.

❻ Я слу́шаю _____ (ра́дио, ба́бушка и де́душка).

❼ Мы еди́м _____ (суп, ры́ба, фру́кты).

Б	시간 표현: 요일

▶ 이번에는 요일 명사를 중심으로 시간 표현을 익혀 봅시다. 앞으로 러시아어의 시간 표현을 공부할 때는
'~이다'와 '~에'의 표현을 나누어 공부하는 것이 좋습니다. 예를 들어, 요일 표현을 공부할 때 '오늘은 월요일
이다'라는 표현과 '월요일에'라는 표현을 나누어 공부하는 것이 도움이 됩니다. 이 사실을 염두에 두고 먼저
'~이다'에 해당하는 표현을 익혀 봅시다.

- Како́й сего́дня день неде́ли? 오늘은 무슨 요일입니까?
- Сего́дня понеде́льник. 오늘은 월요일입니다.

вто́рник.	화요일입니다.
среда́.	수요일입니다.
четве́рг.	목요일입니다.
пя́тница.	금요일입니다.
суббо́та.	토요일입니다.
воскресе́нье.	일요일입니다.

▶ 이제 '~에'라는 표현을 봅시다. 요일의 경우 '~에'에 해당하는 러시아어 표현은 〈전치사 в + 요일 명사의 대격〉입니다.

- Когда́ вы рабо́таете? 당신은 언제 일하십니까?
- В понеде́льник. 월요일에.
  Во вто́рник. 화요일에.
  В сре́ду. 수요일에.
  В четве́рг. 목요일에.
  В пя́тницу. 금요일에.
  В суббо́ту. 토요일에.
  В воскресе́нье. 일요일에.

▶ 남성, 중성 요일 명사(понеде́льник, вто́рник, четве́рг, воскресе́нье)는 불활성 명사이기에 주격과 동일하게 쓰인 것처럼 보이지만, в понеде́льник의 понеде́льник은 대격입니다. 반면 여성 명사의 경우는 주격과 대격이 명확하게 구분되기 때문에 в сре́ду, в пя́тницу, в суббо́ту 등으로 대격을 쓴 것이 명확하게 보입니다.

연습문제 2 필요한 전치사를 사용하여 괄호 안에 주어진 단어를 빈칸에 적절한 형태로 넣으세요.

❶ Я отдыха́ю _____ (суббо́та и воскресе́нье).

❷ Сего́дня _____ (пя́тница).

❸ Ната́ша рабо́тает в кафе́ _____
(понеде́льник, среда́ и пя́тница).

❹ - Когда́ вы у́жинаете в рестора́не?

- _____ (суббо́та).

❺ - Когда́ вы изуча́ете ру́сский язык?

- _____ (вто́рник и четве́рг).

▶ 이번에는 시간 표현을 살펴보도록 합시다. 먼저 '몇 시이다'에 해당하는 질문과 답을 살펴봅시다.

- Скóлько сейчáс врéмени? 지금 몇 시입니까?
  Котóрый час?

	(1)	час.
Сейчáс	2, 3, 4	часá.
	5~12	часóв.

▶ 이제 '~에'에 해당하는 질문과 대답 표현을 봅시다.

- Когдá вы обéдаете? 당신은 언제 점심 식사를 하십니까?
- В котóром часý вы обéдаете? 당신은 몇 시에 점심 식사를 하십니까?

	в	(1)	час.
Я обéдаю	в	2, 3, 4	часá.
	в	5~12	часóв.

▶ 위에서 볼 수 있는 것처럼 '~시에'라는 표현을 할 때에는 〈전치사 в + 시간 명사의 대격〉을 사용합니다. 그런데 전치사의 격 지배보다는 час와 가까이 있는 수사의 격 지배가 우위에 있기 때문에 2~12시의 경우에는 격의 형태가 수사의 지배에 따라 달라집니다.

┃ 주의하세요! ┃

수사의 격 지배

▶ 시간을 묻는 질문에 대한 답을 보면 알 수 있듯이, 앞에 오는 숫자에 따라 뒤에 오는 명사 час(時)의 형태가 달라집니다. 이것은 러시아어 수사의 독특한 성격 때문입니다. 많은 언어들의 경우 수사 뒤의 명사가 단수형과 복수형으로 나뉘는 것과 달리, 러시아어의 수사 1은 단수 주격을, 2~4는 단수 생격을, 5~20은 복수 생격을 지배합니다. 여러분은 아직 생격을 배우지 않았으니, 이러한 사실만 우선 알아두도록 합시다.

연습문제 3 필요한 경우 알맞은 전치사를 사용하여 괄호 안에 주어진 숫자를 풀어 쓰세요.

보기
- Сейча́с _____ (8:00) ► Сейча́с во́семь часо́в.
- Я обе́даю _____ (2:00) ► Я обе́даю в два часа́.

---

❶ Де́ти за́втракают _____ (7:00).

❷ Де́душка гуля́ет в па́рке _____ (3:00).

❸ Сейча́с _____ (12:00).

❹ Обы́чно мы обе́даем _____ (1:00).

❺ - В кото́ром часу́ семья́ у́жинает?

  - Семья́ у́жинает _____ (6:00).

❻ - Когда́ вы обы́чно де́лаете дома́шнее зада́ние?

  - Я де́лаю дома́шнее зада́ние _____ (4:00).

❼ - Когда́ оте́ц чита́ет газе́ты?

  - Он чита́ет газе́ты _____ (11:00).

❽ Ба́бушка отдыха́ет _____ (2:00).

❾ - Когда́ учи́тель начина́ет уро́к?

  - Учи́тель начина́ет уро́к _____ (9:00).

❿ - Когда́ начина́ется уро́к?

  - Уро́к начина́ется _____ (12:00).

ㄱ   새 동사

▶ 이번에는 '~을 시작하다', '~을 끝내다'라는 타동사와 그 타동사의 재귀형 동사를 공부해 봅시다. 러시아어에는 영어에서 〈be + p.p〉로 표현되는 것과 같은 형식의 수동태 구문은 없지만, 종종 타동사에 접미사 -ся가 붙어 수동의 의미를 전합니다. 선생님은 수업을 '시작하'지만, 수업은 '시작되'는 것이므로 아래와 같은 재귀형 동사 사용이 가능합니다.

	НАЧИНА́ТЬ (시작하다)	НАЧИНА́ТЬСЯ (시작되다)	КОНЧА́ТЬ (끝내다)	КОНЧА́ТЬСЯ (끝나다)
я	начина́ю	–	конча́ю	–
ты	начина́ешь	–	конча́ешь	–
он, она́	начина́ет	начина́ется	конча́ет	конча́ется
мы	начина́ем	–	конча́ем	–
вы	начина́ете	–	конча́ете	–
они́	начина́ют	начина́ются	конча́ют	конча́ются

동사의 의미상 1인칭이나 2인칭은 시작되거나 끝날 수 없는 존재이기 때문에 **начина́ться** 동사와 **конча́ться** 동사는 3인칭 단·복수 형태로만 활용합니다.

▶ 능동과 수동의 의미를 전하는 동사의 활용을 이해하기 위해 주어진 예문을 읽고 비교해 보세요.

- **Учи́тель начина́ет уро́к в 10 ч.**
  선생님은 수업을 10시에 시작하신다.

- **Учи́тель конча́ет уро́к в 12 ч.**
  선생님은 수업을 12시에 끝내신다.

- **Оте́ц начина́ет рабо́ту в 8 ч.**
  아버지는 일을 8시에 시작하신다.

- **Брат кончает рабо́ту в 6 ч.**
  형은 일을 6시에 끝낸다.

- **Уро́к начина́ется в 10 ч.**
  수업은 10시에 시작된다.

- **Уро́к конча́ется в 12 ч.**
  수업은 12시에 끝난다.

- **Рабо́та начина́ется в 8 ч.**
  일은 8시에 시작된다.

- **Рабо́та конча́ется в 6 ч.**
  일은 6시에 끝난다.

▶ 영어에서 능동 구문을 수동 구문으로 바꿀 때 능동 구문의 주체를 〈by + 목적격〉으로 표기해야 하는데, 위의 예문을 보면 러시아어로는 주체에 관한 정보가 사라지는 것처럼 보이지요? 러시아어도 조격으로 이를 표현할 수 있지만 여러분이 아직 조격을 배우지 않아서 생략한 것입니다.

начина́ть, начина́ться

❶ Бале́т _____ в 7 часо́в.

❷ Заня́тия в университе́те _____ в 9 часо́в.

❸ В 8 часо́в я _____ рабо́тать.

❹ Оле́г _____ рабо́ту в 9 часо́в.

❺ На́ша рабо́та _____ в 9 часо́в.

❻ Оля _____ де́лать дома́шнее зада́ние в 5 часо́в.

❼ Фильм _____ в 11 часо́в.

❽ Журнали́ст _____ переда́чу в час.

❾ Переда́ча _____ в час.

конча́ть, конча́ться

❿ В на́шем университе́те заня́тия всегда́ _____ в 6 часо́в.

⓫ Оте́ц _____ рабо́ту в 7 часо́в.

⓬ Вади́м _____ смотре́ть телеви́зор в 12 часо́в.

⓭ Э́та переда́ча обы́чно _____ в 5 часо́в.

단어 　журнали́ст 기자 ｜ переда́ча 방송 프로그램 ｜ рабо́та 일 ｜ всегда́ 항상 ｜ телеви́зор 텔레비전 ｜ обы́чно 보통, 일반적으로

연습문제 5 보기 와 같이 문장을 바꾸어 보세요.

> 보기
> • Профе́ссор конча́ет ле́кцию в 12 часо́в.
> ▸ Ле́кция конча́ется в 12 часо́в.

❶ Сестра́ начина́ет рабо́ту в 9 часо́в.

▸ _____

❷ Преподава́тель начина́ет заня́тие в 10 часо́в.

▸ _____

❸ Учи́тельница всегда́ конча́ет уро́к в 11 часо́в.

▸ _____

❹ Журнали́ст начина́ет э́ту переда́чу в 8 часо́в.

▸ _____

❺ Оте́ц обы́чно конча́ет рабо́ту в 7 часо́в.

▸ _____

ДАВА́ЙТЕ ПОГОВОРИ́М!

연습문제 1 보기와 같이 괄호 안의 단어를 사용하여 질문에 답해 보세요.

> 보기
> - Кого́ студе́нты спра́шивают о Москве́? (преподава́тель)
> - Студе́нты спра́шивают преподава́теля.

❶ - Кого́ ты ча́сто встреча́ешь? (Макси́м и Ве́ра)

- _____

❷ - Кого́ ты хорошо́ зна́ешь? (друг Юрий)

- _____

❸ - Кого́ вы понима́ете? (Анна Петро́вна)

- _____

❹ - Кого́ вы спра́шиваете о Росси́и? (Влади́мир Ива́нович)

- _____

연습문제 2 시간을 묻는 질문에 답해 보세요.

> Ско́лько сейча́с вре́мени? (Кото́рый час?)

❶

❷

❸

❹

❺

❻

❼   ❽

❾   ❿

연습문제 3 주어진 단어들로 보기 와 같이 짧은 대화문을 만들어 보세요.

> 보기 • гуля́ть в па́рке
>   - Когда́ (В кото́ром часу́) ты гуля́ешь в па́рке?
>   - Я гуля́ю в 3 часа́.

❶ чита́ть кни́гу

- _____

- _____

❷ слу́шать му́зыку

- _____

- _____

❸ за́втракать

- _____

- _____

❹ обе́дать

- _____

- _____

❺ у́жинать

- _____

- _____

❻ де́лать дома́шнее зада́ние

- _____

- _____

연습문제 4 괄호 안의 요일 명사를 사용하여 [보기] 와 같이 문장을 완성하세요.

> [보기]
> • Я гуля́ю в па́рке _____ (суббо́та)
> ▶ Я гуля́ю в па́рке в суббо́ту.

❶ Мы занима́емся в библиоте́ке _____ (вто́рник).

❷ Вади́м изуча́ет англи́йский язы́к _____ (понеде́льник и среда́).

❸ Студе́нты отдыха́ют _____ (воскресе́нье).

❹ Па́па не рабо́тает _____ (пя́тница и суббо́та).

❺ Обы́чно я слу́шаю му́зыку _____ (четве́рг).

연습문제 5 [보기] 와 같이 질문에 답해 보세요.

> [보기]
> - Когда́ вы гуля́ете в па́рке?
> - Я гуля́ю в па́рке в суббо́ту в 4 часа́.

❶ - Когда́ ва́ша семья́ обе́дает в рестора́не?

- _____

❷ - Когда́ ва́ша семья́ отдыха́ет на мо́ре?

- _____

❸ - Когда́ вы слу́шаете му́зыку?

    - _____

❹ - Когда́ вы чита́ете газе́ты?

    - _____

❺ - Когда́ профе́ссор чита́ет ле́кцию?

    - _____

다음의 대화를 듣고 따라 해 보세요.

1) Track 7-1

- Давáйте познакóмимся. Меня́ зову́т Вади́м. А вас?
  서로 소개합시다. 제 이름은 바딤입니다. 당신은요?

- Меня́ зову́т Ири́на. 제 이름은 이리나입니다.

- Óчень прия́тно, Ири́на. Вы рабóтаете и́ли у́читесь?
  반가워요, 이리나. 직장에 다니시나요, 아니면 학생이신가요?

- Я учу́сь в университéте, изучáю истóрию. А вы? 저는 대학생이고 역사를 전공합니다. 당신은요?

- Я рабóтаю на завóде, я инженéр. 저는 공장에서 일합니다. 엔지니어예요.

- Вы живёте в Москвé? 모스크바에서 사시나요?

- Да. Вы тóже живёте в Москвé? 네. 당신도 모스크바에서 사시나요?

- Я учу́сь в Москвé, а мои́ роди́тели живу́т в Петербу́рге.
  저는 모스크바에서 학교를 다니지만, 저의 부모님은 페테르부르크에 사십니다.

- Ири́на, скажи́те, пожáлуйста, скóлько сейчáс врéмени?
  이리나, 지금 몇 시인지 이야기해 주시겠어요?

- 12 часóв. 12시입니다.

- Обы́чно в 12 часóв я обéдаю в э́том небольшóм кафé. Я приглашáю вас.
  저는 보통 12시에 이 작은 카페에서 점심을 먹어요. 당신을 초대합니다.

- Спаси́бо. 감사해요.

2) Track 7-2

- Олéг, когдá начинáются заня́тия в вáшем университéте?
  올렉, 너희 대학에서는 수업이 언제 시작하니?

- Заня́тия начинáются в 9 часóв. 수업은 9시에 시작해.

- А когдá кончáются? 그럼 언제 끝나?

- В 6 часóв. 6시에 끝나.

- В котóром часу́ ты обéдаешь? 너는 몇 시에 점심 먹어?

- Обы́чно я обéдаю в час. 보통 나는 한 시에 점심 먹어.

- Где ты обéдаешь? 너는 어디에서 점심 먹어?

- В студе́нческой столо́вой. 학생식당에서.

- Когда́ ты занима́ешься в библиоте́ке? 너는 언제 도서관에서 공부하니?

- В пя́тницу и в суббо́ту. 금요일과 토요일에.

- А что ты де́лаешь в воскресе́нье? 그럼 너는 일요일에는 뭐 하니?

- Отдыха́ю, чита́ю кни́ги, смотрю́ телеви́зор. 쉬고, 책 읽고, TV 보지.

┤ 주의하세요! ├

СТОЛО́ВАЯ

▶ столо́вая(식당)은 형용사에서 파생된 명사입니다. 예전에는 'столо́вая ко́мната'라고 하던 것을, 이제는 줄여서 'столо́вая'라고만 쓰게 된 것입니다. 명사이지만 형용사의 형태이기 때문에 문법적인 변화는 모두 형용사 변화를 따릅니다.

• Я обе́даю в студе́нческой столо́вой. 나는 학생식당에서 점심을 먹는다.

연습문제 6 같이 수업을 듣는 친구들과 짝을 지어 위의 대화와 비슷한 대화를 만들어 보세요.

연습문제 7 다음의 질문으로 서로에게 질문하고 답해 보세요.

❶ Где вы у́читесь?

❷ Что вы изуча́ете?

❸ Где вы гуля́ете?

❹ Когда́ вы гуля́ете?

❺ Когда́ вы за́втракаете? Где?

❻ Когда́ и где вы обе́даете?

❼ Где вы у́жинаете? Когда́?

❽ Что вы де́лаете ве́чером?

❾ Когда́ начина́ются заня́тия в ва́шем университе́те?

❿ Когда́ конча́ются заня́тия?

⓫ Когда́ вы начина́ете де́лать дома́шнее зада́ние?

⓬ Когда́ вы конча́ете де́лать дома́шнее зада́ние?

연습문제 8 책을 보지 말고 짧은 텍스트를 듣고 기억하여 따라 해 보세요. 문장이 아니라 문단 전체를 듣고
따라 해 보세요.

❶ Track 7-3

Мои́ роди́тели живу́т в дере́вне, а я в го́роде. Я учу́сь в университе́те. Я зна́ю,
что ма́ма и па́па ча́сто ду́мают обо мне. И я ча́сто ду́маю о них.

❷ Track 7-4

Моя́ ста́ршая сестра́ живёт на ю́ге. Её зову́т Людми́ла. Она́ учи́тельница и
рабо́тает в шко́ле. Я ре́дко ви́жу её, но ча́сто ду́маю о ней.

❸ Track 7-5

Наш мла́дший брат - студе́нт. Сейча́с он живёт в Москве́. Он у́чится в
институ́те, изуча́ет ру́сский язы́к и литерату́ру. Я ча́сто ду́маю о нём.

연습문제 9 빈칸에 들어갈 적절한 질문을 만들어 보세요. 밑줄 친 부분이 있는 경우 그 부분이 답이 될 수 있
는 질문을 만들어 보세요.

❶ - _____ ?

- Нет, я учу́сь.

❷ - _____ ?

- Это чёрные брю́ки.

❸ - _____ ?

- Ири́на говори́т об учи́теле.

❹ - _____ ?

- Он расска́зывает о Москве́?

❺ - _____ ?

- Студе́нты изуча́ют исто́рию.

❻ - _____ ?

- Да, я зна́ю Ви́ктора.

❼ - _____ ?

- Я зна́ю Ви́ктора.

❽ - _____ ?

- Мари́на чита́ет.

❾ - _____ ?

- Я живу́ в но́вом до́ме.

주어진 문장을 시작으로 두 문장을 더하여 짧은 텍스트를 완성해 보세요.

❶ Это мой хоро́ший друг.

_____

_____

❷ Сейча́с 6 часо́в.

_____

_____

❸ Это университе́т.

_____

_____

АУДИ́РОВАНИЕ

연습문제 1 대화를 듣고 대화의 내용에 맞는 답을 고르세요. **Track 7-6**

❶ Заня́тия в медици́нском институ́те конча́ются _____.

   a) в 4 часа́ и́ли в 5 часо́в   b) в 5 и́ли в 6 часо́в

   c) в 6 и́ли в 7 часо́в

❷ Со́ня обе́дает _____.

   a) в 12 часо́в   b) в час   c) в 2 часа́

❸ Анто́н обе́дает _____.

   a) в ма́леньком кафе́   b) в студе́нческом кафе́

   c) в ма́ленькой столо́вой   d) в студе́нческой столо́вой

❹ _____.

   a) Со́ня и Анто́н у́чатся в медици́нском институ́те

   b) Со́ня у́чится в институ́те, а Анто́н в университе́те

   c) Анто́н у́чится в институ́те, а Со́ня в университе́те

연습문제 2 대화를 듣고 이어 주어진 대화문에 해당하는 질문을 들으세요. 각각의 질문에 ДА 혹은 НЕТ로 답해 보세요. **Track 7-7**

❶ _____   **❷** _____   **❸** _____

❹ _____   **❺** _____   **❻** _____

러시아 음식 기행 7. 저장 식품

겨울이 긴 러시아에서는 오이 피클과 비슷한 맛이 나는 각종 저장 식품을 많이 만듭니다. 러시아인들은 가을까지 작은 별장인 다차(да́ча)에서 부지런히 재배한 야채들을 절인 후 큰 유리병에 담아 저장하여 둡니다. 오이뿐 아니라 토마토, 피망, 각종 버섯 등을 시거나 짜게 절여 진공 상태로 보존합니다. 그리고 겨울에는 야채 대신 이러한 저장 식품으로 비타민을 섭취합니다. 러시아는 봄~여름과 겨울의 야채 값이 열 배 이상 차이가 나기도 합니다. 그래서 가을에 우리가 김장을 하듯 여러 가지 야채들을 저장하여 두고 추운 겨울에는 다양한 저장 식품으로 야채를 섭취합니다.

Куда́ вы идёте?

당신은 어디로 가세요?

복 습

주어진 단어를 활용하여 문장을 완성하되, 필요한 경우 적절한 전치사를 넣으세요.

1 Студе́нты у́чатся _____ (э́тот большо́й но́вый институ́т).

2 Они́ изуча́ют _____ (литерату́ра и исто́рия).

3 Я ча́сто встреча́ю _____

(Серге́й Влади́мирович и Ната́лья Григо́рьевна).

4 Мы ча́сто ду́маем _____ (наш оте́ц и на́ша мать).

5 Я спра́шиваю _____ (Ве́ра Ива́новна) о

_____ (её но́вая кварти́ра).

6 Оте́ц начина́ет _____ (рабо́та) _____ (8, час).

7 Вот шко́ла, _____ (кото́рая) у́чится мой сын.

8 Мы ви́дим _____ (дом, у́лица,

маши́ны, ма́льчик, де́вочка).

ГОВОРИ́ТЕ ПРА́ВИЛЬНО!

A 새 동사

▶ 러시아어 동사 **ви́деть**와 **смотре́ть**의 차이는 대략 여러분이 영어 시간에 배웠던 동사인 see와 watch의 차이에 해당합니다. 간단히 말하면, 수동적으로 눈에 보이는 것을 보는 경우는 **ви́деть** 동사를, 내가 의지를 가지고 무언가를 볼 때는 **смотре́ть** 동사를 사용합니다. 좀 더 자세하게 이 동사의 의미를 살피기에 앞서 먼저 동사의 활용을 익혀 봅시다. 두 동사는 모두 **говори́ть**형으로 변하는 2식 변화 동사이고, **ви́деть**의 경우는 1인칭 단수형에서 자음 변환(д → ж)이 일어납니다.

	ВИ́ДЕТЬ (보다)	СМОТРЕ́ТЬ (보다)
я	ви́жу	смотрю́
ты	ви́дишь	смо́тришь
он, она́	ви́дит	смо́трит
мы	ви́дим	смо́трим
вы	ви́дите	смо́трите
они́	ви́дят	смо́трят

▶ 이제 예문을 통해 두 동사의 의미 차이를 살펴봅시다. 두 동사 모두 대격을 목적어로 취하는데, **смотре́ть** 동사의 경우 전치사 없이 대격을 바로 목적어로 취하기도 하고, 전치사 〈в/на + 대격〉의 형태를 취하기도 합니다.

ВИ́ДЕТЬ	СМОТРЕ́ТЬ
볼 수 있는 능력이나 시력을 문제 삼는 경우 • Ба́бушка пло́хо ви́дит. 　할머니는 잘 못 보신다.	что?와 결합하여 무언가를 의도적으로 바라보는 경우 • ~ фильм, бале́т, фотогра́фии, 　телеви́зор　영화, 발레, 사진, TV를 보다
시야에 보이는 것을 이야기하는 경우 (한국어의 '보인다'에 해당) • Я ви́жу Анто́на, он чита́ет кни́гу. 　안톤이 보이는데 그는 책을 읽고 있어.	〈в+대격〉 어떤 표면의 안쪽/너머를 볼 경우 • смотре́ть в окно́ 창밖을 보다 • смотре́ть в зе́ркало 거울을 (들여다) 보다
'만나다'의 의미로 사용되는 경우 • Я ча́сто ви́жу (встреча́ю) Ле́ну. 　나는 레나를 자주 봐(만나).	〈на+대격〉 어떤 것/사람의 표면/겉을 주의 깊게 볼 경우 • Он внима́тельно смо́трит на меня́. 　그는 나를 주의 깊게 바라본다. Она́ смо́трит на часы́ и говори́т: «Сейча́с 2 часа́». 　그녀가 시계를 보더니 말한다: "지금 두 시네."

연습문제 1 ви́деть와 смотре́ть 동사 중 적절한 것을 골라 알맞은 형태로 넣으세요.

❶ - Что вы сейча́с де́лаете?

- Мы _____ интере́сный фильм.

❷ Юля _____ в окно́ и _____ ма́му и па́пу.

❸ - Ты ча́сто встреча́ешь Макси́ма?

- Нет, я ре́дко _____ его́.

❹ Ве́чером мы обы́чно _____ телеви́зор.

❺ Мы _____ бале́т в Большо́м теа́тре.

❻ Я _____ Ива́на Васи́льевича, он идёт на рабо́ту.

단어 ча́сто 자주 | ре́дко 드물게 | обы́чно 보통 | на рабо́ту 일터로, 직장으로

┤ 주의하세요! ├

СМОТРЕ́ТЬ ФОТОГРА́ФИИ vs. СМОТРЕ́ТЬ НА ФОТОГРА́ФИЮ

▶ смотре́ть фотогра́фии와 смотре́ть на фотогра́фию의 차이는 다음과 같습니다. 전자가 여러 장의 사진을 보는 것이라면 후자는 사진 한 장을 주의 깊게 들여다볼 때 사용합니다.

Б **ИДТИ́ - Е́ХАТЬ**

▶ 이 과에서는 러시아어 문법의 매우 중요한 한 부분인 운동 동사에 관해 공부하려 합니다. 움직임, 동작을 묘사하는 운동 동사(동작 동사)는 러시아어 동사 학습에 있어 매우 중요한 부분을 차지하는 동사 범주입니다. 이 과에서 우리는 가장 기본적인 운동 동사의 하나인 '가다' 동사를 살펴보려고 합니다.

▶ идти́ 동사와 е́хать 동사는 모두 '가다'를 뜻하지만, 전자는 걸어가는 경우에, 후자는 육상 교통수단을 이용하여 가는 경우에 사용합니다. '차를 타고 간다', '걸어서 간다'라고 따로 말해 주지 않아도 동사만 보고 걸어서 가는지 차를 타고 가는지 판단할 수 있습니다. 걸어간다는 것을 강조하고 싶을 때는 идти́ 동사에 '걸어서'라는 뜻을 지니는 부사 пешко́м을 더하여 사용하기도 합니다.

	ИДТИ́ (걸어서 가다)	ÉХАТЬ (차를 타고 가다)
я	иду́	éду
ты	идёшь	éдешь
он, она́	идёт	éдет
мы	идём	éдем
вы	идёте	éдете
они́	иду́т	éдут

▶ éхать 동사를 사용할 경우 구체적인 교통수단을 표시해 줄 수 있도록, 교통수단을 지칭하는 단어를 익혀 봅시다. 영어에서 〈by + 교통수단〉으로 '~을 타고'를 표현하는 것처럼 러시아어는 〈на + 교통수단 명사의 전치격〉으로 이를 표현합니다.

что?		на чём?
авто́бус 버스 трамва́й 전차 тролле́йбус 트롤리 버스 маши́на 자동차 автомоби́ль 자동차 метро́ 지하철 такси́ 택시	éхать	на авто́бусе на трамва́е на тролле́йбусе на маши́не на автомоби́ле на метро́ на такси́

▶ 당연히 무엇을 타고 어디에 가는지를 물을 때는 «На чём(что의 전치격)~?»을 사용하여 질문합니다.

- • - На чём вы éдете?
  - Я éду на маши́не.

연습문제 2 그림을 보고 주어진 문장을 완성해 보세요.

- • Мари́на éдет _____.
  ▶ Мари́на éдет на авто́бусе.

❶
Андре́й Никола́евич éдет _____.

② Де́ти е́дут _____.

③ - На чём вы е́дете?

  - Мы е́дем _____.

④ - На чём е́дет Вади́м?

  - Он е́дет _____.

⑤ - На чём вы е́дете?

  - Я е́ду _____.

연습문제 3 идти́ 동사나 е́хать 동사 중 적절한 것을 골라 알맞은 형태로 넣으세요.

① Оле́г _____ пешко́м, а Ната́ша _____ на трамва́е.

② - Ты _____ и́ли _____ пешко́м?

  - Я _____ на метро́.

③ Вокза́л о́чень далеко́, мы не _____, а _____.

④ - Мы _____ на такси́. А вы?

  - А я _____ пешко́м.

⑤ - На чём ты _____?

  - Я не _____, а _____.

⑥ На́ша семья́ _____ на тролле́йбусе. А ва́ша семья́

  _____ пешко́м?

단어 пешко́м 걸어서 | вокза́л 기차역 | далеко́ 멀리

B 방향 표현: B/HA + 대격

▶ 앞서 살핀 '가다'형의 동사는 당연히 '어디로', 즉 방향을 표시하는 부사나 부사구와 자주 결합합니다. 러시아어로는 ⟨в/на + 명사의 대격⟩을 사용하여 '방향', '목적지'를 표시합니다.

- Куда́ ты идёшь?
- Куда́ ты е́дешь?

- Куда́ вы идёте?
- Куда́ вы е́дете?

Я иду́ (е́ду) в университе́т.

на вокза́л.

▶ '~에'라는 장소를 표현할 때 в를 사용하는 명사는 방향을 표시할 때도 전치사 в를 사용하고, 장소를 표현할 때 на를 사용하는 명사는 방향을 표시할 때도 на를 사용합니다. куда́는 '어디로 ~?'에 해당하는 의문사입니다.

연습문제 4 적절한 전치사를 더하여 괄호 안에 주어진 단어를 알맞은 형태로 바꾸어 쓰세요.

❶ Мы е́дем _____ (Росси́я, Петербу́рг).

❷ Студе́нты иду́т _____ (теа́тр, спекта́кль).

❸ Утром ба́бушка идёт _____ (магази́н и ры́нок).

❹ Ле́том роди́тели е́дут _____ (Чёрное мо́ре и́ли Байка́л).

❺ Ве́чером мы идём _____ (кино́ и́ли музе́й).

❻ - Куда́ ты идёшь?

- Я иду́ _____ (библиоте́ка).

❼ Ве́чером мы идём _____ (рестора́н и́ли кафе́).

단어 спекта́кль 연극 | ры́нок 시장 | Чёрное мо́ре 흑해 | Байка́л 바이칼 호수

ДОМÓЙ

▶ '집에'라는 표현을 할 때 'дóма'라는 단어를 썼던 것처럼, '집으로'를 표현할 때도 'в дом'이 아니라 'домóй'라는 단독부사를 사용합니다.

연습문제 5 보기 와 같이 주어진 단어를 사용하여 문장을 만들어 보세요.

보기 　· ýтром, дéти, идти́, шкóла ▶ Утром дéти идýт в шкóлу.

❶ Ви́ктор, éхать, рабóта, метрó　　　▶ _____

❷ мы, идти́, стадиóн, пешкóм　　　　▶ _____

❸ отéц, éхать, завóд, маши́на　　　　▶ _____

❹ студéнты, éхать, Амéрика, Вашингтóн ▶ _____

❺ сестрá, éхать, юг, пóезд　　　　　　▶ _____

단어　ýтром 아침에 ｜ юг 남, 남쪽 ｜ пóезд 기차

Г　**형용사, 소유 형용사, 지시 형용사의 대격**

▶ 여러분이 이미 공부한 것처럼 남성 명사의 경우 활성, 불활성의 여부에 따라 명사의 대격이 달라집니다. 그러면 그런 남성 대격 명사를 수식하는 형용사는 어떻게 변할까요?

- 　• наш нóвый дом　　　　▶ Вы ви́дите наш нóвый дом?
- 　• наш стáрший брат　　　▶ Вы ви́дите нáшего стáршего брáта?

여러분이 충분히 유추할 수 있는 것처럼, 불활성 남성 명사는 주격과 대격이 동일하기 때문에 이를 수식하는 형용사 대격도 주격과 동일합니다. 반면 활성 남성 명사는 대격이 주격과는 다르기 때문에, 이를 수식하는 형용사의 대격도 주격과 다릅니다.

▸ 남성 활성 명사의 대격을 수식하는 형용사의 격어미는 -ого(-его)입니다. 기본적으로 -ого를 사용하지만, 연변화 형용사나(си́него) 어간이 ж, ч, ш, щ로 끝나며 강세가 어미에 오지 않는 경우에는 -его를 사용합니다(хоро́шего, горя́чего). 물론 어간이 ж, ч, ш, щ로 끝나더라도 어미에 강세가 오는 경우는 -ого를 사용합니다(большо́го, чужо́го).

▸ 중성 명사는 주격과 대격의 형태가 동일하기 대문에, 이를 수식하는 형용사의 어미도 동일합니다.

- Наше но́вое общежи́тие.   Вы ви́дите <u>на́ше но́вое общежи́тие</u>?

▸ 복수 명사는 명사의 성에 관계 없이 불활성 명사의 주격과 대격, 그리고 이를 수식하는 형용사의 형태가 동일합니다.

- На́ши но́вые уче́бники.   Вы ви́дите <u>на́ши но́вые уче́бники</u>?

▸ 여러분이 배운 것처럼 단수 여성 명사는 활성, 불활성 여부에 관계 없이 명사의 주격과 대격이 다르기 때문에, 당연히 이를 수식하는 형용사의 대격도 주격과 다릅니다. 여성 형용사 대격 어미는 -ую(юю)입니다.

- На́ша но́вая библиоте́ка. Вы ви́дите <u>на́шу но́вую библиоте́ку</u>?
- На́ша ста́ршая сестра́. Вы ви́дите <u>на́шу ста́ршую сестру́</u>?

▸ 이제 소유 형용사와 지시 형용사의 대격을 봅시다.

소유 형용사의 대격

남성		중성	여성
불활성 명사	활성 명사		
мой	моего́	моё	мою́
твой	твоего́	твоё	твою́
его́	его́	его́	его́
её	её	её	её
наш	на́шего	на́ше	на́шу
ваш	ва́шего	ва́ше	ва́шу
их	их	их	их

지시 형용사 대격			
э́тот	э́того	э́то	э́ту

▶ 여러분이 표에서 볼 수 있는 것처럼 3인칭과 관련된 소유 형용사(его, её, их)는 격변화하지 않습니다.

‖ 주의하세요! ‖

형용사 대격 어미의 발음

▶ 이 책의 발음편 에서 가운데 끼인 г가 [в]로 발음 나는 -ого, -его의 독특한 발음에 관하여 살펴보았습니다. 활성 남성 형용사 대격 어미가 -ого, -его로 끝나는 만큼 이 발음을 다시 한번 기억해 봅시다.

1. 강세가 있는 -о́го, -о́й: 남성 형용사 주격형이 -о́й형인 형용사, 즉 плохо́й, молодо́й, большо́й 등의 형용사가 남성 활성 명사를 수식하는 형용사의 대격형으로 쓰이는 경우로 발음은 [ова]로 납니다.

   • плохо́го[плахо:ва]   • молодо́го[малада:ва]

2. 강세가 없는 -ого: 남성 형용사의 주격형이 -о́й인 형용사를 제외하면 형용사 어미에 강세가 오지 않기 때문에 이 경우 발음은 [ава]로 납니다.

   • но́вого[но:вава]   • краси́вого[краси:вава]

3. -его: 어미 -его에는 강세가 오는 일이 없고 발음은[ива]로 납니다.

   • хоро́шего [харо:шива]   • си́него [си:нива]

연습문제 6 필요한 경우 적절한 전치사를 더하여 괄호 안의 단어를 알맞은 형태로 넣으세요.

❶ Вы ви́дите _____ (э́тот высо́кий, симпати́чный студе́нт)?

❷ Я хорошо́ понима́ю _____ (наш но́вый преподава́тель).

❸ Де́ти смо́трят _____ (интере́сный фильм).

❹ Я ча́сто встреча́ю _____ (э́та молода́я де́вушка).

❺ Мы слу́шаем _____ (весёлая пе́сня).

❻ Я изуча́ю _____ (ру́сский язы́к).

❼ Вы зна́ете _____ (мой ру́сский друг)?

❽ Я хорошо́ зна́ю _____ (его́ мла́дшая сестра́).

❾ Мы е́дем _____ (большо́й краси́вый го́род).

⑩ Мы идём _____ (но́вый теа́тр, класси́ческая о́пера).

⑪ Я иду́ _____ (студе́нческая столо́вая).

단어 высо́кий 키가 큰 | симпати́чный 호감이 가는 | де́вушка 아가씨 | весёлый 명랑한, 즐거운 | пе́сня 노래 | краси́вый 아름다운 | класси́ческий 고전의 | студе́нческий 학생의 | студе́нческая столо́вая 학생식당

Д 관계대명사의 대격형

▶ 형용사의 대격형을 익혔으니 관계대명사의 대격형도 함께 생각해 봅시다. 앞에서 배운 관계대명사의 경우와 같이 관계대명사의 격은 뒷문장에서 결정되기 때문에 두 문장의 공통분모인 명사가 뒷문장에서 대격인 경우에는 관계대명사 кото́рый, кото́рая, кото́рое를 형용사의 대격과 동일하게 격변화시키면 됩니다.

• Это мой друг Макси́м. Ма́ма хорошо́ зна́ет Макси́ма.

▶ 위의 두 문장의 공통분모는 Макси́м입니다. 그런데 두 번째 문장이 '엄마는 막심을 잘 아신다'이므로 두 번째 문장에서 Макси́м의 격이 대격입니다. 그리고 Макси́м은 활성 남성 명사입니다. 그러면 관계대명사 кото́рый도 활성 남성 형용사 대격형을 취하여야 하므로 кото́рого가 됩니다.

• Это мой друг Макси́м, кото́рого ма́ма хорошо́ зна́ет.
  이 사람은 엄마가 잘 아시는 내 친구 막심이다.

• Это Татья́на Ива́новна. Мы лю́бим Татья́ну Ива́новну.

위의 두 문장의 공통분모는 Татья́на Ива́новна입니다. 그런데 두 번째 문장에서 Татья́на Ива́новна는 대격형으로 사용됩니다(우리는 타티야나 이바노브나를 사랑한다). 따라서 관계대명사 여성형 주격 кото́рая를 형용사 대격형, 즉 кото́рую로 바꾸어야 합니다.

• Это Татья́на Ива́новна, кото́рую мы лю́бим.
  이분은 우리가 사랑하는 타티야나 이바노브나이시다.

ДАВА́ЙТЕ ПОГОВОРИ́М!

연습문제 1 보기와 같이 주어진 문장 속의 명사 앞에 적절한 형용사를 더해 보세요.

> 보기
> · Это брат. ▸ Это ста́рший брат.
> · Он у́чится в шко́ле. ▸ Он у́чится в но́вой шко́ле.

❶ Сестра́ не у́чится, а рабо́тает.   ▸ _____

❷ Она́ рабо́тает в фи́рме.   ▸ _____

❸ Де́ти гуля́ют.   ▸ _____

❹ Они́ у́жинают в рестора́не.   ▸ _____

❺ Он говори́т об экза́мене.   ▸ _____

❻ Лю́ди слу́шают его́.   ▸ _____

연습문제 2 주어진 직업 관련 명사를 사용하여 보기와 같이 짧은 대화문을 만들어 보세요.

> 보기
> · учи́тельница
> Студе́нт 1: Учи́тельница рабо́тает в шко́ле.
> Студе́нт 2: Сейча́с она́ идёт в шко́лу.

❶ врач 의사

▸ _____

▸ _____

❷ бизнесме́н 사업가

▸ _____

▸ _____

❸ по́вар 요리사

▸ _____

▸ _____

❹ преподава́тель 강사

▸ _____

▸ _____

❺ апте́карь 약사

▸ _____

▸ _____

❻ почтальо́н 우편배달원

▸ _____

▸ _____

다음의 대화를 듣고 따라 해 보세요.

1) `Track 8-1`

- На́дя, ты е́дешь домо́й? 나댜, 너 집에 가니?

- Да, домо́й. 응, 집으로 가.

- На авто́бусе? 버스 타고 가니?

- Нет, я е́ду на метро́. А ты? 아니, 나는 지하철 타고 가. 너는?

- Я то́же е́ду на метро́. 나도 지하철 타고 가.

- Хорошо́! Едем вме́сте. 잘됐네! 함께 가자.

2) `Track 8-2`

- Приве́т, Сон Ми! 안녕, 선미!

- Приве́т, Мин Хо! 안녕, 민호!

- Сон Ми, где ты живёшь? 선미, 너는 어디 사니?

- Я живу́ в Сеу́ле. А ты живёшь в Суво́не? 나는 서울에 살아? 너는 수원에 사니?

- Нет, я живу́ в Анса́не. 아니, 나는 안산에서 살아.

- На чём ты е́дешь в университе́т? 너는 학교에 뭐 타고 가니?

- Снача́ла на метро́, пото́м на авто́бусе. А ты? 처음에는 지하철, 그 다음은 버스. 너는?

- Я е́ду снача́ла на авто́бусе № 10 (но́мер де́сять), пото́м на авто́бусе № 5 (но́мер пять). 나는 처음에는 10번 버스를 타고, 다음에는 5번 버스를 타.

먼저 텍스트를 잘 듣고 이해해 보세요. **Track 8-3**

Это Ири́на. Она студе́нтка, у́чится в университе́те, изуча́ет ру́сский язы́к. Утром она́ е́дет в университе́т. Снача́ла она́ е́дет на метро́, пото́м на авто́бусе. В университе́те Ири́на слу́шает ле́кции. В 12 часо́в она́ и её подру́га Ольга обе́дают в студе́нческой столо́вой. Обы́чно Ири́на ест суп, рис, мя́со и́ли ры́бу. Она́ пьёт сок. В час Ири́на и Ольга иду́т в библиоте́ку. Там они́ де́лают дома́шнее зада́ние, чита́ют кни́ги, газе́ты. В 5 часо́в Ири́на е́дет домо́й. До́ма она́ у́жинает, смо́трит телеви́зор, слу́шает му́зыку.

이제 텍스트를 읽고 잘 알아 듣지 못한 부분을 체크해 보세요. 이 텍스트에 대한 질문을 10개 만들어 함께 수업을 듣는 친구들에게 질문해 보세요.

연습문제 4 [연습문제 3]의 텍스트를 참조하여 자신에 관한 짧은 글을 쓰되, 적어도 열 개 이상의 문장으로 써 보세요.

주어진 질문에 답해 보세요.

❶ - Вы идёте и́ли е́дете в университе́т?

- _____

❷ - На чём вы е́дете в университе́т?

- _____

❸ - Како́й сего́дня пе́рвый уро́к?

- _____

❹ - Когда́ начина́ется пе́рвый уро́к?

- _____

❺ - Когда́ вы обе́даете?

- _____

❻ - Где вы обе́даете?

- _____

❼ - Что вы еди́те и пьёте?

- _____

❽ - Когда́ вы занима́етесь в библиоте́ке?

- _____

❾ - Когда́ вы е́дете домо́й?

- _____

❿ - Что вы де́лаете до́ма?

- _____

연습문제 6 주어진 답을 유도할 수 있는 질문을 만들어 보세요. 밑줄 친 부분이 있는 경우, 그 부분이 답이 될
수 있는 질문을 만들어 보세요.

❶ - _____ ?

- Нет, я е́ду.

❷ - _____ ?

- Нет, я е́ду на метро́.

❸ - _____ ?

- 2 часа́.

❹ - _____ ?

- В сре́ду в 6 часо́в.

❺ - _____ ?

- В библиоте́ке.

❻ - _____ ?

- В библиоте́ку.

❼ - _____ ?

- Я ча́сто ви́жу <u>э́того молодо́го челове́ка</u>.

АУДИ́РОВАНИЕ

대화를 듣고 빈칸에 들어갈 답을 고르세요. **Track 8-4**

❶ Утром Све́та е́дет _____.

    a) на трамва́е и метро́   b) на метро́ и авто́бусе

    c) на авто́бусе и трамва́е   d) на авто́бусе и троллейбусе

❷ Она́ обе́дает _____.

    a) в час   b) в 2 часа́   c) в 3 часа́

❸ В библиоте́ке Све́та чита́ет _____.

    a) стихи́   b) газе́ты   c) рома́ны   d) журна́лы

❹ Снача́ла Све́та у́жинает, пото́м обы́чно _____.

    a) смо́трит телеви́зор   b) слу́шает ру́сские пе́сни

    c) де́лает дома́шнее зада́ние   d) чита́ет класси́ческую литерату́ру

❺ 내용상 빈칸에 들어가기에 적절하지 않은 답을 고르세요.

    Све́та _____.

    a) живёт в краси́вом го́роде

    b) у́чится в большо́м университе́те

    c) изуча́ет ру́сский язы́к, исто́рию и литерату́ру

대화를 듣고 이어 주어진 대화문에 대한 질문을 들으세요. 각각의 질문에는 ДА 혹은 НЕТ로 답해 보세요. **Track 8-5**

❶ _____   ❷ _____   ❸ _____   ❹ _____

❺ _____   ❻ _____   ❼ _____   ❽ _____

러시아 음식 기행 8. 쉬

쉬(щи)는 맑은 고기 국물에 양배추, 당근, 양파 등을 넣어 만든 일종의 야채 수프로 우리가 먹는 맑은 고기 국과 비슷한 느낌의 음식입니다. 예로부터 "말을 곱게 하는 주부가 아니라, 쉬를 잘 만드는 주부가 진짜 주부다."라는 말이 있을 만큼 러시아인의 식생활에서 빼놓을 수 없이 중요한 음식입니다.

Что вы де́лали вчера́?

당신은 어제 무엇을 하셨나요?

복 습

A. 필요한 경우 전치사를 사용하여 괄호 안에 주어진 단어를 적절한 형태로 넣으세요.

1 Я ви́жу _____ (дом, маши́на, брат, сестра́).

2 Врач рабо́тает _____ (больни́ца). Сейча́с он идёт _____ (больни́ца).

3 Студе́нты живу́т _____ (Росси́я, Москва́).

4 Мы е́дем _____ (Росси́я, Москва́) _____ (по́езд).

5 Я зна́ю _____ (э́тот иностра́нный студе́нт).

6 Мы разгова́риваем _____ (э́тот изве́стный профе́ссор).

7 Де́ти понима́ют _____ (но́вая учи́тельница).

단어 больни́ца 병원 | по́езд 기차 | иностра́нный 외국의 | изве́стный 유명한

Б. 앞서 배운 것처럼 관계대명사 кото́рый는 형용사와 동일하게 격변화합니다. 보기와 같이 관계대명사를 적절한 형태로 변화시켜 빈칸에 넣으세요. 필요한 경우는 전치사를 더하세요.

> Я ви́жу де́вушку, <u>кото́рая</u> изуча́ет англи́йский язы́к.
> Вот профе́ссор, <u>о кото́ром</u> я говорю́.
> Вот преподава́тель, <u>кото́рого</u> мы зна́ем.
> Вот заво́д, <u>на кото́ром</u> рабо́тает оте́ц.

1 Вот де́вочка, _____ чита́ет по-англи́йски.

2 Вот кни́га, _____ я чита́ю.

3 Это институ́т, _____ у́чится сестра́.

4 Я говорю́ о дере́вне, _____ живёт мой де́душка.

5 Мы идём в кафе́, _____ нахо́дится недалеко́.

6 Это рестора́н, _____ мы обе́даем.

7 Мы ви́дим преподава́теля, _____ идёт в библиоте́ку.

8 Это Ива́н Анто́нович, _____ вы зна́ете.

ГОВОРИ́ТЕ ПРА́ВИЛЬНО!

A 부사

▶ 이번 과에서 배우게 될 가장 중요한 문법은 과거 시제입니다. 지금껏 여러분은 현재 시제의 문장으로만 말을 하고 글을 써 왔습니다. 이제 우리는 새로운 시제인 과거 시제를 배우게 됩니다. 여러분도 충분히 추측할 수 있는 것처럼 과거 시제 문장은 다양한 부사구, 예를 들면 '어제', '작년에', '어렸을 때' 등과 결합합니다. 그래서 시제를 배우기에 앞서 다양한 부사를 배우고 암기하려고 합니다. 여러분이 아는 것처럼 부사는 동사나 형용사를 수식하는 품사입니다. 자주 사용되는 부사를 다음과 같이 유사한 의미군을 중심으로 분류해 두었으니 참조하여 암기해 보세요.

1) Когда́ 언제 ~?

вчера́ 어제 | сего́дня 오늘 | за́втра 내일

у́тром 아침에 | днём 낮에 | ве́чером 저녁에 | но́чью 밤에

зимо́й 겨울에 | весно́й 봄에 | ле́том 여름에 | о́сенью 가을에

сейча́с 지금 | тепе́рь 이제

снача́ла 먼저 | пото́м 나중에 | ра́ньше 전에

- Ве́чером мы у́жинаем и слу́шаем му́зыку.
- Что ты сейча́с де́лаешь?

2) Где 어디에 ~?

здесь 여기에 | там 저기에 | спра́ва 오른쪽에 | сле́ва 왼쪽에 | впереди́ 앞에

- - Где кни́га?
  - Она́ здесь, на столе́.

3) Куда́ 어디로 ~?

туда́ 거기로 | сюда́ 여기로 | напра́во 오른쪽으로 | нале́во 왼쪽으로
вперёд 앞으로 | пря́мо 곧장

- Де́ти иду́т сюда́.

4) Ско́лько 얼마나 ~?

ма́ло 조금 | нема́ло 적잖게 | мно́го 많이 | немно́го 조금

- Лари́са мно́го чита́ет.

5) Как ча́сто 얼마나 자주~?

ча́сто 자주 | ре́дко 드물게 | иногда́ 때로 | обы́чно 보통 | всегда́ 항상

- Я ча́сто ви́жу Ле́ну.

6) Как до́лго 얼마 동안 ~?

до́лго 오랫동안 | недо́лго 잠시

- Де́ти до́лго гуля́ют в па́рке.

7) Как 어떻게 ~?

хорошо́ 잘 ǀ нехорошо́ 잘못 ǀ пло́хо 나쁘게 ǀ непло́хо 잘
краси́во 아름답게 ǀ некраси́во 밉게 ǀ вку́сно 맛있게 ǀ невку́сно 맛없게

- Ми Хи хорошо́ зна́ет ру́сский язы́к.

연습문제 1 주어진 문장에서 부사를 찾고, 그 부사가 답이 될 수 있는 질문을 만들어 보세요.

보기 ǀ · Ве́чером де́ти гуля́ют. ▶ (부사 - ве́чером) Когда́ гуля́ют де́ти?

❶ Наш дом спра́ва.　　　　　　　　　▶ _____ ?

❷ Мари́на до́лго смо́трит телеви́зор.　▶ _____ ?

❸ Я иду́ напра́во.　　　　　　　　　　▶ _____ ?

❹ За́втра мы идём в теа́тр.　　　　　　▶ _____ ?

❺ Он пло́хо зна́ет ру́сский язы́к.　　　　▶ _____ ?

❻ Ма́ма ре́дко отдыха́ет.　　　　　　　▶ _____ ?

❼ Оля хорошо́ у́чится.　　　　　　　　▶ _____ ?

Б　동사의 과거형

▶ 이제 동사의 과거형을 익혀 봅시다. 가장 일반적인 동사의 과거형은 동사원형에서 어미 **-ть**를 제하고 **-л**(남성 명사가 주어), **-ла**(여성 명사가 주어), **-ло**(중성 명사가 주어), **-ли**(복수 명사가 주어)를 붙이는 것입니다.

- рабо́тать - рабо́тал

  рабо́тала

  рабо́тало

  рабо́тали

주의하세요!

ТЫ РАБО́ТАЛА vs. ВЫ РАБО́ТАЛИ

▶ 과거형을 만들 때 한 가지 주의할 것이 있습니다. ты의 경우는 ты가 여성이면 과거형 어미를 -ла로 취하고, 남성이면 -л로 취하지만, вы의 경우는 그가 남성이든 여성이든 상관없이 -ли형을 취한다는 것입니다.

- Где вы обе́дали? 어디서 점심을 드셨어요?
- Я обе́дала в кафе́. 저는 카페에서 점심을 먹었어요.

▶ 그런데 모든 동사원형이 -ть형으로 끝나는 것은 아닙니다. 드물지만 이외에도 -ти, -чь형으로 끝나는 동사도 있습니다. 이런 동사의 과거형을 한번 볼까요? 이런 동사의 과거 남성형은 -ти를 떼고 -л을 붙이지 않고, 여성, 중성, 복수형 과거만 각각 -ла, -ло, -ли를 붙여 줍니다.

- ползти́ - полз

  기어가다   ползла́

              ползло́

              ползли́

만일 동사원형이 -ти로 끝나고, 어근에 모음 -е-가 있으면 남성 과거형에서 -е-가 -ё-로 바뀝니다 (нести́ 운반하다 → нёс, несла́, несло́, несли́).

주의하세요!

ИДТИ́ 동사의 과거형

▶ -ти로 끝나는 동사 중 идти́ 동사의 과거형은 완전히 불규칙합니다. 주의하여 암기하세요.

- Он шёл
- Она шла
- Оно шло
- Они шли

▶ 이번에는 -чь로 끝나는 동사의 과거형을 봅시다. -чь로 끝나는 동사들은 과거형에서 자음 변환이 일어나는 경우가 많고, 남성 과거형에서 일어난 자음 변환이 여성형, 중성형, 복수형, 과거형에서도 지속됩니다.

- помо**чь** - помо́**г**

  도와주다   помо**гла́**

               помо**гло́**

               помо**гли́**

- пе**чь** - пё**к**

  굽다   пе**кла́**

        пе**кло́**

        пе**кли́**

идти́ 동사의 과거형을 제외하면, -ти나 -чь로 끝나는 동사 중에 여러분이 현재 자유롭게 활용할 수 있는 동사는 없으니 이런 유형의 동사 과거형이 있다는 것만 알아 두면 됩니다.

▶ 이제는 불규칙한 동사 과거형을 봅시다. 불규칙 과거형은 따로 암기하는 수밖에 없습니다.

- есть 먹다 - ел, е́ла, е́ли
- умере́ть 죽다(자연사) - у́мер, умерла́, у́мерли
- поги́бнуть 죽다(사고사) - поги́б, поги́бла, поги́бли
- ошиби́ться 실수하다 - оши́бся, оши́блась, оши́блись
- привы́кнуть 익숙해지다 - привы́к, привы́кла, привы́кли

▶ 동사의 과거형은 종종 과거를 의미하는 시간 부사(вчера́ 어제, ра́ньше 전에, в про́шлом году́ 작년에, в де́тстве 어렸을 때 등)와 함께 쓰입니다. 다음 문장을 읽고 해석해 보세요.

- Вчера́ мы смотре́ли интере́сный фильм. 어제 우리는 재미있는 영화를 보았다.
- Ра́ньше оте́ц рабо́тал в компа́нии «Дэ́у», а тепе́рь рабо́тает в «Самсу́нге». 전에 아버지는 대우에서 일하셨는데, 지금은 삼성에서 일하신다.
- В де́тстве Игорь хорошо́ игра́л в футбо́л. 어린 시절에 이고리는 축구를 잘했다.
- В про́шлом году́ на́ша семья́ отдыха́ла на Чёрном мо́ре.
  작년에 우리 가족은 흑해에서 휴가를 보냈다.

연습문제 2 주어진 동사의 과거형을 만들어 보세요.

читáть ▶ читáл, читáла, читáло, читáли

동사원형	과거형	동사원형	과거형
слýшать		учи́ться	
встречáться		быть	
ви́деть		везти́	
стри́чь(г)		идти́	

연습문제 3 문맥에 따라 주어진 동사를 과거형이나 현재형으로 넣으세요.

❶ рабóтать

Этот преподавáтель тепéрь _____ в университéте Кёнхи, а рáньше он _____ в университéте Ёнсе.

❷ жить

В прóшлом годý мы _____ в Сеýле, а тепéрь _____ в Сувóне.

❸ изучáть

Ири́на ýчится в университéте и _____ англи́йский язы́к, а в шкóле онá _____ францýзский язы́к.

❹ ýжинать

Сейчáс 6 часóв, мы _____ в кафé. А вчерá мы _____ дóма.

❺ обéдать, есть

Сегóдня пя́тница. Сейчáс студéнты обéдают в столóвой, они́ _____ суп, рис, мя́со. В срéду они́ _____ в кафé. Они́ _____ борщ и пельмéни.

B 운동 동사: ИДТИ́, ХОДИ́ТЬ

▶ 이번에는 러시아어 운동 동사에 관하여 조금 더 자세하게 배워 봅시다. 여러분은 이미 운동 동사에 해당하는 **идти́** 동사(걸어가다)와 **éхать** 동사(교통수단을 타고 이동하다)에 관하여 배웠습니다. 그런데 러시아어의 운동 동사는 원래 정태 동사와 부정태 동사의 짝을 이루고 있습니다. 여러분이 배운 **идти́** 동사와 **éхать** 동사는 모두 정태 동사에 해당하는 동사이고 이 두 동사 모두 자기의 짝인 부정태 동사를 가지고 있습니다(이 책의 〈제2권〉에서 러시아어의 운동 동사, 정태 동사-부정태 동사의 짝에 관하여 좀 더 본격적으로 배우게 될 것입니다). 이 과에서는 **идти́** 동사의 부정태 짝인 **ходи́ть** 동사의 특수한 쓰임에 대하여만 익혀서 다양한 상황에서 활용해 봅시다. **ходи́ть** 동사 과거형의 특수한 쓰임을 미리 익히는 이유는 이 동사의 과거형이 '어디에 갔다 왔다'는 매우 일상적인 과거 표현에 빈번하게 사용되기 때문입니다.

▶ '어제 극장에 갔다 왔다' 혹은 '공원에 갔다 왔다'는 과거의 왕복 행위를 서술하고 싶을 때는 **идти́** 동사의 과거형이 아닌 **ходи́ть** 동사의 과거형을 사용해야 합니다.

- **Вчера́ студе́нт ходи́л в теа́тр.** 어제 학생은 극장에 갔다 왔다.
- **Де́ти ходи́ли в парк.** 아이들은 공원에 갔다 왔다.

▶ **ходи́ть** 동사도 **идти́** 동사와 마찬가지로 '걸어서 가다'라는 뜻을 지니는데, 이 동사의 과거형은 왕복된 동작, 즉 어디에 갔다 왔다는 사실을 표현할 때 사용됩니다. 만일 이때 **идти́** 동사를 사용하면 동작이 한 방향으로 진행되었다는 사실을 강조하게 되어 원하는 뜻을 전달할 수 없게 됩니다. 차를 타고 어딘가에 갔다 온 경우도 마찬가지입니다. 이 경우에는 **éхать** 동사의 부정태 짝인 **éздить** 동사를 사용해야 합니다.

- **Ле́том студе́нты éздили в Росси́ю.** 여름에 학생들은 러시아에 갔다 왔다.
- **В суббо́ту на́ша семья́ éздила на мо́ре.** 토요일에 우리 가족은 바닷가에 갔다 왔다.

▶ 또 한 가지 기억할 것은 **идти́** 동사는 '(걸어서) 가다'라는 일차적인 뜻 외에 여기서 파생된 새로운 의미로 널리 사용된다는 점입니다. 영어 **go**가 '걸어가다'는 1차적인 의미 외에 매우 다양한 전이적 의미로 사용되는 것과 유사합니다.

먼저 **идти́** 동사는 '눈이 온다', '비가 온다'는 표현을 할 때 사용됩니다.

- **Сего́дня идёт дождь(снег).** 오늘 비(눈)가 온다.
- **Вчера́ шёл дождь(снег).** 어제 비(눈)이 왔다.

이 외에도 **идти́** 동사는 시간이 흐른다는 의미로 사용되어 **фильм**(영화), **спекта́кль**(연극), **конце́рт**(콘서트), **экза́мен**(시험), **вре́мя**(시간, 세월) 등의 명사와 결합합니다.

- Уро́к идёт 1 час 15 мину́т. 수업은 1시간 15분 동안 진행된다.
- В сре́ду ле́кция шла 2 часа́. 수요일에 강의는 2시간 동안 진행되었다.

연습문제 4 ходи́ть, е́здить 동사의 과거형을 사용하여 질문에 답해 보세요.

> **보기** 　　- Что ты де́лал вчера́?
> 　　　　　- Я ходи́л в музе́й. / Я е́здил в Сеул.

❶ - Мари́на, что ты де́лала в пя́тницу?

- _____

❷ - Что де́лали де́ти в воскресе́нье?

- _____

❸ - Куда́ ты ходи́л вчера́?

- _____

❹ - Де́вочки, где вы бы́ли вчера́?

- _____

❺ - Анна Ива́новна, что вы де́лали в суббо́ту?

- _____

❻ - Воло́дя, где ты был у́тром?

- _____

❼ - Ма́ша, куда́ ты ходи́ла ве́чером?

- _____

Г 직접인용문과 간접인용문

▶ 이제 또 한 가지 중요한 문법인 '간접인용문' 만들기를 배워 봅시다. 《그녀가 말했다: "나는 내일 모스크바로 떠나."》를 《그녀는 그녀가 내일 모스크바로 떠난다고 말했다.》로 바꾸는 것이 직접인용문을 간접인용문으로 바꾸는 것이지요. 여러분은 영어를 학습할 때도 직접인용문을 간접인용문으로 바꾸는 법을 배웠을 것입니다. 영어의 경우 시제 일치라는 문제가 있어 이 과정이 매우 복잡한 것과 달리 러시아어로 직접인용문을 간접인용문으로 만드는 과정은 비교적 간단합니다. 러시아어로 간접인용문을 만들기 위해서는 먼저 인용되고 있는 문장이 평서문인지, 의문문인지, 그리고 의문문이라면 의문사가 있는 의문문인지, 의문사가 없는 의문문인지를 판단해야 합니다.

▶ **평서문**

평서문을 직접 인용하고 있는 문장을 간접인용문으로 바꿀 때는 접속사 **что**를 사용합니다. 이때 **что**에는 여러분이 알고 있는 '무엇'을 뜻하는 의문사 **что**가 아니라 영어의 'I think that ~'의 that과 같은 접속사입니다.

- Ма́ма сказа́ла: «Сего́дня де́ти иду́т в кино́».
  엄마가 말씀하셨다: "오늘 아이들이 영화를 보러 간다."
  - ▶ Ма́ма сказа́ла, что сего́дня де́ти иду́т в кино́.
    엄마는 오늘 아이들이 영화를 보러 간다고 말씀하셨다.
- Брат сказа́л: «Я учу́сь в университе́те». 형이 말했다: "나는 대학에서 공부해."
  - ▶ Брат сказа́л, что он у́чится в университе́те.
    형이 그가 대학에서 공부한다고 말했다.
- Ле́на сказа́ла: «Это мой слова́рь». 레나가 말했다: "이것은 내 사전이야."
  - ▶ Ле́на сказа́ла, что э́то её слова́рь. 레나가 이것은 그녀의 사전이라고 말했다.

문장의 내용에 따라 대명사나 소유 형용사가 바뀌는 것, 그리고 대명사가 바뀌면 그에 따라 동사의 활용도 바뀌는것을 주의해서 보세요.

연습문제 5 주어진 직접인용문을 간접인용문으로 바꾸어 보세요.

❶ Воло́дя сказа́л: «Сейча́с 2 часа́».

▶ _____

❷ Оте́ц сказа́л: «Я е́ду в Москву́ на по́езде».

▶ _____

❸ Де́ти сказа́ли: «Мы идём в парк».

▶ _____

❹ Лари́са сказа́ла: «Вчера́ в библиоте́ке я ви́дела Оле́га».

▶ _____

❺ Анто́н сказа́л: «Это моя́ кни́га».

▶ _____

❻ Ира сказа́ла: «Наш де́душка живёт в дере́вне».

▶ _____

▶ **의문사가 있는 의문문**

의문사가 있는 의문문을 간접인용문으로 바꿀 때는 인용되는 문장에 사용된 의문사가 접속사 역할을 하게 됩니다.

- Па́па спроси́л ма́му: «Где газе́та?» 아빠가 엄마에게 물으셨다: "신문 어디 있어?"
  - ▶ Па́па спроси́л ма́му, где газе́та. 아빠가 엄마에게 신문이 어디 있는지 물으셨다.
- Ма́ма спроси́ла сы́на: «Куда́ <u>ты идёшь?</u>»
  엄마가 아들에게 물었다: "너는 어디로 가니?"
  - ▶ Ма́ма спроси́ла сы́на, куда́ <u>он идёт</u>. 엄마가 아들에게 <u>그가</u> 어디로 가는지 물었다.
- Мы спроси́ли Вади́ма: «Где <u>ты у́чишься?</u>»
  우리는 바딤에게 물었다: "너는 어디서 공부하니?"
  - ▶ Мы спроси́ли Вади́ма, где <u>он у́чится</u>.
    우리는 바딤에게 <u>그가</u> 어디에서 공부하는지 물었다.

▶ **의문사가 없는 의문문**

평서문과 의문사가 있는 의문문을 간접인용문으로 바꾸는 방법이 비교적 간단했다면, 의문사가 없는 의문문을 간접인용문으로 바꾸는 방법은 이보다는 다소 복잡합니다. 의문사가 없는 의문문을 간접인용문으로 만들 때에는 먼저 먼저 묻고자 하는 핵심 단어가 무엇인지 파악해야 합니다.

- Ма́ма спроси́ла сы́на: «Ты смотре́л интере́сный фильм?»
  - ▶ 엄마가 아들에게 물었다: "너는 재미있는 영화를 봤니?"

▶ 이 경우 인용되는 문장인 **«Ты смотре́л интере́сный фильм?»**이 묻고 있는 바는 억양에 따라서 결정되는데, 예를 들어 **смотре́л**을 강하게 발음하면, (영화를) 보았는지 아닌지를 묻는 질문이 되고, **интере́сный**를 강하게 발음하면, (영화가) 재미있었는지 아닌지를 묻는 질문이 됩니다. 이렇게 먼저 묻고자 하는 핵심을 파악한 후 핵심이 되는 단어를 앞에 두고 뒤에 소사 **ли**를 쓴 후 문장의 나머지 부분을 적어 주면, 직접인용문을 간접인용문으로 바꿀 수 있습니다.

> ▶ Ма́ма спроси́ла сы́на, смотре́л ли он интере́сный фильм.
> 엄마는 아들에게 그가 재미있는 영화를 보았는지 아닌지를 물었다.
> ▶ Ма́ма спроси́ла сы́на, интере́сный ли фильм он смотре́л.
> 엄마는 그가 본 영화가 재미있는 것인지 아닌지를 물었다.

연습문제 6 직접인용문을 간접인용문으로 바꾸어 보세요. 밑줄 친 부분이 있을 경우 그 부분을 강조하여 직접인용문을 간접인용문으로 바꾸어 보세요.

❶ Мы спроси́ли Джо́на: «Ско́лько лет ты изуча́ешь ру́сский язы́к?»

▶ _____

❷ Студе́нты спроси́ли преподава́теля: «Когда́ начина́ется ле́кция?»

▶ _____

❸ Преподава́тель спроси́л: «Како́й сего́дня день неде́ли?»

▶ _____

❹ Я спроси́л Анто́на: «Кого́ ты встре́тил вчера́?»

▶ _____

❺ Мы спроси́ли Мари́ну: «Что ты чита́ешь?»

▶ _____

❻ Я спроси́л бра́та: «Ты <u>е́дешь</u> в Сеу́л?»

▶ _____

❼ Мы спроси́ли преподава́теля: «Вы <u>бы́ли</u> в Москве́?»

▶ _____

❽ Де́ти спроси́ли ма́му: «Сего́дня <u>хо́лодно</u>?»

▶ _____

❾ Преподава́тель спроси́л студе́нта: «Вы <u>говори́те</u> по-ру́сски?»

▶ _____

❿ Ма́ша спроси́ла Аню: «Это <u>твоё</u> пальто́?»

▶ _____

ДАВА́ЙТЕ ПОГОВОРИ́М!

연습문제 1 주어진 문장을 읽고 부사와 명사를 더해 보세요.

> Брат за́втракает. ▶ Утром брат за́втракает в кафе́.

❶ Я иду́.

❷ Мы е́дем.

❸ Мы смо́трим.

❹ Татья́на ест.

❺ Де́ти пьют.

❻ Алексе́й изуча́ет.

❼ Валенти́на у́жинает.

❽ Семья́ отдыха́ет.

연습문제 2 [보기] 와 같이 질문에 답해 보세요.

> [보기]
> - Когда́ ты идёшь в кино́?
> - Я иду́ в кино́ в суббо́ту в 6 часо́в.

❶ - Когда́ ты идёшь в бассе́йн?

\- _____

❷ - Когда́ оте́ц е́дет в Сеу́л?

\- _____

❸ - Когда́ вы идёте в музе́й?

\- _____

❹ - Когда́ вы идёте на конце́рт?

\- _____

❺ - Когда́ вы е́дете в Пуса́н?

\- _____

❻ - Когда́ вы идёте на бале́т?

\- _____

❼ - Когда́ вы е́дете на Сорокса́н?

\- _____

주어진 단어들을 사용하여 보기 와 같이 짧은 대화를 해 보세요.

> 보기
> • Вади́м - игра́ть в баскетбо́л
>   Студе́нт 1: Сего́дня Вади́м игра́ет в баскетбо́л.
>   Студе́нт 2: Вчера́ он то́же игра́л в баскетбо́л.

❶ Мари́на - гуля́ть в па́рке.

- _____.

- _____.

❷ Ба́бушка - отдыха́ть.

- _____.

- _____.

❸ Студе́нты - занима́ться в библиоте́ке.

- _____.

- _____.

❹ Со́фья - брать кни́ги в библиоте́ке.

- _____.

- _____.

❺ Мы - разгова́ривать о Росси́и.

- _____.

- _____.

다음의 대화를 듣고 따라 해 보세요.

1) Track 9-1

- Приве́т, Мари́на! 안녕, 마리나!

- Приве́т, Па́вел! Куда́ ты идёшь? 안녕, 파벨! 너 어디 가니?

- Домо́й. А ты? 집에. 너는?

- В Большо́й теа́тр на бале́т. 볼쇼이 극장에 발레 보러 가.

- Како́й бале́т идёт сего́дня в Большо́м теа́тре? 오늘 볼쇼이 극장에서 어떤 발레 공연이 있는데?

- «Лебеди́ное о́зеро». Ты смотре́ла? '백조의 호수'. 너는 봤니?

- Нет, не смотре́ла, но о́чень хочу́. 아니, 보지 못했어. 하지만 정말 보고 싶어.

- Тогда́ дава́й пойдём вме́сте. 그럼 같이 가자.

- Дава́й. 그러자.

2) Track 9-2

- Приве́т, Ната́ша, где ты была́ вчера́ ве́чером? 안녕, 나타샤, 너는 어제저녁에 어디 있었니?

- Привет, Вадим! Я ходи́ла в студе́нческий клуб. 안녕, 바딤. 나는 학생클럽에 갔다 왔어.

- Ну, и как? 그래서 어땠는데?

- Бы́ло о́чень ве́село и интере́сно. Ты зна́ешь, кого́ я там ви́дела?
정말 신나고 재미있었지. 내가 거기서 누구를 만났는지 알아?

- Кого́? 누구를 만났는데?

- Мари́ну. 마리나.

- Пра́вда? А я ду́мал, что она́ сейча́с отдыха́ет на ю́ге.
정말? 나는 그녀가 지금 남쪽에서 휴가를 보내고 있다고 생각했는데.

3) Track 9-3

- Здра́вствуйте, Еле́на Макси́мовна! Я вас давно́ не ви́дел!
안녕하세요, 엘레나 막시모브나! 오랫동안 못 뵈었어요!

- Здра́вствуйте, Игорь Никола́евич. Как живёте?
안녕하세요, 이고리 니콜라예비치! 어떻게 지내세요?

- Спаси́бо, хорошо́. А вы? 고마워요, 잘 지내요. 당신은요?

- То́же хорошо́. 저도 잘 지내요.

- Куда́ вы идёте? 어디로 가시지요?

- На рабо́ту. 일하러 갑니다.

- А где вы сейча́с рабо́таете? 지금 어디서 일하세요?

- В институ́те. А вы рабо́таете в компа́нии «Старт»?
  연구소에서 일합니다. 당신은 '스타트'사에서 일하시지요?

- Нет, ра́ньше я рабо́тал в э́той компа́нии, но сейча́с я пенсионе́р.
  아니요, 전에는 그 회사에서 일했었는데, 지금 저는 연금생활자예요.

연습문제 4 짧은 텍스트 전체를 듣고 암기하여 따라 해 보세요.

❶ Track 9-4

Сейча́с 12 часо́в. Ле́на и Серге́й обе́дают. Сего́дня воскресе́нье, поэ́тому они́ обе́дают до́ма. Они́ едя́т суп, рис, ры́бу и о́вощи.

❷ Track 9-5

Вчера́ в библиоте́ке я ви́дел Ма́шу. Ма́ша у́чится в на́шем университе́те, она́ изуча́ет англи́йский язы́к и литерату́ру. В библиоте́ке Ма́ша чита́ла англи́йский рома́н.

❸ Track 9-6

Ра́ньше на́ша семья́ жила́ в Петербу́рге, а тепе́рь мы живём в Москве́. Мы жи́ли в ста́ром до́ме, а тепе́рь живём в большо́м ново́м до́ме.

연습문제 5 다음의 질문을 읽고, 함께 수업을 듣는 친구들에게 질문해 보세요.

❶ Куда́ вы идёте у́тром?

❷ Куда́ вы идёте ве́чером?

❸ Что вы де́лали вчера́?

❹ Куда́ вы ходи́ли вчера́?

❺ Где вы бы́ли вчера́?

⑥ Что вы ви́дите сейча́с?

⑦ Вы идёте и́ли е́дете в университе́т?

⑧ Когда́ вы идёте (е́дете) в университе́т?

⑨ Вы е́дете в университе́т? На чём?

⑩ Кого́ вы ви́дели вчера́? Где?

⑪ Когда́ вы идёте в библиоте́ку?

연습문제 6 주어진 답을 유도할 수 있는 질문을 만들어 보세요. 답에 밑줄 친 부분이 있으면 그 부분이 답이
될 수 있는 질문을 만들어 보세요.

❶ - _____?

- Нет, он идёт в теа́тр.

❷ - _____?

- Я ви́дела Ольгу и Лари́су.

❸ - _____?

- Да, на авто́бусе.

❹ - _____?

- Я е́ду на трамва́е.

❺ - _____?

- За́втра оте́ц е́дет в Москву́.

❻ - _____?

- Де́ти гуля́ли недо́лго.

❼ - _____?

- Вчера́ я отдыха́л.

❽ - _____?

- Вчера́ Анна до́лго чита́ла интере́сную кни́гу.

❾ - _____?

- <u>Иногда́</u> Пётр Ива́нович слу́шает ра́дио.

`연습문제 7` 주어진 첫 문장에 문장을 두 개 더하여 짧은 텍스트를 만들어 보세요.

❶ Ната́ша за́втракает в 7 часо́в.

_____

_____

❷ Утром де́ти иду́т в шко́лу.

_____

_____

❸ Вчера́ мы ходи́ли в теа́тр.

_____

_____

АУДИ́РОВАНИЕ

연습문제 1 대화를 듣고 대화의 내용에 상응하지 않는 답을 고르세요. **Track 9-7**

    a) Бале́т шёл три часа́.

    b) Ка́тя ходи́ла на бале́т «Щелку́нчик» в пя́тницу.

    c) Ра́ньше Ка́тя ре́дко ходи́ла в теа́тр, а тепе́рь – ча́сто.

    d) Ка́тя не о́чень хорошо́ понима́ет класси́ческую му́зыку.

연습문제 2 대화를 듣고 대화의 내용에 상응하지 않는 답을 고르세요. **Track 9-8**

    a) Сего́дня Ми́ша ел пельме́ни.

    b) Со́ня обы́чно обе́дает в столо́вой.

    c) Ми́ша ре́дко обе́дает в кафе́ «Наде́жда»

    d) Ми́ша всегда́ обе́дает в 12 часо́в, а Со́ня – в 2 часа́.

연습문제 3 대화를 듣고 이어 주어진 대화문에 대한 질문을 들으세요. 각각의 질문에는 ДА 혹은 НЕТ로 답해 보세요. **Track 9-9**

    ❶ _____   ❷ _____   ❸ _____

    ❹ _____   ❺ _____   ❻ _____

러시아 음식 기행 9. 바레니에

러시아어로 '바레니에(варе́нье)'란 단어는 '끓이다(вари́ть)'라는 동사에서 왔습니다. 예부터 러시아인은 신선한 과일이나 열매, 그리고 몇 가지 야채(호박, 가지) 등을 끓여 바레니에를 만들었습니다. 또 꽃으로 바레니에를 만들기도 하는데, 이 중 장미꽃잎 바레니에나 민들레 바레니에가 유명합니다. 특히 민들레로 만든 바레니에는 위장병을 치료하는 데에 효과가 있다고 합니다. 보통 여름이 끝날 무렵 대량으로 바레니에를 만들어 기나긴 겨울 내내 먹습니다. 이런 식으로 겨울철에 부족하기 쉬운 달콤한 음식과 비타민을 보충하는 것이지요.

지금도 러시아인들은 시중에서 파는 잼(джем)보다 집에서 직접 만든 바레니에를 선호합니다. 또 달콤한 것을 곁들여 차 마시기를 즐기는 러시아인들은 작은 종지처럼 생긴 그릇에 바레니에를 담아 차와 함께 마시기도 합니다.

У вас есть вре́мя?

당신은 시간이 있으세요?

복 습

괄호 안에 주어진 단어들을 빈칸에 알맞은 형태로 쓰되, 필요한 경우 전치사를 넣으세요.

1 Ната́лья рабо́тает _____. Сейча́с она́ идёт _____

_____ (э́та но́вая библиоте́ка).

2 Оле́г живёт _____ (Росси́я, Владивосто́к).

Сего́дня он е́дет _____ (Коре́я, Пуса́н).

3 Ле́том роди́тели отдыха́ли _____ (юг, Чёрное мо́ре). За́втра они́

е́дут _____ (Байка́л) _____ (по́езд).

4 Эти студе́нты живу́т _____. Они́ е́дут

_____ (Фра́нция, Пари́ж).

5 Оле́г говори́т _____ (наш но́вый

преподава́тель Михаи́л Ви́кторович), _____ (кото́рый) вы

хорошо́ зна́ете.

6 Вы ви́дели фи́рму, _____ (кото́рый) рабо́тает оте́ц?

ГОВОРИ́ТЕ ПРА́ВИЛЬНО!

A   재귀 형용사

▶ 러시아어에도 '자신의'를 뜻하는 재귀 형용사가 있습니다. 러시아어의 재귀 형용사 **свой**는 경우에 따라 **мой**, **твой**, **его́**, **её**, **их** 등과 같은 소유 형용사를 대신하여 사용됩니다. 다음의 예문을 읽어 보고, 어떤 경우에 재귀 형용사가 사용되는지 생각해 보세요.

● Это **мой** журна́л.

Ве́ра чита́ет **мой** журна́л.
Анто́н чита́ет **мой** журна́л.
Ты чита́ешь **мой** журна́л.
Они́ чита́ют **мой** журна́л.
Я чита́ю **свой** журна́л.

마지막 문장 대신 «Я чита́ю мой журна́л»이라고 말하면 러시아 사람들이 알아들을 수는 있지만 문법적으로는 매우 어색한 문장이 됩니다.

● Это **его́** кни́га.

Я чита́ю **его́** кни́гу.
Де́ти чита́ют **его́** кни́гу.
Мы чита́ем **его́** кни́гу.
Он чита́ет **свою́** кни́гу.

▶ 재귀 형용사는 이야기되고 있는 대상이 행위의 주체에게 속하고, 행위 주체가 그 대상과 관계하는 경우에 사용해야 합니다. 이 설명이 어렵다고 한다면, 한국어로 '자기'에 해당하는 경우, 즉 '그는 자기 책을 읽는다', '그는 자기 어머니를 사랑한다'와 같이 자기 것에 대한 이야기를 할 때는 재귀 형용사를 사용해야 한다고 생각해도 좋습니다. 그런데 주격의 경우는 예외입니다.

● **Я** зна́ю, где рабо́тает **мой** брат.

현대 러시아어에서 재귀 형용사의 주격은 사용되지 않습니다. 주격형인 **свой**는 현대 러시아어에서는 형태상으로만 존재하고 실제로는 사용되지 않는 단어입니다. 주격으로 사용되는 **свой**(**своя́**, **своё**, **свои́**)는 아래와 같은 속담이나 속담에서 유래한 구어적 표현에서나 볼 수 있습니다.

- **Сего́дня оте́ц сам не свой.** 오늘 아버지가 제정신이 아니시다.
  (직역: 오늘 아버지 자신이 자신의 것이 아니다)
- **У меня́ своя́ голова́ на плеча́х.** 나도 스스로 알아서 생각할 수 있다.
  (직역: 나도 어깨 위에 내 머리가 있다.)

▶ 또 한 가지 기억할 것은 «Я читаю мой журнал.*»은 비문이지만 «Он читает его журнал.» 은 비문은 아니라는 점입니다.

- **Он чита́ет свой журна́л.** 그는 자신의 잡지를 읽는다.
- **Он чита́ет его́ журна́л.** 그는 그의(자신이 아닌 제 3자) 잡지를 읽는다.

연습문제 1 주어진 문장을 읽고 빈칸에 적절한 단어를 넣어 보세요.

❶ Это <u>мой брат</u>.

Ты ви́дишь _____ бра́та? Я не ви́жу _____ бра́та. Вы ви́дите _____ бра́та? Я не зна́ю, где _____ брат.

❷ Это <u>Ната́ша и её ба́бушка</u>.

Мы зна́ем _____ ба́бушку. Ната́ша лю́бит _____ ба́бушку. Ната́ша не зна́ет, куда́ идёт _____ ба́бушка.

❸ Это <u>твоя́ сестра́</u>.

Ты зна́ешь, где рабо́тает _____ сестра́? Я не ви́жу _____ сестру́. Джон зна́ет _____ сестру́. Ты лю́бишь _____ сестру́?

❹ Это <u>его́ стихи́</u>.

Он написа́л _____ стихи́ в 1999 году́. Я чита́ла _____ стихи́ в журна́ле. Де́ти чита́ли _____ стихи́ на уро́ке. Он ча́сто чита́ет _____ стихи́.

⑤ Это Воло́дя и Га́ля. А э́то их дом.

Вы ви́дели _____ дом? Они́ лю́бят _____ дом. Они́ купи́ли

_____ дом неда́вно. Вы зна́ете, где нахо́дится _____ дом?

단어 купи́ть 사다 | неда́вно 최근에 | нахо́диться 위치하다

Б 새 동사

▶ слы́шать와 слу́шать 동사의 차이는 영어의 hear와 listen의 차이로 이해할 수 있습니다. 두 동사 모두 '듣다'라는 의미로 사용되지만, 전자가 들리는 소리를 듣는 수동적인 의미를 전한다면, 후자는 적극적인 의지를 가지고 주의 깊게 무언가를 듣는 경우에 사용됩니다. 먼저 두 동사의 동사 변화를 살펴봅시다. слы́шать 동사는 2식 변화 동사, слу́шать 동사는 1식 변화 동사입니다.

	СЛЫ́ШАТЬ	СЛУ́ШАТЬ
я	слы́шу	слу́шаю
ты	слы́шишь	слу́шаешь
они́	слы́шат	слу́шают

▶ 이제 예문을 통해 두 동사의 의미 차이를 조금 더 자세하게 살펴봅시다.

СЛЫ́ШАТЬ	СЛУ́ШАТЬ
들을 수 있는 능력이나 청력을 문제 삼는 경우 • Ба́бушка пло́хо слы́шит. 할머니는 잘 못 들으신다.	

일부러 주의를 기울이거나 관심을 두지 않아도 들려오는 소리를 듣는 경우(한국어의 '들린다'에 가까움)
• Я слы́шу шум (го́лос, му́зыку).
   (나는) 시끄러운 소리(목소리, 음악 소리)가 들린다.
	집중해서 흥미를 가지고 듣는 경우
	• ~ ра́дио, му́зыку, пе́сни, но́вости
	   라디오, 음악, 노래, 뉴스를 듣는다

'알다(знать)'라는 뜻으로 사용되는 경우
• Вы слы́шали, что Ми Хи е́дет в Москву́?
   미희가 모스크바로 간다는 것 들으셨어요?
• Вы зна́ете, что Ми Хи е́дет в Москву́?
   미희가 모스크바로 간다는 것 아세요?	

❶ - Что вы де́лаете?

- Мы _____ пе́сню.

❷ Де́душка о́чень ста́рый, он пло́хо _____ .

❸ Вы _____ , что Сон Ок е́дет учи́ться в Росси́ю?

❹ Студе́нты внима́тельно _____ преподава́теля.

❺ Мы в аудито́рии, здесь ти́хо, а в коридо́ре шум. Мы _____ э́тот шум.

단어 внима́тельно 주의 깊게 | ти́хо 조용하게, 조용하다 | коридо́р 복도 | шум 소음

B **소유 구문**

▶ 이 과에서 우리는 명사와 대명사의 생격을 공부하려 합니다. 먼저 생격 지배 전치사 y를 동반하는 대표적인 생격 구문의 하나인 소유 구문을 익혀 봅시다. 러시아어의 소유 구문은 다음과 같습니다.

• У кого́?   есть   кто? что?

У меня́   есть   кни́га.
나는 책을 가지고 있습니다.

▶ 한국어와는 달리 소유 주체가 〈전치사 y + 생격〉으로 소유 대상이 주격으로 표현된다고 보면 됩니다. 대명사와 의문 대명사 кто의 생격은 다음과 같습니다.

кто? ▶ у кого́?	
я ▶ у меня́	мы ▶ у нас
ты ▶ у тебя́	вы ▶ у вас
он ▶ у него́	они ▶ у них
она́ ▶ у неё	

▌ 주의하세요! ▐

У НЕГО́, У НЕЁ, У НИХ

▶ 원래 он, она́, они́의 생격은 각각 его́, её, их이지만, 3인칭 대명사가 전치사와 결합할 때는 전치사
와 대명사의 생격 사이에 자음 н을 넣어 줍니다.

▶ 또 소유 구문은 사물만이 아니라 '형이 있다', '여자친구가 있다' 등 사람에 관해 이야기할 때도 사용합니다.

- У кого́ есть сестра́? 누가 여자 형제가 있니?
- У меня́ есть ста́ршая сестра́. 내가 언니가 있어요.

▶ 생격 구문에 관하여는 **별표 11** 을 참조하세요.

연습문제 3 주어진 단어들로 **보기** 와 같이 문장을 만들어 보세요.

보기	· я, брат	▶ У меня́ есть брат.

❶ она́, сестра́　　　　　　　▶ _____

❷ мы, де́душка　　　　　　▶ _____

❸ вы, де́ти　　　　　　　　▶ _____

❹ они́, маши́на　　　　　　▶ _____

❺ ты, слова́рь　　　　　　　▶ _____

❻ я, друг　　　　　　　　　▶ _____

❼ он, вре́мя　　　　　　　　▶ _____

보기	· Это мой брат.	▶ У меня́ есть брат.

❽ Это её де́ти.　　　　　　　▶ _____

❾ Это на́ши роди́тели.　　　▶ _____

❿ Это ва́ша сестра́?　　　　▶ _____

⓫ Это твоё пальто?　　　▸ _____

⓬ Это их кварти́ра.　　　▸ _____

⓭ Это его́ уче́бник.　　　▸ _____

단어　маши́на 자동차 ｜ роди́тели 부모님 ｜ кварти́ра 아파트 ｜ уче́бник 교과서

Г　일반 명사의 생격

▸ 이제는 본격적으로 러시아어 명사의 생격형과 그 의미를 살펴보도록 하겠습니다. 러시아어의 생격은 일차적으로 '소유'를 표현합니다. 여러분은 '그의 집(его́ дом)', '그녀의 책(её кни́га)' 등 소유 형용사를 사용하여 소유를 표현할 수 있습니다. 생격은 일차적으로, '학생의 집', '언니의 책', '이반의 친구' 등 일반 명사와 고유 명사의 소유 표현에 사용됩니다. 이때 러시아어의 어순에 주의하세요. 한국어로는 '학생의 집'이지만, 러시아로는 **дом студе́нта**로 한국어와 정반대의 어순을 사용합니다.

- дом студе́нта　학생의 집
- кни́га сестры́　언니의 책
- друг Ива́на　이반의 친구

▸ 먼저 남성, 여성, 중성 명사의 생격 어미를 살펴봅시다. 주어진 여성 명사의 생격 어미를 보고, 여성 명사의 생격 어미형이 어떤 것일지 추측해 보세요.

- Ве́ра ▸ Ве́ры
- Та́ня ▸ Та́ни
- дочь ▸ до́чери
- кни́га ▸ кни́ги

- страна́ ▸ страны́
- ночь ▸ но́чи
- мать ▸ ма́тери
- Са́ша ▸ Са́ши

위에서 볼 수 있는 것처럼 -а로 끝나는 여성 명사의 생격 어미는 -ы이고, -я, -ь로 끝나는 여성 명사의 생격 어미는 -и입니다.

▶ 이제 주어진 남성 명사의 생격 어미를 보고 남성 명사의 생격 어미형을 추정해 보세요.

- студе́нт ▶ студе́нта
- учи́тель ▶ учи́теля
- университе́т ▶ университе́та
- музе́й ▶ музе́я

위에서 볼 수 있는 것처럼 자음으로 끝나는 남성 명사의 생격 어미는 -а이고, -й이나 -ь으로 끝나는 남성 명사의 생격 어미는 -я입니다. -а나 -я로 끝나는 남성 명사는 비록 남성 명사이지만 여성 명사와 동일한 격변화를 합니다(па́па → па́пы, дя́дя → дя́ди).

▶ 중성 명사는 -о로 끝나는 경우는 -а를, -е로 끝나는 경우는 -я를 생격 어미로 취합니다. -мя로 끝나는 중성 명사는 불규칙한 형태의 생격 어미를 취합니다.

- окно́ ▶ окна́
- мо́ре ▶ мо́ря
- вре́мя ▶ вре́мени
- и́мя ▶ и́мени

▶ 생격 지배 전치사 у를 사용한 소유 구문의 예를 통해 일반 명사의 생격 형태를 다시 한번 살펴봅시다.

- У Ве́ры есть брат.
- У Оли есть сестра́.
- У Ма́ши есть компью́тер.
- У Оле́га есть ба́бушка.
- У учи́теля есть э́та кни́га.
- У Алексе́я есть маши́на.

연습문제 4 주어진 명사를 사용하여 소유 구문을 만들어 보세요.

| 보기 | • Влади́мир ▶ У Влади́мира есть друг. |

❶ Ната́ша ▶ _____ ❷ Игорь ▶ _____

❸ Викто́рия ▶ _____ ❹ Ви́ктор ▶ _____

❺ муж ▶ _____ ❻ де́душка ▶ _____

❼ Серге́й ▶ _____ ❽ мать ▶ _____

▶ 앞서 살핀 것처럼 '누가 무엇을 가지고 있다'는 구문에서는 소유의 대상을 주격으로 쓰지만 '누가 무엇을 가지고 있지 않다'는 부정 구문에서는 소유하지 못한 대상을 생격으로 표현합니다. 이를 부정 생격 구문이라고 부릅니다. 러시아어는 어떤 대상의 존재를 부정할 때 부정 생격을 사용합니다. 이 구문에서 **нет**는 여러분이 알고 있는 '아니오'라는 의미가 아니라 일종의 서술어처럼 사용되어 '~이 없다'는 뜻으로 쓰입니다.

- У   кого́   нет   кого́? чего́?

  У   Ната́ши   нет   сы́на.

  나타샤에게는 아들이 없다.

연습문제 5 | 보기 | 와 같이 질문에 긍정과 부정으로 답해 보세요.

> | 보기 |
>
> \- У Лари́сы есть муж?
>
> \- а) Да, у Лари́сы есть муж.
>
>   б) Нет, у Лари́сы нет му́жа.

❶ - У вас есть компью́тер?

  \- _____

  \- _____

❷ - У Вади́ма есть жена́?

  \- _____

  \- _____

❸ - У Све́ты есть подру́га?

  \- _____

  \- _____

❹ - У тебя́ есть ру́чка и каранда́ш?

- _____

- _____

❺ - У Ди́мы есть тетра́дь и уче́бник?

- _____

- _____

❻ - У бра́та есть автомоби́ль?

- _____

- _____

║ 주의하세요! ║

«В ГОРО́ДЕ НЕТ ТЕА́ТРА.»

▶ 한 가지 주의할 것은 어떤 장소에 무엇이 있다/없다고 할 때는 〈у кого́ + 생격〉 구문을 사용할 수 없고, 장소 표현을 사용해야 한다는 것입니다. «У университе́та есть большо́й стадио́н.*» 같은 문장은 비문입니다.

- ГДЕ?   ЕСТЬ   КТО? ЧТО?

  В университе́те   есть   стадио́н.

- ГДЕ?   НЕТ   КОГО́? ЧЕГО́?

  В университе́те   нет   стадио́на.

- - В го́роде есть теа́тр? 도시에 극장이 있나요?

  - Да, в го́роде есть теа́тр. 네, 도시에 극장이 있어요.

  - Нет, в го́роде нет теа́тра. 아니요, 도시에 극장이 없어요.

---

❼ В аудито́рии есть стол?

- _____

- _____

❽ На óстрове есть óзеро?

-_____

-_____

❾ В вáшем дóме есть лифт?

-_____

-_____

❿ На вáшей ýлице есть кинотеáтр?

▶_____

▶_____

⓫ Здесь есть аптéка?

▶_____

▶_____

E	시간 표현: 기간

▶ 앞서 우리는 몇 가지 시간 표현을 배웠습니다. 이번에는 기간을 묻는 질문과 대답을 익혀 봅시다. '기간'은 전치사 없이 시간 명사의 대격으로 표현합니다.

- **Скóлько врéмени(как дóлго) вы читáли кнúгу?**
 당신은 얼마 동안(얼마나 오래) 책을 읽었습니까?

Я читáл	час.	나는 한 시간 동안 책을 읽었습니다.
	2 часá.	나는 두 시간 동안 책을 읽었습니다.
	5 часóв.	나는 다섯 시간 동안 책을 읽었습니다.

- **Скóлько врéмени(как дóлго) вы рабóтали в э́той фи́рме?**
 당신은 이 회사에서 얼마나 오랫동안 일했습니까?

Я рабóтал	год.	나는 1년 동안 일했습니다.
	два гóда.	나는 2년 동안 일했습니다.
	пять лет.	나는 5년 동안 일했습니다.

수사와 시간 명사

▶ 앞에서 언급했듯이 러시아어는 앞에 오는 수사에 따라 뒤에 오는 명사의 형태가 달라집니다. год, час가 수사와 결합하여 어떻게 격변화하는지 이미 보았습니다.

1	주격	оди́н год, оди́н час
2~4	단수 생격	два го́да, три часа́
5~20	복수 생격	пять лет, шесть часо́в

▶ 이 과에서는 мину́та가 수사와 결합하여 어떻게 격변화하는지 살펴봅시다.

- (одна́) мину́та
- две, три, четы́ре мину́ты
- пять мину́т

▶ 수사 два는 여성 명사와 결합할 때는 две로 변형됩니다.

- две неде́ли, две де́вушки

연습문제 6 다음을 읽고 해석해 보세요.

❶ - Ско́лько вре́мени (как до́лго) ты писа́л упражне́ние?

   - Я писа́л упражне́ние 20 мину́т.

❷ На́ша семья́ живёт в Сеу́ле 5 лет.

❸ Я чита́л кни́гу весь ве́чер.

❹ Де́ти игра́ли в футбо́л всё воскресе́нье.

❺ Мы отдыха́ли на мо́ре все кани́кулы.

❻ Он де́лал дома́шнее зада́ние всю суббо́ту.

КАК ДО́ЛГО ~?

▶ «Как до́лго ~?»라는 질문에는 다음과 같이 답할 수 있습니다.

1. до́лго, недо́лго 등의 부사를 사용

   - Мы до́лго игра́ли в те́ннис. 우리는 오랫동안 테니스를 쳤다.

   - На мо́ре на́ша семья́ отдыха́ла недо́лго. 우리 가족은 바닷가에서 잠시 쉬었다.

2. 2 часа́(5 часо́в), 2 го́да(5 лет), не́сколько часов(лет), мно́го лет, 15 мину́т 등의 시간 표현을 사용

   - Мы живём в Москве́ 10 лет. 우리는 모스크바에서 10년 동안 살고 있다.

   - Вчера́ экза́мен шёл 3 часа́. 어제 시험은 3시간 동안 진행되었다.

   - Я писа́л упражне́ние 20 мину́т. 나는 연습문제를 20분 동안 풀었다.

3. весь день(понеде́льник), всю неде́лю(суббо́ту, весну́), всё у́тро (воскресе́нье, ле́то), все кани́кулы (дни) 등과 같이 형용사 〈весь + 시간 명사의 대격〉을 사용

   - Я занима́лся в библиоте́ке весь день. 나는 도서관에서 하루 종일 공부했다.

   - Мы жда́ли письмо́ всю неде́лю. 우리는 편지를 일주일 내내 기다렸다.

   - Студе́нты отдыха́ли на мо́ре все кани́кулы.
     학생들은 바닷가에서 방학 내내 휴가를 보냈다.

'모든'의 뜻을 지니는 형용사 весь는 특수 형용사로 весь(남성), вся(여성), всё(중성), все(복수)의 주격형이 있습니다. 시간 명사의 대격과 결합하면, '시간 명사의 기간 내내'라는 뜻이 되는데, 시간 명사가 불활성 명사인 만큼, 남성, 중성, 복수 형용사 대격은 주격과 동일하지만, 여성 형용사는 대격형 всю를 취합니다.

연습문제 7 괄호 안에 주어진 단어를 사용하여 질문에 답해 보세요.

A)

❶ - Ско́лько вре́мени вы обе́дали? (30 мину́т, час)

   - _____

❷ - Как до́лго вы гуля́ли в па́рке? (3 часа́, весь день, всё у́тро, вся пя́тница)

   - _____

❸ - Ско́лько вре́мени ты чита́л текст? (15 мину́т, час, весь ве́чер)

   - _____

❹ - Как до́лго вы жи́ли на ю́ге? (1 год, 4 го́да, 8 лет)

    - _____

❺ - Как до́лго вы жда́ли дру́га? (мину́та, 4 мину́ты, 10 мину́т)

    - _____

Б)

❶ - Ско́лько сейча́с вре́мени? (10, час)

    - _____

❷ - Когда́ вы идёте в теа́тр? (6, час)

    - _____

❸ - Ско́лько вре́мени ты де́лал дома́шнее зада́ние? (3, час)

    - _____

❹ - Когда́ вы обе́даете? (12 и́ли 1, час)

    - _____

❺ - Как до́лго вы обе́даете? (1, час)

    - _____

❻ - Как до́лго вы е́дете домо́й? (2, час)

    - _____

❼ - Когда́ вы е́дете домо́й? (7, час)

    - _____

❽ - Когда́ начина́ется фильм? (4, час)

    - _____.

Ё КА́ЖДЫЙ

▶ 〈ка́ждый + 시간 명사의 대격〉 구문은 영어의 every처럼 '매 ~마다'를 표현할 때 사용합니다. 다음의 예문을 읽고 해석해 보세요. 이 경우 남성, 중성 시간 명사는 주격과 동일하게 보이지만 실제로는 대격이 사용된 것이고, 여성 명사의 경우는 대격인 것이 명확하게 드러나니 주의해서 읽어 보세요.

• Я обе́даю в рестора́не   ка́ждый день(ве́чер, четве́рг).

                                      ка́ждую неде́лю(суббо́ту).

                                      ка́ждое воскресе́нье.

나는 매일(매 저녁마다, 매 목요일마다) 레스토랑에서 점심을 먹는다
     매주(매 토요일마다)
     매 일요일마다

연습문제 8 〈ка́ждый + 시간 명사의 대격〉 표현을 사용하여 다음 문장을 완성하세요.

> **보기**
> • Как ча́сто де́ти гуля́ют в па́рке?
> ▶ Де́ти гуля́ют в па́рке ка́ждое воскресе́нье.

❶ Как ча́сто брат изуча́ет англи́йский язы́к? _____ .

❷ Как ча́сто профе́ссор чита́ет ле́кции? _____ .

❸ Как ча́сто Све́та смо́трит телеви́зор? _____ .

❹ Как ча́сто вы игра́ете в те́ннис? _____ .

❺ Как ча́сто оте́ц чита́ет газе́ты? _____ .

❻ Как ча́сто ра́ньше ба́бушка пила́ ко́фе? _____ .

ДАВА́ЙТЕ ПОГОВОРИ́М!

연습문제 1 주어진 문장을 읽고 각 문항에서 요구하는 품사를 더하여 말해 보세요.

A) 형용사

> 보기   • Брат у́чится в шко́ле. ▶ Брат у́чится в большо́й шко́ле.

❶ Я ча́сто ви́жу де́вушку.   ❷ Вчера́ я встре́тил преподава́теля.

❸ Мы живём в до́ме.   ❹ Лари́са чита́ет кни́гу.

❺ Де́ти смотре́ли фильм.   ❻ Оте́ц рабо́тает в компа́нии.

Б) 부사와 명사

> 보기   • Брат слу́шает. ▶ Ве́чером брат слу́шает му́зыку.

❶ Роди́тели отдыха́ли.   ❷ Ба́бушка покупа́ет.

❸ Я иду́.   ❹ Студе́нты е́ли.

❺ Оте́ц начина́ет.   ❻ Я ви́дел.

연습문제 2 보기 와 같이 필요한 곳에 свой를 사용하여 질문에 답해 보세요.

> 보기   • Это Макси́м. А э́то его́ брат.
> Студе́нт 1: О ком говори́т Макси́м?
> Студе́нт 2: Макси́м говори́т о своём бра́те.
> Студе́нт 1: О ком говори́т Ве́ра?
> Студе́нт 2: Ве́ра говори́т о его́ бра́те.

❶ Это Ле́на. А э́то её ба́бушка.

Студе́нт 1: Кого́ лю́бит Ле́на?

Студе́нт 2: _____

Студе́нт 1: Кого́ вы зна́ете?

Студе́нт 2: _____

❷ Это Сергей. А э́то его́ кни́га.

Студе́нт 1: Что ты чита́ешь?

Студе́нт 2: _____

Студе́нт 1: Что чита́ет Серге́й?

Студе́нт 2: _____

❸ Это Михайл. А э́то его́ ка́мера.

Студе́нт 1: Что взял Андре́й?

Студе́нт 2: _____

Студе́нт 1: Что взял Михайл?

Студе́нт 2: _____

❹ Это мы. А э́то наш но́вый компью́тер.

Студе́нт 1: О чём расска́зывает Алёша?

Студе́нт 2: _____

Студе́нт 1: О чём мы расска́зываем?

Студе́нт 2: _____

❺ Это Све́та и Ди́ма. А э́то их друг.

Студе́нт 1: О ком спра́шивают Све́та и Ди́ма?

Студе́нт 2: _____

Студе́нт 1: О ком спра́шивает Ва́ля?

Студе́нт 2: _____

연습문제 3 [보기]와 같이 서로의 가족에 관하여 질문해 보세요.

> [보기]　　- У тебя́ есть брат?
> 　　　　　- а) Да, у меня́ есть брат.
> 　　　　　　б) Нет, у меня́ нет бра́та.

сестра́, де́душка, ба́бушка, дя́дя, тётя, племя́нник, племя́нница, двою́родный брат, двою́родная сестра́

단어　дя́дя 삼촌, 숙부 │ тётя 이모, 고모 │ племя́нник 조카(남) │ племя́нница 조카(여) │
двою́родный брат 사촌 형제 │ двою́родная сестра́ 사촌 언니/누나/동생

연습문제 4 주어진 단어를 사용하여 질문에 답해 보세요.

- ка́ждый день (ве́чер), ка́ждое у́тро (воскресе́нье), ка́ждую суббо́ту;
- весь день (ве́чер), всю неде́лю (пя́тницу), всё у́тро (воскресе́нье);
- 10, 15, 20, 30 мину́т, час, 2 часа́, 3 часа́, 4 часа́, 5 часо́в.

❶ Как до́лго вы чита́ли текст?

❷ Как до́лго вы учи́ли слова́?

❸ Как ча́сто вы слу́шаете му́зыку?

❹ Как ча́сто ма́ма гото́вит рис?

❺ Как до́лго ма́ма гото́вит суп?

❻ Как ча́сто вы гото́вите обе́д?

❼ Ско́лько вре́мени вы обы́чно за́втракаете?

❽ Ско́лько вре́мени вы е́дете в университе́т?

연습문제 5 먼저 다음 동사의 뜻과 활용을 암기하세요. 이 동사들의 동사 변화에 관하여는 **별표 9** 을 참조하세요.

- встава́ть 일어나다
- одева́ться 옷을 입다

- умыва́ться 세수하다
- ложи́ться (спать) 잠자리에 들다

단어 по́сле + 생격 ~한 후에(по́сле уро́ка/ле́кции/за́втрака/обе́да/у́жина 수업/강의/아침/점심/저녁 후에)

| пла́вать 수영하다 | бассе́йн 수영장

이제 텍스트를 처음부터 끝까지 들으며 얼마나 이해할 수 있는지 파악해 보고, 이해할 수 없는 부분은 어떤 부분인지 기억해 둔 후, 읽어 보세요. **Track 10-1**

Ми́ша - студе́нт, он у́чится в университе́те, изуча́ет коре́йский язы́к, литерату́ру и культу́ру Коре́и. Утром Ми́ша встаёт в 7 часо́в, умыва́ется, за́втракает, одева́ется и е́дет в университе́т. Ми́ша е́дет снача́ла на метро́, пото́м на авто́бусе. Он е́дет в университе́т 40 мину́т. Заня́тия начина́ются в 9 часо́в. В 2 часа́ Ми́ша обе́дает в студе́нческой столо́вой. По́сле обе́да он идёт в библиоте́ку. Там он занима́ется 2 и́ли 3 часа́. Ве́чером он е́дет домо́й. Ми́ша у́жинает в 7 часо́в, пото́м смо́трит телеви́зор, слу́шает му́зыку, чита́ет кни́ги, газе́ты. Иногда́ Ми́ша чита́ет кни́ги и газе́ты на коре́йском языке́. Он ложи́тся спать в 11 часо́в.

У Ми́ши есть друг Вади́м. Ка́ждый понеде́льник Ми́ша и Вади́м игра́ют в те́ннис, а ка́ждую сре́ду пла́вают в бассе́йне.

---

❶ 위의 글에 관한 질문을 10가지 만들어 함께 수업을 듣는 친구들에게 질문해 보세요.

❷ 위의 글을 여러분의 말로 바꾸어 이야기해 보세요.

❸ 여러분은 하루를 어떻게 보내는지 이야기해 보세요.

ИГРА́ТЬ 동사

▶ 흔히 러시아어의 동사 игра́ть가 한국어 동사 '놀다'와 같다고 생각하는데, 사실상 두 동사의 활용은 많이 다릅니다. 종종 «Что ты де́лал вчера́?»라는 질문에 «Я игра́л.(놀았어.)*»이라고 대답하는 경우가 있는데, 이는 틀린 문장입니다. 러시아어의 동사 игра́ть는 쓰임이 비교적 정확하게 규정되어 있는 동사입니다.

1. 운동을 할 때: игра́ть в + 운동을 지칭하는 명사의 대격

игра́ть в футбо́л, в те́ннис, в баскетбо́л, в волейбо́л, в ша́хматы, в бадминто́н, в бейсбо́л, в гольф 등

주의할 것은 역시 운동을 지칭하는 다음의 명사들은 игра́ть 동사와 결합하지 않는다는 점입니다.

спорт, пла́вание, бег, гимна́стика, борьба́(тхэквандо́, са́мбо, дзюдо́)

이런 명사는 занима́ться 동사와 결합합니다. 두 명사군을 잘 비교해 보면 알 수 있듯이, игра́ть 동사는 어떤 기구를 가지고 하는 운동(공이나 장기말 등)과만 결합합니다.

2. 카드놀이를 하거나 컴퓨터 게임을 할 때

игра́ть в ка́рты, в компью́терную игру́ (в компью́терные и́гры)

3. 악기를 연주할 때: игра́ть на + 악기를 지칭하는 명사의 전치격

игра́ть на гита́ре, на скри́пке, на пиани́но

4. 장난감을 가지고 놀 때: игра́ть с + 장남감을 지칭하는 명사의 조격

игра́ть с ку́клой

연습문제 6 [보기]와 같이 игра́ть 동사를 사용하여 주어진 단어로 문장을 만들어 보세요.

[보기] • Макси́м - те́ннис ▶ Макси́м игра́ет в те́ннис.

❶ Ве́ра - скри́пка ▶ _____

❷ мужчи́ны - футбо́л ▶ _____

❸ ма́льчик - компью́терные и́гры ▶ _____

❹ на́ша кома́нда - бейсбо́л ▶ _____

❺ вы - баскетбо́л(의문문으로) ▶ _____

❻ она́ - пиани́но ▶ _____

다음의 대화를 듣고 따라 해 보세요.

1) `Track 10-2`

- Когда́ (в кото́ром часу́) ты обы́чно встаёшь? 언제(몇 시에) 너는 보통 일어나니?

- Я встаю́ в 7 часо́в. А ты? 나는 7시에 일어나. 너는?

- Я встаю́ в 7 часо́в 30 мину́т. 나는 7시 30분에 일어나.

- На чём ты е́дешь в университе́т? 너는 무엇을 타고 대학교에 가니?

- Я е́ду на авто́бусе. А ты? 나는 버스를 타고 가. 너는?

- Я иду́ пешко́м. 나는 걸어서 가.

- Ско́лько вре́мени ты идёшь? 얼마 동안 걸어가니?

- 15 мину́т. Как до́лго ты е́дешь на авто́бусе? 15분. 너는 버스를 타고 얼마나 가니?

- Я е́ду 20 мину́т. 나는 20분 동안 가.

- Когда́ начина́ются заня́тия в университе́те? 대학에서 수업은 언제 시작하니?

- В 9 часо́в. 9시에.

- Когда́ ты обы́чно обе́даешь? 너는 보통 언제 점심을 먹니?

- Обы́чно я обе́даю в час. 보통 나는 한 시에 점심을 먹어.

- Что ты де́лаешь по́сле обе́да? 너는 점심 후에 무엇을 하니?

- Занима́юсь в библиоте́ке, пото́м игра́ю в баскетбо́л.
  나는 도서관에서 공부를 하고 그러고 나서 농구를 해.

- А что ты обы́чно де́лаешь ве́чером? 저녁에 너는 보통 무엇을 하니?

- Смотрю́ телеви́зор, игра́ю в компью́терные и́гры. А ты?
  TV를 보고 컴퓨터 게임을 해. 너는?

- Я игра́ю в компью́терные и́гры, слу́шаю му́зыку, пишу́ пи́сьма.
  나는 컴퓨터 게임을 하고 음악을 듣고 편지를 써.

- Света, что ты де́лала вчера́? 스베타, 어제 너는 뭐 했어?

- Всё у́тро я была́ до́ма, де́лала ра́зные дома́шние дела́.
  아침 내내 집에 있으면서 여러 가지 집안일을 했어.

- Каки́е? 어떤 일?

- Убира́ла ко́мнату, стира́ла свои́ ве́щи, гото́вила обе́д.
  방을 치우고, 내 물건들을 세탁하고, 점심을 준비했어.

- А что де́лала днём? 그럼 낮에는 뭘 했어?

- Отдыха́ла, слу́шала му́зыку, чита́ла. 쉬고, 음악 듣고, 책을 읽었어.

- Что де́лала ве́чером? 저녁에는 뭘 했어?

- Ходи́ла в кинотеа́тр на но́вый фильм «Мечта́». 새 영화 '꿈'을 보러 영화관에 갔다 왔어.

- Ну и как? Интере́сный фильм? 어땠어? 재미있는 영화니?

- Очень интере́сный. Обяза́тельно посмотри́. 아주 재미있는 영화야. 꼭 봐.

연습문제 7 위의 대화와 비슷한 대화를 만들어 친구들과 연습해 보세요.

연습문제 8 주어진 답을 유도할 수 있는 질문을 만들어 보세요.

❶ - _____ ? - Всё у́тро.

❷ - _____ ? - Ка́ждый день.

❸ - _____ ? - В час.

❹ - _____ ? - Сейча́с 2 часа́.

❺ - _____ ? - 2 часа́.

❻ - _____ ? - Вчера́ в 6 часо́в.

❼ - _____ ? - Ка́ждое воскресе́нье.

❽ - _____ ? - 3 го́да.

세 문장을 더하여 주어진 문장을 시작으로 하는 짧은 텍스트를 만들어 보세요.

❶ У Ю́рия есть двою́родный брат.

_____

_____

_____

❷ Это Ма́ша, а это её соба́ка.

_____

_____

_____

❸ В на́шем университе́те прекра́сная библиоте́ка.

_____

_____

_____

АУДИ́РОВАНИЕ

연습문제 1 대화를 듣고 대화의 내용에 상응하는 답을 고르세요. **Track 10-4**

❶ Андре́й _____.

    a) учи́тель, рабо́тает в шко́ле   b) студе́нт, у́чится в университе́те

    c) преподава́тель, рабо́тает в университе́те

❷ Андре́й зна́ет _____.

    a) хи́мию   b) исто́рию   c) литерату́ру   d) матема́тику

❸ Андре́й игра́ет в _____.

    a) волейбо́л   b) баскетбо́л   c) бадминто́н   d) бейсбо́л

❹ _____.

    a) Обы́чно Андре́й у́жинает до́ма.

    b) Андре́й идёт на стадио́н в 3 часа́.

    c) Андре́й ре́дко смо́трит телеви́зор.

    d) У Андре́я есть друзья́, но нет подру́ги.

연습문제 2 대화를 듣고 이어 대화문에 해당하는 질문을 들으세요. 각각의 질문에 ДА 혹은 НЕТ로 답해 보세요. **Track 10-5**

❶ _____   ❷ _____   ❸ _____

❹ _____   ❺ _____   ❻ _____

러시아 음식 기행 10. 스메타나

러시아 식문화에서 유제품은 아주 중요한 위치를 차지합니다. 스메타나(смета́на)는 러시아인들이 가장 많이 먹는 유제품의 하나로, 맛과 제조법은 국내에서도 판매되는 신 크림(sour cream)과 비슷합니다. 스메타나는 러시아인의 일상과 뗄 수 없는 음식입니다. 식당에서 각종 수프를 주문하면, 반드시 그 위에 하얀 스메타나를 얹어서 줍니다. 우리에게는 참 이상한 음식 배합이지만, 자꾸 먹다 보면 그 맛에 익숙해지게 됩니다. 또 앞서 본 블린을 먹을 때도 스메타나와 함께 먹습니다. 러시아인들은 스메타나 외에도 케피르(кефи́р), 랴젠카(ря́женка), 그리고 각종 요구르트 등의 유제품을 즐겨 먹습니다.

Чита́ть и́ли прочита́ть?

чита́ть를 쓸까요 прочита́ть를 쓸까요?

복 습

필요한 경우 전치사를 더하여 괄호 안에 주어진 단어를 적절한 형태로 바꾸세요.

❶ _____ (Ната́ша) есть _____ (брат).

❷ Ната́ша лю́бит _____ (свой, брат).

❸ _____ (Вади́м Андре́евич) нет _____
(сын и дочь).

❹ _____ (На́ша у́лица) нет _____
(магази́н, апте́ка и по́чта).

❺ Мы игра́ли _____ (бадминто́н) _____ (вся пя́тница).

❻ Юра игра́ет _____ (гита́ра) _____
_____ (ка́ждая суббо́та и ка́ждое воскресе́нье).

❼ - Ско́лько сейча́с _____ (вре́мя)?

- Сейча́с _____ (12, час).

❽ - Когда́ вы бы́ли _____ (музе́й)?

- Мы бы́ли _____ (5, час).

❾ - Как до́лго вы занима́лись _____ (библиоте́ка)?

- Мы занима́лись _____ (2 и́ли 3, час).

ГОВОРИ́ТЕ ПРА́ВИЛЬНО!

A   동사의 상

▶ 이제 러시아어 문법의 가장 핵심적인 요소라 할 러시아어 동사의 상에 관하여 공부하려고 합니다. 지금까지 여러분은 그 사실을 자각하지 못한 채로 주로 동사의 불완료상만을 사용했습니다. 하지만 여러분이 배웠던 수많은 불완료상 동사에는 기본적인 의미는 같지만 시제와 구체적인 활용이 다른 완료상 짝이 있습니다. 예를 들어, 여러분이 잘 알고 있는 불완료상 동사인 **чита́ть** 동사의 완료상 짝은 **прочита́ть**, **изуча́ть** 동사의 완료상 짝은 **изучи́ть**, **говори́ть** 동사의 완료상 짝은 **сказа́ть** 동사입니다. 모든 동사가 불완료상-완료상의 짝을 가지는 것은 아니지만 러시아어 동사의 대다수는 완료상과 불완료상 짝으로 이루어져 있습니다. 불완료상과 완료상이라는 상의 기능을 살피기에 앞서 먼저 불완료상과 완료상 짝의 유형을 살펴봅시다.

▶ **불완료상–완료상 짝의 유형**
불완료상 동사와 완료상 동사의 짝의 유형은 총 7가지인데, 그 중 대표적인 몇 가지를 보도록 합시다.

1. 불완료상에 접두사가 붙어서 완료상을 형성

чита́ть - **про**чита́ть, де́лать - **с**де́лать

2. 접미사가 달라져 완료상을 형성

изуча́ть - изучи́ть, отдыха́ть- отдох**ну́**ть

3. 불완료상과 완료상의 어근이 서로 다르게 형성

говори́ть - сказа́ть, брать - взять

이 세 가지 외의 다양한 불완료상과 완료상 짝의 유형에 관하여는 별표8 을 참조하세요. 별표8 에는 총 일곱 가지의 불완료상-완료상 짝의 유형이 제시되어 있습니다. 또 별표9 에는 초급 단계에서 알아야 하는 주요한 불완료상-완료상 동사의 쌍과 동사 변화가 수록되어 있습니다.

연습문제 1 **별표 8**을 참조하여 주어진 불완료상 동사의 완료상 짝을 써 보세요.

불완료상	완료상	불완료상	완료상
ви́деть		встреча́ть	
идти́		покупа́ть	
слу́шать		расска́зывать	
писа́ть		спра́шивать	
начина́ть		брать	

▶ 물론 모든 동사의 불완료상-완료상 짝을 한 번에 외우는 것은 불가능합니다. 우선은 여러분이 알고 있는 가장 기본적인 동사의 불완료상-완료상 짝을 암기하세요. 아래의 동사는 여러분이 지금 단계에서 반드시 알아야 할 불완료상과 완료상의 짝입니다.

брать - взять 잡다, 선택하다	**встреча́ть - встре́тить** 만나다
говори́ть - сказа́ть 말하다	**гото́вить - приго́товить** 준비하다, 요리하다
де́лать - сде́лать 하다	**звони́ть - позвони́ть** 전화하다
игра́ть - сыгра́ть 놀다, 연주하다, 운동하다	**конча́ть - ко́нчить** 끝내다
начина́ть - нача́ть 시작하다	**обе́дать - пообе́дать** 점심을 먹다
отдыха́ть - отдохну́ть 쉬다	**переводи́ть - перевести́** 번역하다
пока́зывать - показа́ть 보여 주다	**писа́ть - написа́ть** 쓰다
покупа́ть - купи́ть 사다	**расска́зывать - рассказа́ть** 이야기하다
рисова́ть - нарисова́ть 그리다	**слу́шать - послу́шать** 듣다
смотре́ть - посмотре́ть 보다	**спра́шивать - спроси́ть** 질문하다
учи́ть - вы́учить 익히다, 암기하다	**чита́ть - прочита́ть** 읽다

▶ 동사의 불완료상-완료상 짝을 익혔으니 이제 본격적으로 불완료상과 완료상의 기능, 쓰임을 자세하게 살펴보도록 합시다.

▶ **동사의 상과 시제**

러시아어 동사의 상은 시제 표현과 밀접한 관련이 있습니다. 불완료상 동사는 현재, 과거, 미래 시제에 모두 쓰이는 반면, 완료상 동사는 과거와 미래 시제에만 쓰일 수 있습니다. 따라서 어떤 문장을 현재 시제로 말할 경우에는 상의 선택과 관련된 고민을 할 필요는 없겠지요. 지금까지 여러분이 배웠던 문장도 주로 현재 시제 문장이었기 때문에 완료상 없이도 다양한 표현을 할 수 있었던 것입니다. 비록 불완료상으로 쓰이는 것이 명백하다 하더라도 먼저 불완료상 현재 시제의 쓰임을 자세히 살펴보고 이어 완료상과 불완료상 중 상 선택을 해야 하는 과거 시제와 상의 문제를 공부해 보도록 합시다.

▶ 불완료상 현재 시제

현재 시제는 흔히 지금 일어나는 일을 묘사할 때만 사용한다고 생각하기 쉽지만, 우리의 언어 습관을 곰곰히 생각해 보면 그보다 더 다양한 상황에서 현재 시제를 사용하는 것을 알 수 있습니다. 현재 시제로 쓰이는 불완료상 동사의 주된 의미는 다음과 같습니다.

1. 발화 시점에서 일어나고 있는 행위

지금 일어나고 있는 일을 묘사할 때 현재 시제를 사용합니다.

- - Что ты сейча́с де́лаешь? 너는 지금 뭐 하니?
  - Я чита́ю газе́ту. 나는 신문을 읽어.

2. 규칙적으로 일어나는 행위

한국어로도 "요즘 뭐 해?"라고 물으면 "수영 다녀."라고 대답하지요. 그렇게 지금 발화 시점에서 하고 있는 일이 아니더라도 근래에 어떤 빈도로든 하고 있는 일에 대해 이야기할 때 현재 시제를 사용합니다. 이 경우는 주로 обы́чно(보통), всегда́(항상), иногда́(가끔), ча́сто(자주), ре́дко(드물게), никогда́ не(결코 ~하지 않는다) 등의 빈도 부사나, ка́ждый понеде́льник(매 월요일마다), 2 ра́за в неде́лю(일주일에 2번) 등의 부사구와 함께 사용됩니다.

- - Что ты обы́чно де́лаешь в воскресе́нье? 너는 일요일에 보통 무엇을 하니?
  - Чита́ю, гуля́ю, смотрю́ телеви́зор. 읽고, 산책하고, TV를 봐.

┃ 주의하세요! ┃

ДВА РА́ЗА В НЕДЕ́ЛЮ

▶ 우리는 종종 '일주일에 두 번', '1년에 한 번' 등 어떤 기간 안에 어떤 횟수로 어떤 일을 한다는 이야기를 하곤 합니다. 러시아어로는 〈수사 + раз(번) + в + 시간 명사의 대격〉 구문을 사용하여 어떤 기간 동안 몇 회 일어난 일에 대하여 이야기합니다. раз 역시 앞에 오는 수사에 따라 주격, 단수 생격, 복수 생격의 형태로 격변화를 해야 하는데, раз는 주격과 복수 생격형이 같습니다.

раз

два ра́за, три ра́за, четы́ре ра́за   + в день, в ме́сяц, в год, в неде́лю
пять раз, шесть раз, семь раз

- Я рабо́таю в э́том кафе́ три ра́за в неде́лю. 나는 이 카페에서 일주일에 세 번 일한다.

3. 과거로부터 시작하여 현재까지 지속되는 행위

과거로부터 시작하여 현재까지 이어지는 행위를 표현할 때 영어에서는 현재 완료를 쓰지만 러시아어로는 이 역시 현재 시제로 표현합니다. 이 경우는 주로 '얼마 동안(как до́лго?)'이라는 질문의 답이 될 수 있는 단어나 표현과 함께 사용됩니다. 예를 들어, до́лго(오랫동안), недо́лго(잠시 동안), весь день(하루 종일), весь ве́чер(저녁 내내), весь понеде́льник(월요일 내내), всю неде́лю(일주일 내내), всю суббо́ту(토요일 내내), всё у́тро(아침 내내), всё воскресе́нье(일요일 내내), все кани́кулы(방학 내내), 2 часа́(두 시간 동안), 3 ме́сяца(석달 동안), 5 лет(오 년 동안) 같은 시간 부사(구)와 함께 사용되지요.

- Я де́лаю дома́шнее зада́ние 2 часа́. 나는 두 시간 째 숙제를 하고 있어.
- Брат смо́трит телеви́зор весь ве́чер. 오빠는 저녁 내내 TV를 보고 있어.
- Мы живём в Москве́ 10 лет. 우리는 모스크바에서 10년째 살고 있어.

연습문제 2 의미상 빈칸에 들어갈 적절한 동사를 골라 현재형으로 쓰세요.

гуля́ть, изуча́ть, отдыха́ть, жить, игра́ть, покупа́ть, обе́дать

❶ Обы́чно студе́нты _____ в 2 часа́.

❷ Сейча́с де́ти _____ в па́рке.

❸ На́ша семья́ _____ в Сеу́ле 3 го́да.

❹ Сейча́с роди́тели _____ на Байка́ле.

❺ Мин Хо _____ ру́сский язы́к 2 го́да.

❻ Ма́льчики _____ в баскетбо́л весь день.

❼ Ба́бушка _____ молоко́ ка́ждое у́тро.

❽ Брат _____ в те́ннис 3 ра́за в неде́лю.

▶ **불완료상/완료상 과거 시제**

이번에는 완료상과 불완료상 중 상 선택을 해야 하는 과거 시제와 상의 문제를 살펴봅시다. 먼저 불완료상의 가장 기본적인 의미 자질은 '반복'과 '지속/진행'입니다. 어떤 일이 드물게라도 반복적으로 일어났다면 불완료상을 사용해야 하고, 또 한 시간이라 할 지라도 어떤 시간 동안 지속된 일이라면 불완료상을 씁니다. 반면 완료상의 가장 기본적인 의미 자질은 '완료'와 '일회성'입니다. 따라서 어떤 일이 과거에 한 번 있었다면 많은 경우 완료상을 사용하게 됩니다. 과거 시제로 쓰이는 불완료상/완료상 동사의 주된 의미를 정리해 보면 다음과 같습니다.

1. 과거에 반복적으로 일어난 일을 묘사할 경우에는 불완료상을 사용합니다.

- Ра́ньше мы ча́сто игра́ли в футбо́л, а тепе́рь ре́дко игра́ем.
  전에 우리는 자주 축구를 했지만, 이제는 드물게 한다.
- В де́тстве Са́ша ка́ждый день чита́л кни́ги. 어린 시절에 사샤는 매일 책을 읽었다.

반면 과거에 한 번 있었던 일을 묘사할 때는 완료상을 사용합니다.

- Обы́чно я покупа́ю газе́ту «Но́вости», но вчера́ купи́л «Сеу́льский ве́стник». 보통 나는 '뉴스' 신문을 사곤 하는데, 어제는 '서울통보'를 샀다.

연습문제 3 괄호 안에 주어진 동사 중 적절한 상의 동사를 골라 빈칸에 과거형으로 넣으세요.

(чита́ть – прочита́ть)

❶ Ра́ньше я ка́ждое у́тро _____ газе́ты, а тепе́рь не чита́ю.

❷ Вчера́ студе́нты _____ текст о Москве́.

❸ В де́тстве Анто́н и Ве́ра о́чень ча́сто _____ ска́зки.

❹ Сестра́ _____ ру́сскую ска́зку «Лиса́ и волк», это о́чень интере́сная ска́зка.

(покупа́ть – купи́ть)

❺ В про́шлом году́ мы ка́ждый день _____ газе́ты, но тепе́рь не покупа́ем.

❻ Вчера́ Ве́ра _____ на ры́нке ры́бу и о́вощи.

단어 ска́зка 동화 | лиса́ 여우 | волк 늑대 | ры́нок 시장

2. 과거에 일정 기간 동안 일어났던 일을 묘사할 때는 불완료상을 사용합니다. 불완료상의 주요 의미 자질인 '지속'을 표현하는 경우이기 때문입니다.

- Вчера́ я весь день чита́л интере́сную кни́гу.
  어제 나는 하루 종일 재미있는 책을 읽었다.
- Роди́тели 5 лет жи́ли в Сувóне, а тепéрь они́ живу́т в Сеýле.
  부모님은 5년 간 수원에 사셨었고, 지금은 서울에 사신다.

3. 완료상은 과거에 완료된 일이나 과거에 완료된 행위의 결과를 이야기할 때 사용합니다. 이 경우 다음과 같은 표지들이 자주 사용됩니다.

1) ужé

'이미', '벌써'라는 부사가 사용되면 '이미 ~을 다 했다'는 의미를 전하게 됩니다.

- Я ужé прочита́л кни́гу. 나는 벌써 그 책을 다 읽었다.

2) весь + 시간 명사를 제외한 일반 명사

여러분이 이미 배운 것처럼 〈весь + 시간 명사〉가 오면 '시간 명사 내내'라는 뜻이 되어 지속을 표현하게 되며 불완료상과 결합합니다. 하지만 시간 명사를 제외한 일반 명사가 오게 될 경우는 종종 해당 명사 '전부를 ~했다'는 뜻을 지니며 완료상의 의미 자질인 '완료'를 표현하게 되어 완료상과 결합하게 됩니다.

- Мы посмотре́ли весь фильм.
  우리는 영화를 다 보았다. (직역: 우리는 모든 영화를 다 보았다.)
- Я прочита́л всю кни́гу.
  나는 책을 다 읽었다. (직역: 우리는 모든 책을 다 읽었다.)
- Са́ша сде́лал всё дома́шнее зада́ние.
  사샤는 숙제를 다했다. (직역: 사샤는 모든 숙제를 다했다.)
- Студе́нт вы́учил все но́вые слова́.
  학생은 새 단어들을 전부 다 외웠다. (직역: 학생들은 모든 새 단어들을 다 외웠다.)

3) всё + 동사

всё는 중성 형용사로 명사를 수식하기도 하지만(всё лéто), 그 자체가 명사화되어 '모든 것'이라는 뜻을 지니기도 합니다. '모든 것'을 뜻하게 될 때는 '모든 것'을 다했다는 완료의 의미를 지니게 되어 완료상과 결합하게 됩니다.

- Я всё сде́лал. 나는 전부 다했다.
- Ба́бушка всё купи́ла. 할머니는 전부 다 사셨다.

4) 행위의 결과가 문제되는 경우

행위의 결과물에 관한 이야기를 나눌 때는 완료상을 사용합니다. 예를 들어 아래의 예문은 이미 구매한 사전, 즉 행위의 결과를 눈앞에 두고 나누는 이야기이기 때문에 완료상을 사용합니다.

- Где ты купи́л э́тот слова́рь? 이 사전을 너는 어디서 샀니?

┃ 주의하세요! ┃

ВЧЕРА́ Я ПОСМОТРЕ́Л ИНТЕРЕ́СНЫЙ ФИЛЬМ. / ВЧЕРА́ Я СМОТРЕ́Л ИНТЕРЕ́СНЫЙ ФИЛЬМ.

▶ 러시아어의 상은 매우 방대하고 흥미로운 문법 범주입니다. 이 책의 1권에서 우리는 상과 관련된 러시아어 문법의 가장 기본적인 사항만을 배웁니다. 상에 관하여는 이 책의 2권에서 보다 본격적으로 살펴보려 합니다. 한 가지 여러분이 미리 알아 두면 좋을 러시아어 상 사용에 관하여 살펴봅시다.

▶ 앞서 익힌 대로 과거에 한 번 일어난 일에 관하여는 완료상 동사를 사용하여 말하지만 몇몇 동사의 경우, 주로 일상생활에서 사용 빈도수가 아주 높은 동사, 예를 들어 смотре́ть, слу́шать, чита́ть, за́втракать, обе́дать, у́жинать 같은 동사의 경우는 한 번 있었던 일에 관하여서도 불완료상으로 이야기합니다. 즉 완료상과 불완료상의 사용이 다 가능합니다.

- Вчера́ я посмотре́л интере́сный фильм. / Вчера́ я смотре́л интере́сный фильм.
- В суббо́ту на́ша семья́ пообе́дала в но́вом рестора́не. / В суббо́ту на́ша семья́ обе́дала в но́вом рестора́не.

▶ 하지만 모든 동사가 이렇게 사용되는 것이 아니고, 사용 빈도 수가 높다고 하여 전부 이 경우에 해당되는 것도 아니기 때문에(예를 들어 покупа́ть 동사의 경우는 사용 빈도수가 매우 높은 동사이지만 절대 과거에 한 번 있었던 일을 묘사할 때 사용하지 않습니다) 확신이 없을 경우는 한 번 완료된 일에 관하여는 완료상을 쓰는 것이 실수를 방지할 수 있는 방법입니다.

연습문제 4 괄호 안의 동사 중 적절한 것을 골라 과거형으로 쓰세요.

(писа́ть – написа́ть)

❶ Алёша всё у́тро _____ пи́сьма.

❷ Он _____ все пи́сьма.

❸ Вы ужé _____ упражнéние?

❹ Рáньше Сóня всегдá _____ óчень красиво.

❺ Дéвочка óчень хорошó, аккурáтно _____ упражнéние.

(есть – съесть)

❻ Утром дéти дóлго _____ зáвтрак.

❼ Волóдя ужé _____ суп.

❽ Марина тóже всё _____.

❾ В дéтстве Антóн никогдá не _____ рыбу.

4. 같은 질문이지만 완료상을 사용하느냐, 불완료상을 사용하느냐에 따라 의미가 달라지는 경우도 있습니다.

- - Что вы дéлали вчерá?
  - Читáл книгу, смотрéл фильм.

- - Что вы сдéлали вчерá?
  - Прочитáл текст, написáл словá.

여러분이 과거 시제를 배운 후에 가장 많이 했던 질문의 하나는 «Что вы дéлали вчерá?»입니다. 그리고 그 질문에 대해 여러분은 아무 의심 없이 «Я слýшала мýзыку.», «Я читáла ромáн.» 등의 불완료상으로 답했습니다. 여러분은 반복적으로 음악을 들었거나, 지속적으로 소설을 읽었다는 맥락 없이 불완료상을 사용했습니다. 그러면 여러분은 그동안 틀린 문장을 말했던 것일까요? 그렇지 않습니다. 여러분은 여러분도 모르는 사이에 불완료상의 일반 사실적 의미를 사용하여 답했습니다. 불완료상의 일반 사실적 의미는 무엇일까요? 질문자의 관심이 행위의 결과에 있지 않고, 어떤 사실이 있었는지 아닌지에만 관심이 있다면 그 질문에는 불완료상으로 답해야 합니다. 이것이 어떤 사실이 있었다는 것만 알려 주는 불완료상의 일반 사실적 의미입니다.

«Что вы дéлали вчерá?»로 묻느냐, «Что вы сдéлали вчерá?»로 묻느냐에 따라 화자의 관심사를 달리 표현할 수 있습니다. 불완료상을 사용한 질문은 화자의 관심이 행위의 결과가 아니라 과정, 혹은 행위가 있었다는 사실을 향해 있다는 것을 보여 줍니다. 반면, 완료상 동사를 사용한 질문은 질문자가 행위의 결과에 관심이 있다는 것을 보여 줍니다. 이러한 질문에 답할 때는 질문의 상과 일치되는 상을 사용해야 합니다.

연습문제 5 괄호 안의 동사 중 적절한 동사를 골라 적절한 형태로 써 넣으세요.

(учи́ть – вы́учить)

❶ - Что ты де́лал вчера́?

    - Я _____ но́вые слова́.

❷ - Что вы сде́лали вчера́?

    - Я _____ но́вые слова́.

(чита́ть – прочита́ть)

❸ - Что вы де́лали у́тром на уро́ке?

    - Мы _____ интере́сный текст.

❹ - Же́ня, что ты сде́лал до́ма?

    - Я _____ текст о Росси́и.

5. 동시에 일어나는 두 가지, 혹은 그 이상의 행위를 묘사할 때는 불완료상 동사를 사용(단문, 복문 모두에 적용)합니다.

- Брат обе́дал и смотре́л телеви́зор. 형은 점심을 먹으면서 TV를 보았다.
- Когда́ брат обе́дал, он смотре́л телеви́зор. 형은 점심을 먹을 때, TV를 보았다.
- Когда́ брат обе́дал, сестра́ смотре́ла телеви́зор.
  형이 점심을 먹을 때, 누나는 TV를 보았다.

첫 번째 문장과 같은 и의 쓰임은 한국어를 모국어로 사용하는 화자에게는 낯선 활용입니다. 이 문장을 보면 우리는 «점심도 먹고 TV를 보았다»고 해석하고 싶습니다. 그러나 불완료상 동사가 и라는 접속사로 연결되어 있을 때 이는 '~하면서'로 해석되어야 하고 동시 동작을 의미합니다.

완료상 동사는 순차적으로 일어나는 두 가지, 혹은 그 이상의 행위를 묘사할 때 사용합니다.

- Брат пообе́дал и пошёл в кино́.
  형은 점심을 다 먹고 영화관으로 갔다.
- Когда́ брат пообе́дал, он пошёл в кино́.
  형이 점심을 다 먹었을 때, 그는 영화관으로 갔다.

- Снача́ла брат пообе́дал, пото́м пошёл в кино́.
  형은 먼저 점심을 먹고, 그 후에 영화관으로 갔다.
- Когда́ брат пообе́дал, ма́ма пошла́ на по́чту.
  형이 점심을 다 먹었을 때, 엄마는 우체국으로 갔다.

연습문제 6 괄호 안의 동사 중 적절한 것을 골라 과거형으로 쓰고 해석해 보세요.

(гуля́ть – погуля́ть)

❶ Когда́ де́ти _____ в па́рке, они́ е́ли моро́женое.

❷ Когда́ де́ти _____ в па́рке, они́ пообе́дали.

(идти́ – пойти́)

❸ Когда́ Макси́м _____ в университе́т, он ду́мал об экза́мене.

❹ Когда́ Анна написа́ла письмо́, она́ _____ на стадио́н.

(гото́вить – пригото́вить)

❺ Снача́ла ма́ма купи́ла о́вощи, пото́м _____ обе́д.

❻ Когда́ ма́ма _____ обе́д, па́па чита́л газе́ту.

(де́лать – сде́лать)

❼ Вчера́ весь ве́чер сестра́ _____ дома́шнее зада́ние.

❽ Она́ _____ дома́шнее зада́ние и пошла́ в кино́.

❾ - Что ты _____ вчера́?

  - Я отдыха́л, чита́л, писа́л пи́сьма.

❿ - Де́ти, что вы _____ до́ма?

  - Мы написа́ли упражне́ние и вы́учили стихи́.

⓫ - Макси́м, ты всё _____?

  - Да, ма́ма, я _____ все упражне́ния.

(рисова́ть – нарисова́ть)

⓬ - Ве́ра, ты уже́ _____ цветы́?

   - Да, _____ .

⓭ Когда́ Лари́са _____ , ма́ма и па́па смотре́ли телеви́зор.

⓮ Когда́ Лари́са _____ карти́ну, она́ пошла́ в библиоте́ку.

⓯ Сын _____ э́тот самолёт 30 мину́т.

⓰ Вот о́чень краси́вая карти́на. Эту карти́ну _____ Оле́г.

⓱ - Кто _____ тако́й краси́вый дом?

   - Этот дом _____ мой брат Макси́м.

⓲ Учи́тель сказа́л, что Ви́ктор хорошо́ _____ парохо́д.

단어 моро́женое 아이스크림 | вы́учить 암기하다, 외우다 | цветы́ 꽃 | карти́на 그림 | самолёт
비행기 | карти́на 그림

연습문제 7 문맥에 따라 주어진 불완료상 동사의 시제를 결정한 후 적절한 형태로 넣으세요.

❶ обе́дать

▶ Вади́м обы́чно _____ до́ма. А ра́ньше он всегда́ _____
в кафе́. Когда́ я учи́лся в университе́те, я ча́сто _____ в
студе́нческой столо́вой. На́ша семья́ обы́чно _____ в час.

❷ игра́ть

▶ Студе́нты ка́ждый день _____ в баскетбо́л. В де́тстве Ле́на о́чень
хорошо́ _____ на пиани́но, но тепе́рь пло́хо _____ .

❸ жить

▶ Сейча́с мы живём в Москве́, мы _____ в Москве́ 2 го́да. А ра́ньше
мы 5 лет _____ в Петербу́рге.

❹ изуча́ть

▸ Когда́ я учи́лся в шко́ле, я 4 го́да _____ англи́йский язы́к. Тепе́рь я учу́сь в университе́те, изуча́ю ру́сский язы́к, я _____ его́ 3 го́да.

❺ занима́ться

▸ Сейча́с Оле́г занима́ется, он _____ весь день. Вчера́ он то́же _____ весь день.

❻ игра́ть

▸ Сейча́с де́ти игра́ют в баскетбо́л, они́ _____ час. Вчера́ они́ _____ 2 часа́.

⊩ 주의하세요! ⊩

Я ЖИВУ́ В СЕУ́ЛЕ 2 ГО́ДА

▸ 과거로부터 현재까지 지속되는 행위는 현재 시제로 표현합니다. 그런데 한국 학생들이 한국어 어법을 그대로 러시아어로 옮겨 오며 종종 범하게 되는 실수가 있습니다. 한국어로는 현재 서울에 살고 있는 사람에게도 "너 서울에 몇 년 살았어?"라고 묻습니다. 현재도 서울에 살고 있지만 과거 시제로 묻는 셈이지요. 그런데 이를 러시아어로 그대로 옮겨 «Ско́лько лет ты жил в Сеу́ле?»라고 물으면 이 말은 그 자체로 상대가 서울에 살지 않는다는 사실을 포함하며 지금이 아닌 과거에 몇 년 간 살았었는지를 묻는 말이 됩니다. 한국어 어법을 그대로 러시아어로 옮겨 오며 범하게 되는 실수이니 주의해서 사용해야 합니다.

• Я чита́ю кни́гу 2 часа́. (두 시간 전부터 시작하여 지금도 책을 읽고 있는 경우)

  Я чита́л кни́гу 2 часа́. (과거에 읽었고 지금은 읽고 있지 않는 경우)

• На́ша семья́ живёт в Сеу́ле 5 лет. (현재 서울에 거주하는 경우)

  На́ша семья́ жила́ в Сеу́ле 5 лет. (현재 서울에 거주하지 않는 경우)

ДАВА́ЙТЕ ПОГОВОРИ́М!

연습문제 1 주어진 문장을 읽고, 형용사를 더하여 말해 보세요.

> 보기   • Мы бы́ли в кафе́. ▶ Мы бы́ли в уютном кафе́.

❶ У Со́ни есть брат.

❷ В магази́не есть оде́жда?

❸ Мы идём на бале́т.

❹ Я ви́жу бра́та.

❺ Ма́ма купи́ла о́вощи и фру́кты.

❻ Я изуча́ю литерату́ру.

❼ Студе́нты говоря́т о преподава́теле.

단어   уютный 안락한 │ оде́жда 의복

연습문제 2 чита́ть, гуля́ть, игра́ть, смотре́ть, слушать, отдыха́ть 등의 동사를 사용하여 다음의 질문에 답해 보세요.

❶ Что вы обы́чно де́лаете днём?

❷ Что вы обы́чно де́лаете ве́чером?

❸ Что вы де́лаете ка́ждый день?

❹ Что вы обы́чно де́лаете в суббо́ту? А в воскресе́нье?

❺ Что вы де́лаете ре́дко?

❻ Что вы де́лаете ча́сто?

주어진 단어들을 사용하여 [보기] 와 같이 짧은 대화를 만들어 보세요.

> [보기]
> • слу́шать му́зыку - (ка́ждый, ве́чер)
> Студе́нт 1: Как ча́сто ты слу́шаешь му́зыку?
> Студе́нт 2: Я слу́шаю му́зыку ка́ждый ве́чер.

❶ покупа́ть фру́кты - (ка́ждый, у́тро)

❷ есть рис - (ка́ждый, день)

❸ смотре́ть фи́льмы в кинотеа́тре - (ка́ждый, суббо́та)

❹ отдыха́ть на ю́ге - (ка́ждый, ле́то)

❺ игра́ть в баскетбо́л - (ка́ждый, среда́)

❻ игра́ть в компью́терные и́гры - (ка́ждый, воскресе́нье)

연습문제 4 주어진 단어들을 사용하여 [보기] 와 같이 «Как до́лго...?»라는 질문에 답해 보세요.

> [보기]
> • смотре́ть телеви́зор - 2 часа́
> Студе́нт 1: Как до́лго ты смо́тришь телеви́зор?
> Студе́нт 2: Я смотрю́ телеви́зор 2 часа́.

❶ расска́зывать о ру́сской культу́ре - весь уро́к

❷ пока́зывать фотогра́фии - час

❸ жить в Росси́и - год

❹ рабо́тать в фи́рме - 5 лет

❺ изуча́ть япо́нский язы́к - 3 го́да

❻ игра́ть в те́ннис - весь ве́чер

보기와 같이 문장을 바꾸어 보세요.

> 보기   • Ве́ра ча́сто чита́ет кни́ги. (Ра́ньше ~)
> ▶ Ра́ньше она́ то́же ча́сто чита́ла кни́ги.

❶ Юра ча́сто игра́ет в те́ннис.

▶ В де́тстве _____

❷ Серге́й ка́ждый день занима́ется в библиоте́ке.

▶ Ра́ньше _____

❸ Юля ре́дко чита́ет газе́ты.

▶ Когда́ Юля учи́лась в шко́ле, _____

❹ Оте́ц никогда́ не отдыха́ет.

▶ В про́шлом году́ _____

❺ Брат мно́го ку́рит.

▶ Когда́ брат учи́лся в университе́те, _____

단어

ку́рить 담배를 피우다

보기와 같이 문장을 마무리해 보세요.

> 보기   • Обы́чно ма́ма покупа́ет молоко́, но вчера́ ~
> ▶ Обы́чно ма́ма покупа́ет молоко́, но вчера́ купи́ла йо́гурт.

❶ Обы́чно я за́втракаю в 7 часо́в, но сего́дня у́тром _____

❷ Обы́чно де́ти игра́ют в футбо́л, но вчера́ _____

❸ Обы́чно профе́ссор говори́т: «Здра́вствуйте!», но сего́дня у́тром _____

❹ Обы́чно я ложу́сь спать в 11 часо́в, но вчера́ _____

❺ Обы́чно Ира встаёт в 7 часо́в, а сего́дня _____

연습문제 7 보기 와 같이 질문에 답해 보세요.

> 보기
> - Почему́ ты не чита́ешь текст?
> - Потому́ что я уже́ прочита́ла его́.

❶ - Почему́ вы не у́чите но́вые слова́?

- _____

❷ - Почему́ де́ти не де́лают упражне́ние?

- _____

❸ - Почему́ ты не звони́шь домо́й?

- _____

❹ - Почему́ Све́та не пи́шет письмо́?

- _____

❺ - Почему́ Оле́г не расска́зывает о Петербу́рге?

- _____

❻ - Почему́ вы не гото́вите у́жин?

- _____

연습문제 8 시제와 상에 유의하면서 보기 와 같이 문장을 완성하세요.

A)

> 보기
> • Обы́чно когда́ я обе́даю, ~
> ▶ Обы́чно когда́ я обе́даю, я смотрю́ телеви́зор.

❶ Обы́чно когда́ я иду́ в университе́т, _____

❷ Обы́чно когда́ я де́лаю дома́шнее зада́ние, _____

❸ Когда́ я е́ду на авто́бусе, _____

❹ Когда́ мы гуля́ем в па́рке, _____

Б)

> 보기   · Вчера́ когда́ я обе́дал, ~
>
>   ▸ Вчера́ когда́ я обе́дал, <u>я смотре́л телеви́зор.</u>

❶ Когда́ я писа́л упражне́ние, _____

❷ Когда́ я е́хал на метро́, _____

❸ Ле́том когда́ мы отдыха́ли на мо́ре, _____

❹ Утром когда́ я шёл в университе́т, _____

В)

> 보기   · Вчера́ когда́ я пообе́дал, ~
>
>   ▸ Вчера́ когда́ я пообе́дал, <u>я прочита́л газе́ту.</u>

❶ Когда́ я погуля́л, _____

❷ Когда́ брат написа́л письмо́, _____

❸ Когда́ ма́ма пригото́вила обе́д, _____

❹ Когда́ семья́ поза́втракала, _____

단어   почему́ 왜 | потому́ что 왜냐하면

다음의 대화를 듣고 따라 해 보세요.

1) 적절한 동사를 골라 빈칸에 알맞은 형태로 넣으세요. `Track 11-1`

> учи́ть – вы́учить
>
> Оле́г: Что ты де́лала вчера́?
>
> Анна: Я _____ но́вые слова́.
>
> Оле́г: Ты до́лго _____ слова́?
>
> Анна: Нет, я _____ слова́ час.
>
> Оле́г: Ты все слова́ _____?
>
> Анна: Да. Я _____ все слова́.
>
> Оле́г: Что де́лал мла́дший брат, когда́ ты _____ слова́.
>
> Анна: Он _____ стихи́. Когда́ он _____ стихи́, мы пошли́ в кино́.
>
> 정답 учи́ла, учи́ла, учи́ла, вы́учила, вы́учила, учи́ла, учи́л, вы́учил

2) `Track 11-2`

> - Здра́вствуй, Пе́тя! 안녕, 페챠!
>
> - Приве́т, Аня, куда́ ты идёшь? 안녕, 아냐. 너 어디 가니?
>
> - Домо́й. 집에 가.
>
> - А где ты была́? 어디 갔었는데?
>
> - В библиоте́ке. 도서관에.
>
> - Что ты там де́лала? 거기서 뭐 했는데?
>
> - Чита́ла и переводи́ла текст, учи́ла но́вые слова́. А ты перевёл текст?
>   텍스트 읽고 번역하고 새 단어들을 공부했어. 너는 번역 다했어?
>
> - Да, уже́ перевёл. 응, 벌써 다했어.
>
> - А слова́ вы́учил? 단어는 다 외웠어?
>
> - Я учи́л их час, но не вы́учил. Очень тру́дные слова́.
>   한 시간 동안 외웠지만 다 외우지는 못했어. 아주 어려운 단어들이야.
>
> - Да, тру́дные. Я то́же до́лго учи́ла их. 그래, 어려운 단어들이야. 나도 오랫동안 암기했어.

연습문제 9 주어진 문장을 간접인용문으로 바꾸어 보세요. 밑줄 친 부분이 있는 경우는 그 부분이 질문의 핵심이 된다고 생각하고 간접인용문으로 바꾸어 보세요.

① Ди́ма сказа́л: «Я уже́ прочита́л газе́ту».

▶ _____

② Оте́ц спроси́л сы́на: «Что ты сейча́с де́лаешь?»

▶ _____

③ Ви́ктор сказа́л: «Вчера́ я весь день занима́лся в библиоте́ке».

▶ _____

④ Ве́ра спроси́ла Олю: «У тебя́ есть ли́шняя ру́чка?»

▶ _____

⑤ Оле́г спроси́л Ната́шу: «Ты лю́бишь танцева́ть?»

▶ _____

⑥ Я спроси́л дру́га: «Что ты обы́чно де́лаешь ве́чером?»

▶ _____

연습문제 10 [대화 1]을 다시 한 번 읽고 이를 간접인용문을 사용한 텍스트로 바꾸어 보세요.

연습문제 11 주어진 답을 유도할 수 있는 질문을 해보세요.

① - _____? - Весь день.

② - _____? - Ка́ждую суббо́ту.

③ - _____? - В 8 часо́в.

④ - _____? - Час.

⑤ - _____? - Смотре́ла телеви́зор, отдыха́ла.

❻ - _____ ?

- Он ужé пообéдал.

❼ - _____ ?

- Да, онá хорошó написáла.

❽ - _____ ?

- Вчерá на урóке мы читáли и переводи́ли текст.

❾ - _____ ?

- Дóма я прочитáл и перевёл текст.

연습문제 12 주어진 문장을 시작으로 세 문장을 더하여 짧은 텍스트를 만들어 보세요.

❶ Ви́ктор дóлго читáл кни́гу.

_____

_____

_____

❷ Сейчáс мои́ роди́тели живýт в Пусáне.

_____

_____

_____

❸ Вчерá я встрéтила Игоря.

_____

_____

_____

АУДИ́РОВАНИЕ

연습문제 1 대화를 듣고 빈칸에 들어갈 적절한 답을 고르세요. **Track 11-3**

❶ В суббо́ту и воскресе́нье Со́ня не _____ .

     a) отдыха́ла   b) писа́ла пи́сьма

     c) убира́ла ко́мнату   d) гото́вила за́втрак

❷ В воскресе́нье Со́ня весь ве́чер _____ .

     a) гуля́ла   b) смотре́ла телеви́зор

     c) де́лала дома́шнее зада́ние

❸ Оле́г игра́л в бадминто́н _____ .

     a) у́тром   b) днём   c) ве́чером

❹ Оле́г отдыха́л на мо́ре _____ .

     a) 2 часа́   b) 3 часа́   c) 6 часо́в   d) весь день

❺ 대화의 내용과 맞지 않는 답을 고르세요.

     Со́ня _____ .

     a) де́лала дома́шние дела́ всю суббо́ту

     b) начала́ де́лать дома́шние дела́ у́тром

     c) ко́нчила де́лать дома́шние дела́ днём

     d) не де́лала дома́шние дела́ в воскресе́нье

연습문제 2 대화를 듣고 이어 주어진 대화문에 대한 질문을 들으세요. 각각의 질문에 ДА 혹은 НЕТ로 답해 보세요. **Track 11-4**

❶ _____   **❷** _____   **❸** _____   **❹** _____

❺ _____   **❻** _____   **❼** _____

~RUSSIA 러시아 음식 기행 11. 콤포트

러시아의 식당에 가면 분홍빛이나 노란빛을 띠는 맑은 물에 과일이나 열매가 가라앉아 있는 콤포트(компо́т)를 파는 것을 볼 수 있습니다. 예로부터 러시아인은 종종 사과나 배처럼 큰 과일은 얇게 자르고, 포도나 살구, 자두 같이 작은 과일은 그대로 태양 빛에 말리곤 했습니다. 이렇게 말린 과일은 보존 기간이 아주 길어 자루에 넣어 건조한 곳에 보관하였지요. 콤포트는 이렇게 말린 과일을 끓여 만든 음료입니다.

부록

연습문제 정답

단어장

[별표 1] -ь으로 끝나는 남성 명사와 여성 명사

▶ 남성 명사

автомоби́ль 자동차 / го́спиталь 병원 / гость 손님 / день 낮, 날 / дождь 비 / зверь 짐승 / календа́рь 달력 / ка́мень 돌 / карто́фель 감자 / ко́рень 뿌리 / медве́дь 곰 / нуль(ноль) 0 / ого́нь 불 / портфе́ль 서류가방 / путь 길 / роя́ль 피아노 / рубль 루블 / слова́рь 사전 / спекта́кль 연극 / фестива́ль 축제 / фона́рь 가로등

＊ 달(月)의 명칭

1월	2월	4월	6월	7월	9월	10월	11월	12월
янва́рь	февра́ль	апре́ль	ию́нь	ию́ль	сентя́брь	октя́брь	ноя́брь	дека́брь

▶ 여성 명사

боле́знь 병 / боль 고통 / власть 권력 / грудь 가슴 / дверь 문 / жизнь 삶 / крова́ть 침대 / кровь 피 / ло́шадь 말 / любо́вь 사랑 / мать 어머니 / ме́бель 가구 / морко́вь 당근 / мысль 생각 / о́бувь 신발 / о́сень 가을 / па́мять 기억 / по́весть 중편소설 / пло́щадь 광장 / роль 역할 / смерть 죽음 / соль 소금 / тетра́дь 공책 / цель 목표 / часть 부분 /

＊ жь, шь, чь, щь로 끝나는 명사

вещь 물건 / дочь 딸 / молодёжь 젊은이 / ночь 밤 / по́мощь 도움

[별표 2] 의문사의 격변화표

주격	생격	여격	대격	조격	전치격
кто?	кого́?	кому́?	кого́?	кем?	(о) ком?
что?	чего́?	чему́?	что?	чем?	(о) чём?

[별표 3] 상시 단수 명사와 상시 복수 명사

1. 상시 단수 명사

① 물질 – зо́лото 금, серебро́ 은, желе́зо 철, у́голь 석탄, нефть 석유

② 음식 – мя́со 고기, ры́ба 생선, сыр 치즈, ма́сло 기름, са́хар 설탕, соль 소금, хлеб 빵, колбаса́ 살라미, рис 쌀

③ 음료 – вода́ 물, сок 주스, молоко́ 우유, вино́ 포도주, пи́во 맥주

④ 야채 – карто́фель 감자, лук 양파, морко́вь 당근, капу́ста 양배추, чесно́к 마늘, горо́х 완두콩, свёкла 비트

⑤ 과일, 열매 – виногра́д 포도, клубни́ка 딸기, мали́на 산딸기

⑥ 운동 – баскетбо́л 농구, футбо́л 축구, те́ннис 테니스

⑦ 행위 명사 – убо́рка 청소, пла́вание 수영, чте́ние 독서, учёба 학업, рисова́ние 그림 그리기

⑧ 집합 명사 – молодёжь 젊은이, интеллиге́нция 인텔리겐치아, крестья́нство 농민, челове́чество 인류, посу́да 식기, оде́жда 의복, о́бувь 신발

⑨ 추상 명사 – внима́ние 주의, добро́(доброта́) 선(善), де́тство 유년 시절, ю́ность 청춘, мо́лодость 젊음, ста́рость 노년, любо́вь 사랑, по́мощь 도움, сла́ва 명예, го́лод 기아, темнота́ 비좁음, шум 소음

2. 상시 복수 명사

но́жницы 가위 / очки́ 안경 / брю́ки 바지 / консе́рвы 통조림 식품 / весы́ 저울 / духи́ 향수 / де́ньги 돈 / су́тки 1주야, 24시간 / часы́ 시계 / ша́хматы 서양 장기 / воро́та 대문

[별표 4] 전치사 В를 취하는 명사 vs. 전치사 НА를 취하는 명사

B		НА	
апте́ка 약국	банк 은행	вокза́л 역	заво́д 공장
бассе́йн 수영장	библиоте́ка 도서관	по́чта 우체국	ры́нок 시장
больни́ца 병원	гости́ница 호텔	стадио́н 운동장	фа́брика 공장
институ́т 연구소	кафе́ 카페	рабо́та 직장	ро́дина 조국
магази́н 가게	музе́й 박물관	факульте́т 단과대학	уро́к 수업
общежи́тие 기숙사	о́фис 사무실	заня́тие 수업	ле́кция 강의
парк 공원	поликли́ника 병원	экза́мен 시험	бале́т 발레
рестора́н 레스토랑	санато́рий 요양원	конце́рт 콘서트	о́пера 오페라
теа́тр 극장	университе́т 대학	спекта́кль 공연	вы́ставка 전시회
фи́рма 회사	центр 시내	экску́рсия 견학	собра́ние 모임
цирк 서커스	шко́ла 학교	пло́щадь 광장	

[별표 5] 장소 표현에서 제2 전치격 - y를 취하는 명사

주격	장소 전치격	주격	장소 전치격
сад 정원	в саду́	аэропо́рт 공항	в аэропорту́
лес 숲	в лесу́	бе́рег 기슭	на берегу́
пол 바닥	на полу́	мост 다리	на мосту́
шкаф 옷장	в (на) шкафу́	у́гол 구석	в (на) углу́
порт 항구	в порту́		

[별표 6] 연자음 형용사

ле́тний 여름의 / зи́мний 겨울의 / весе́нний 봄의 / осе́нний 가을의 / ве́рхний 위의 / ни́жний 아래의 / бли́жний 가까운 / да́льний 먼 / у́тренний 아침의 / вече́рний 저녁의 / ра́нний 이른 / по́здний 늦은 / вчера́шний 어제의 / сего́дняшний 오늘의 / за́втрашний 내일의 / сосе́дний 이웃의 / сре́дний 가운데의 / после́дний 마지막의 / дре́вний 오래된 / дома́шний 집(안)의 / ли́шний 잉여적인 / си́ний 푸른

[별표 7] 1~100 기수사/서수사

	СКО́ЛЬКО?	КОТО́РЫЙ (КАКО́Й?)
1	оди́н (одна́, одно́, одни́)	пе́рвый, пе́рвая, пе́рвое, пе́рвые
2	два (две)	второ́й, втора́я, второ́е, вторы́е
3	три	тре́тий, тре́тья, тре́тье, тре́тьи
4	четы́ре	четвёртый, -ая, -ое, -ые
5	пять	пя́тый, -ая, -ое, ые
6	шесть	шесто́й, -а́я, -о́е, -ы́е
7	семь	седьмо́й, -а́я, -о́е, -ы́е
8	во́семь	восьмо́й, -а́я, -о́е, -ы́е
9	де́вять	девя́тый, -ая, -ое, ые
10	де́сять	деся́тый, -ая, -ое, ые
11	оди́ннадцать	оди́ннадцатый, -ая, -ое, ые
12	двена́дцать	двена́дцатый, -ая, -ое, ые
13	трина́дцать	трина́дцатый, -ая, -ое, ые

	СКОЛЬКО?	КОТОРЫЙ (КАКОЙ?)
14	четы́рнадцать	четы́рнадцатый, -ая, -ое, ые
15	пятна́дцать	пятна́дцатый, -ая, -ое, ые
16	шестна́дцать	шестна́дцатый, -ая, -ое, ые
17	семна́дцать	семна́дцатый, -ая, -ое, ые
18	восемна́дцать	восемна́дцатый, -ая, -ое, ые
19	девятна́дцать	девятна́дцатый, -ая, -ое, ые
20	два́дцать	двадца́тый, -ая, -ое, ые
21	два́дцать оди́н	два́дцать пе́рвый
22	два́дцать два	два́дцать второ́й
30	три́дцать	тридца́тый, -ая, -ое, ые
40	со́рок	сороково́й, -ая, -ое, ые
50	пятьдеся́т	пятидеся́тый, -ая, -ое, ые
60	шестьдеся́т	шестидеся́тый, -ая, -ое, ые
70	се́мьдесят	семидеся́тый, -ая, -ое, ые
80	во́семьдесят	восьмидеся́тый, -ая, -ое, ые
90	девяно́сто	девяно́стый, -ая, -ое, ые
100	сто	со́тый, -ая, -ое, ые
200	две́сти	двухсо́тый, -ая, -ое, ые
300	три́ста	трёхсо́тый, -ая, -ое, ые
400	четы́реста	четырёхсо́тый, -ая, -ое, ые
500	пятьсо́т	пятисо́тый, -ая, -ое, ые
600	шестьсо́т	шестисо́тый, -ая, -ое, ые
700	семьсо́т	семисо́тый, -ая, -ое, ые
800	восемьсо́т	восьмисо́тый, -ая, -ое, ые
900	девятьсо́т	девятисо́тый, -ая, -ое, ые
1000	ты́сяча ＊천(千)은 숫자이지만, 수사가 아니라 명사임	ты́сячный, -ая, -ое, ые

[별표 8] 불완료상 - 완료상

1. ви́деть – уви́деть
   гуля́ть – погуля́ть
   дари́ть – подари́ть
   де́лать – сде́лать
   ду́мать – поду́мать
   есть – съесть
   е́хать – пое́хать
   ждать – подожда́ть
   занима́ться – позанима́ться
   звони́ть – позвони́ть
   за́втракать – поза́втракать
   знако́мить – познако́мить
   знако́миться – познако́миться
   игра́ть – сыгра́ть (поигра́ть)
   идти́ – пойти́
   интересова́ться – поинтересова́ться
   кури́ть – покури́ть
   мечта́ть – помечта́ть
   мочь – смочь
   нра́виться – понра́виться
   обе́дать – пообе́дать
   петь – спеть
   пить – вы́пить
   писа́ть – написа́ть

   плати́ть – заплати́ть
   пла́кать – попла́кать
   проси́ть – попроси́ть
   рабо́тать – порабо́тать
   рисова́ть – нарисова́ть
   слу́шать – послу́шать
   слы́шать – услы́шать
   смотре́ть – посмотре́ть
   ста́вить – поста́вить
   сове́товать – посове́товать
   спать – поспа́ть
   спеши́ть – поспеши́ть
   смея́ться – посмея́ться
   стира́ть – постира́ть
   учи́ть – вы́учить
   хоте́ть – захоте́ть
   чита́ть – прочита́ть
   чи́стить – почи́стить
   чу́вствовать – почу́вствовать
   танцева́ть – потанцева́ть
   фотографи́ровать – сфотографи́ровать

2. ве́шать – пове́сить
   выступа́ть – вы́ступить
   встреча́ть – встре́тить
   вспомина́ть – вспо́мнить
   запомина́ть – запо́мнить
   напомина́ть - напо́мнить
   изуча́ть – изучи́ть
   конча́ть – ко́нчить

   отправля́ть – отпра́вить
   предлага́ть – предложи́ть
   поздравля́ть – поздра́вить
   получа́ть – получи́ть
   посеща́ть – посети́ть
   реша́ть – реши́ть
   разреша́ть – разреши́ть
   отвеча́ть – отве́тить

кончáться – кóнчиться
останáвливать – остановúть
останáвливаться – остановúться

объявлáть – объявúть
объяснáть – объяснúть
покупáть – купúть

3. кричáть – крúкнуть
   отдыхáть – отдохнýть

пры́гать – пры́гнуть
улыбáться – улыбнýться

4. давáть – дать
   сдавáть – сдать
   продавáть – продáть
   умывáться – умы́ться

уставáть – устáть
вставáть – встать
одевáться – одéться

5. забывáть – забы́ть
   закрывáть – закры́ть
   называ́ть – назвáть
   осмáтривать – осмотрéть
   открывáть – откры́ть

покáзывать – показáть
перескáзывать – пересказáть
расскáзывать – рассказáть
спрáшивать – спросúть

6. начинáть – начáть
   начинáться – начáться
   посылáть – послáть
   убирáть – убрáть

понимáть – поня́ть
собирáть – собрáть
собирáться – собрáться

7. брать – взять
   говорúть – сказáть
   класть – положúть

ложúться – лечь
становúться – стать

[별표 9] 동사 변화

주요 동사의 동사 변화를 '동사원형, 동사 현재형 변화(1인칭 단수, 2인칭 단수, 3인칭 복수), 명령형(ты형, вы형)' 순으로 수록하였습니다. 단, 불규칙한 변화를 하는 동사의 경우 현재형(완료상의 경우 미래형) 변화를 모두 기재하였습니다.

동사원형	1인칭 단수	2인칭 단수	3인칭 복수	명령형_ты형	명령형_вы형
брать	беру́	берёшь	беру́т	бери́!	бери́те!
взять	возьму́	возьмёшь	возьму́т	возьми́!	возьми́те!
ве́шать	ве́шаю	ве́шаешь	ве́шают	ве́шай!	ве́шайте!
пове́сить	пове́шу	пове́сишь	пове́сят	пове́сь!	пове́сьте!
ви́деть	ви́жу	ви́дишь	ви́дят	–	–
уви́деть	уви́жу	уви́дишь	уви́дят	–	–
включа́ть	включа́ю	включа́ешь	включа́ют	включа́й!	включа́йте!
включи́ть	включу́	включи́шь	включа́т	включи́!	включи́те!
верну́ться(완료상)	верну́сь	вернёшься	верну́тся	верни́сь!	верни́тесь!
вспомина́ть	вспомина́ю	вспомина́ешь	вспомина́ют	вспомина́й!	вспомина́йте!
вспо́мнить	вспо́мню	вспо́мнишь	вспо́мнят	вспо́мни!	вспо́мните!
встава́ть	встаю́	встаёшь	встаю́т	встава́й!	встава́йте!
встать	вста́ну	вста́нешь	вста́нут	встань!	вста́ньте!
встреча́ть	встреча́ю	встреча́ешь	встреча́ют	встреча́й!	встреча́йте!
встре́тить	встре́чу	встре́тишь	встре́тят	встре́ть!	встре́тьте!
встреча́ться	встреча́юсь	встреча́ешься	встреча́ются	встреча́йся!	встреча́йтесь!
встре́титься	встре́чусь	встре́тишься	встре́тятся	встре́ться!	встре́тьтесь!
выступа́ть	выступа́ю	выступа́ешь	выступа́ют	выступа́й!	выступа́йте!
вы́ступить	вы́ступлю	вы́ступишь	вы́ступят	вы́ступи!	вы́ступите!
говори́ть	говорю́	говори́шь	говоря́т	говори́!	говори́те!
сказа́ть	скажу́	ска́жешь	ска́жут	скажи́!	скажи́те!
гото́вить	гото́влю	гото́вишь	гото́вят	гото́вь!	гото́вьте!
пригото́вить	пригото́влю	пригото́вишь	пригото́вят	пригото́вь!	пригото́вьте!
гото́виться	гото́влюсь	гото́вишься	гото́вятся	гото́вься!	гото́вьтесь!
подгото́виться	подгото́влюсь	подгото́вишься	подгото́вятся	подгото́вься!	подгото́вьтесь!
гуля́ть	гуля́ю	гуля́ешь	гуля́ют	гуля́й!	гуля́йте!
погуля́ть	погуля́ю	погуля́ешь	погуля́ют	погуля́й!	погуля́йте!
дава́ть	даю́	даёшь	даю́т	дава́й!	дава́йте!
дать	дам	дашь	даст		
	дади́м	дади́те	даду́т	дай!	да́йте!
дари́ть	дарю́	да́ришь	да́рят	дари́!	дари́те!
подари́ть	подарю́	пода́ришь	пода́рят	подари́	подари́те!
де́лать	де́лаю	де́лаешь	де́лают	де́лай!	де́лайте!
сде́лать	сде́лаю	сде́лаешь	сде́лают	сде́лай!	сде́лайте!

동사원형	1인칭 단수	2인칭 단수	3인칭 복수	명령형_ты형	명령형_вы형
ду́мать	ду́маю	ду́маешь	ду́мают	ду́май!	ду́майте!
поду́мать	поду́маю	поду́маешь	поду́мают	поду́май!	поду́майте!
есть	ем	ешь	ест		
	еди́м	еди́те	едя́т	ешь!	е́шьте!
съесть	съем	съешь	съест		
	съеди́м	съеди́те	съедя́т	съешь!	съе́шьте!
е́хать	е́ду	е́дешь	е́дут	поезжа́й!	поезжа́йте!
пое́хать	пое́ду	пое́дешь	пое́дут	поезжа́й!	поезжа́йте!
ждать	жду	ждёшь	ждут	жди!	жди́те!
подожда́ть	подожду́	подождёшь	подожду́т	подожди́!	подожди́те!
жела́ть	жела́ю	жела́ешь	жела́ют	жела́й!	жела́йте!
пожела́ть	пожела́ю	пожела́ешь	пожела́ют	пожела́й!	пожела́йте!
жить	живу́	живёшь	живу́т	живи́!	живи́те!
забыва́ть	забыва́ю	забыва́ешь	забыва́ют	забыва́й!	забыва́йте!
забы́ть	забу́ду	забу́дешь	забу́дут	забу́дь!	забу́дьте!
за́втракать	за́втракаю	за́втракаешь	за́втракают	за́втракай!	за́втракайте!
поза́втракать	поза́втракаю	поза́втракаешь	поза́втракают	поза́втракай!	поза́втракайте!
закрыва́ть	закрыва́ю	закрыва́ешь	закрыва́ют	закрыва́й!	закрыва́йте!
закры́ть	закро́ю	закро́ешь	закро́ют	закро́й!	закро́йте!
занима́ться	занима́юсь	занима́ешься	занима́ются	занима́йся!	занима́йтесь!
позанима́ться	позанима́юсь	позанима́ешься	позанима́ются	позанима́йся!	позанима́йтесь!
запомина́ть	запомина́ю	запомина́ешь	запомина́ют	запомина́й!	запомина́йте!
запо́мнить	запо́мню	запо́мнишь	запо́мнят	запо́мни!	запо́мните!
звони́ть	звоню́	звони́шь	звоня́т	звони́!	звони́те!
позвони́ть	позвоню́	позвони́шь	позвоня́т	позвони́!	позвони́те!
знако́миться	знако́млюсь	знако́мишься	знако́мятся	знако́мься!	знако́мьтесь!
познако́миться	познако́млюсь	познако́мишься	познако́мятся	познако́мься!	познако́мьтесь!
знать	зна́ю	зна́ешь	зна́ют	знай!	зна́йте!
игра́ть	игра́ю	игра́ешь	игра́ют	игра́й!	игра́йте!
сыгра́ть	сыгра́ю	сыгра́ешь	сыгра́ют	сыгра́й!	сыгра́йте!
идти́	иду́	идёшь	иду́т	иди́!	иди́те!
пойти́	пойду́	пойдёшь	пойду́т	пойди́!	пойди́те!
изуча́ть	изуча́ю	изуча́ешь	изуча́ют	изуча́й!	изуча́йте!
изучи́ть	изучу́	изу́чишь	изу́чат	изучи́!	изучи́те!

동사원형	1인칭 단수	2인칭 단수	3인칭 복수	명령형_ты형	명령형_вы형
интересова́ться	интересу́юсь	интересу́ешься	интересу́ются	интересу́йся!	интересу́йтесь!
поинтересова́ться	поинтересу́юсь	поинтересу́ешься	поинтересу́ются	поинтересу́йся!	поинтересу́йтесь!
иска́ть	ищу́	и́щешь	и́щут	ищи́!	ищи́те!
поиска́ть	поищу́	пои́щешь	пои́щут	поищи́!	поищи́те!
класть	кладу́	кладёшь	кладу́т	клади́!	клади́те!
положи́ть	положу́	поло́жишь	поло́жат	положи́!	положи́те!
конча́ть	конча́ю	конча́ешь	конча́ют	конча́й!	конча́йте!
ко́нчить	ко́нчу	ко́нчишь	ко́нчат	ко́нчи!	ко́нчите!
конча́ться	конча́ется	конча́ются			
ко́нчиться	ко́нчится	ко́нчатся			
крича́ть	кричу́	кричи́шь	крича́т	кричи́!	кричи́те!
кри́кнуть	кри́кну	кри́кнешь	кри́кнут	кри́кни!	кри́кните!
кури́ть	курю́	ку́ришь	ку́рят	кури́!	кури́те!
покури́ть	покурю́	поку́ришь	поку́рят	покури́!	покури́те!
лежа́ть	лежу́	лежи́шь	лежа́т	лежи́!	лежи́те!
ложи́ться	ложу́сь	ложи́шься	ложа́тся	ложи́сь!	ложи́тесь!
лечь	ля́гу	ля́жешь	ля́гут	ляг!	ля́гте!
люби́ть	люблю́	лю́бишь	лю́бят	люби́!	люби́те!
мечта́ть	мечта́ю	мечта́ешь	мечта́ют	мечта́й!	мечта́йте!
помечта́ть	помечта́ю	помечта́ешь	помечта́ют	помечта́й!	помечта́йте!
мочь	могу́	мо́жешь	мо́жет		
	мо́жем	мо́жете	мо́гут		
смочь	смогу́	смо́жешь	смо́жет		
	смо́жем	смо́жете	смо́гут		
мыть	мо́ю	мо́ешь	мо́ют	мой!	мо́йте!
вы́мыть	вы́мою	вы́моешь	вы́моют	вы́мой!	вы́мойте!
надева́ть	надева́ю	надева́ешь	надева́ют	надева́й!	надева́йте!
наде́ть	наде́ну	наде́нешь	наде́нут	наде́нь!	наде́ньте!
называ́ть	называ́ю	называ́ешь	называ́ют	называ́й!	называ́йте!
назва́ть	назову́	назовёшь	назову́т	назови́!	назови́те!
напомина́ть	напомина́ю	напомина́ешь	напомина́ют	напомина́й!	напомина́йте!
напо́мнить	напо́мню	напо́мнишь	напо́мнят	напо́мни!	напо́мните!
начина́ть	начина́ю	начина́ешь	начина́ют	начина́й!	начина́йте!
нача́ть	начну́	начнёшь	начну́т	начни́!	начни́те!

동사원형	1인칭 단수	2인칭 단수	3인칭 복수	명령형_ты형	명령형_вы형
начина́ться	начина́ется	начина́ются			
нача́ться	начнётся	начну́тся			
находи́ться	нахожу́сь	нахо́дишься	нахо́дятся	находи́сь!	находи́тесь!
нести́	несу́	несёшь	несу́т	неси́!	неси́те!
понести́	понесу́	понесёшь	понесу́т	понеси́!	понеси́те!
обе́дать	обе́даю	обе́даешь	обе́дают	обе́дай!	обе́дайте!
пообе́дать	пообе́даю	пообе́даешь	пообе́дают	пообе́дай!	пообе́дайте!
объявля́ть	объявля́ю	объявля́ешь	объявля́ют	объявля́й!	объявля́йте!
объяви́ть	объявлю́	объя́вишь	объя́вят	объяви́!	объяви́те!
объясня́ть	объясня́ю	объясня́ешь	объясня́ют	объясня́й!	объясня́йте!
объясни́ть	объясню́	объясни́шь	объясня́т	объясни́!	объясни́те!
одева́ться	одева́юсь	одева́ешься	одева́ются	одева́йся!	одева́йтесь!
оде́ться	оде́нусь	оде́нешься	оде́нутся	оде́нься!	оде́ньтесь!
отдыха́ть	отдыха́ю	отдыха́ешь	отдыха́ют	отдыха́й!	отдыха́йте!
отдохну́ть	отдохну́	отдохнёшь	отдохну́т	отдохни́!	отдохни́те!
отвеча́ть	отвеча́ю	отвеча́ешь	отвеча́ют	отвеча́й!	отвеча́йте!
отве́тить	отве́чу	отве́тишь	отве́тят	отве́ть!	отве́тьте!
открыва́ть	открыва́ю	открыва́ешь	открыва́ют	открыва́й!	открыва́йте!
откры́ть	откро́ю	откро́ешь	откро́ют	откро́й!	откро́йте!
отправля́ть	отправля́ю	отправля́ешь	отправля́ют	отправля́й!	отправля́йте!
отпра́вить	отпра́влю	отпра́вишь	отпра́вят	отпра́вь!	отпра́вьте!
осма́тривать	осма́триваю	осма́триваешь	осма́тривают	осма́тривай!	осма́тривайте!
осмотре́ть	осмотрю́	осмо́тришь	осмо́трят	осмотри́!	осмотри́те!
оставля́ть	оставля́ю	оставля́ешь	оставля́ют	оставля́й!	оставля́йте!
оста́вить	оста́влю	оста́вишь	оста́вят	оста́вь!	оста́вьте!
остана́вливать	остана́вливаю	остана́вливаешь	остана́вливают	остана́вливай!	остана́вливайте!
останови́ть	остановлю́	остано́вишь	остано́вят	останови́!	останови́те!
остана́вливаться	остана́вливаюсь	остана́вливаешься	остана́вливаются	остана́вливайся!	остана́вливайтесь!
останови́ться	остановлю́сь	остано́вишься	остано́вятся	останови́сь!	останови́тесь!
переводи́ть	перевожу́	перево́дишь	перево́дят	переводи́!	переводи́те!
перевести́	переведу́	переведёшь	переведу́т	переведи́!	переведи́те!
переска́зывать	переска́зываю	переска́зываешь	переска́зывают	переска́зывай!	переска́зывайте!
пересказа́ть	перескажу́	переска́жешь	переска́жут	перескажи́!	перескажи́те!
петь	пою́	поёшь	пою́т	пой!	по́йте!

동사원형	1인칭 단수	2인칭 단수	3인칭 복수	명령형_ты형	명령형_вы형
спеть	спою́	споёшь	спою́т	спой!	спо́йте!
писа́ть	пишу́	пи́шешь	пи́шут	пиши́!	пиши́те!
написа́ть	напишу́	напи́шешь	напи́шут	напиши́!	напиши́те!
пить	пью	пьёшь	пьют	пей!	пе́йте!
вы́пить	вы́пью	вы́пьешь	вы́пьют	вы́пей!	вы́пейте!
пла́кать	пла́чу	пла́чешь	пла́чут	плачь!	пла́чьте!
попла́кать	попла́чу	попла́чешь	попла́чут	попла́чь!	попла́чьте!
плати́ть	плачу́	пла́тишь	пла́тят	плати́!	плати́те!
заплати́ть	заплачу́	запла́тишь	запла́тят	заплати́!	заплати́те!
повторя́ть	повторя́ю	повторя́ешь	повторя́ют	повторя́й!	повторя́йте!
повтори́ть	повторю́	повтори́шь	повторя́т	повтори́!	повтори́те!
поздравля́ть	поздравля́ю	поздравля́ешь	поздравля́ют	поздравля́й!	поздравля́йте!
поздра́вить	поздра́влю	поздра́вишь	поздра́вят	поздра́вь!	поздра́вьте!
пока́зывать	пока́зываю	пока́зываешь	пока́зывают	пока́зывай!	пока́зывайте!
показа́ть	покажу́	пока́жешь	пока́жут	покажи́!	покажи́те!
покупа́ть	покупа́ю	покупа́ешь	покупа́ют	покупа́й!	покупа́йте!
купи́ть	куплю́	ку́пишь	ку́пят	купи́!	купи́те!
получа́ть	получа́ю	получа́ешь	получа́ют	получа́й!	получа́йте!
получи́ть	получу́	полу́чишь	полу́чат	получи́!	получи́те!
понима́ть	понима́ю	понима́ешь	понима́ют	понима́й!	понима́йте!
поня́ть	пойму́	поймёшь	пойму́т	пойми́!	пойми́те!
по́мнить	по́мню	по́мнишь	по́мнят	по́мни!	по́мните!
посеща́ть	посеща́ю	посеща́ешь	посеща́ют	посеща́й!	посеща́йте!
посети́ть	посещу́	посети́шь	посетя́т	посети́!	посети́те!
поступа́ть	поступа́ю	поступа́ешь	поступа́ют	поступа́й!	поступа́йте!
поступи́ть	поступлю́	посту́пишь	посту́пят	поступи́!	поступи́те!
посыла́ть	посыла́ю	посыла́ешь	посыла́ют	посыла́й!	посыла́йте!
посла́ть	пошлю́	пошлёшь	пошлю́т	пошли́!	пошли́те!
предлага́ть	предлага́ю	предлага́ешь	предлага́ют	предлага́й!	предлага́йте!
предложи́ть	предложу́	предло́жишь	предло́жат	предложи́!	предложи́те!
принима́ть	принима́ю	принима́ешь	принима́ют	принима́й!	принима́йте!
приня́ть	приму́	при́мешь	при́мут	прими́!	прими́те!
приходи́ть	прихожу́	прихо́дишь	прихо́дят	приходи́!	приходи́те!
прийти́	приду́	придёшь	приду́т	приди́!	приди́те!

동사원형	1인칭 단수	2인칭 단수	3인칭 복수	명령형_Ты형	명령형_Вы형
продава́ть	продаю́	продаёшь	продаю́т	продава́й!	продава́йте!
прода́ть	прода́м	прода́шь	прода́ст	продади́м	продади́те
	продаду́т	прода́й!	прода́йте!		
проверя́ть	проверя́ю	проверя́ешь	проверя́ют	проверя́й!	проверя́йте!
прове́рить	прове́рю	прове́ришь	прове́рят	прове́рь!	прове́рьте!
проси́ть	прошу́	про́сишь	про́сят	проси́!	проси́те!
попроси́ть	попрошу́	попро́сишь	попро́сят	попроси́!	попроси́те!
пры́гать	пры́гаю	пры́гаешь	пры́гают	пры́гай!	пры́гайте!
пры́гнуть	пры́гну	пры́гнешь	пры́гнут	пры́гни!	пры́гните!
рабо́тать	рабо́таю	рабо́таешь	рабо́тают	рабо́тай!	рабо́тайте!
порабо́тать	порабо́таю	порабо́таешь	порабо́тают	порабо́тай!	порабо́тайте!
разгова́ривать	разгова́риваю	разгова́риваешь	разгова́ривают	разгова́ривай!	разгова́ривайте!
разреша́ть	разреша́ю	разреша́ешь	разреша́ют	разреша́й!	разреша́йте!
разреши́ть	разрешу́	разреши́шь	разреша́т	разреши́!	разреши́те!
расска́зывать	расска́зываю	расска́зываешь	расска́зывают	расска́зывай!	расска́зывайте!
рассказа́ть	расскажу́	расска́жешь	расска́жут	расскажи́!	расскажи́те!
реша́ть	реша́ю	реша́ешь	реша́ют	реша́й!	реша́йте!
реши́ть	решу́	реши́шь	реша́т	реши́!	реши́те!
рисова́ть	рису́ю	рису́ешь	рису́ют	рису́й!	рису́йте!
нарисова́ть	нарису́ю	нарису́ешь	нарису́ют	нарису́й!	нарису́йте!
сдава́ть	сдаю́	сдаёшь	сдаю́т	сдава́й!	сдава́йте!
сдать	сдам	сдашь	сдаст	сдади́м	сдади́те
	сдаду́т	сдай!	сда́йте!		
сиде́ть	сижу́	сиди́шь	сидя́т	сиди́!	сиди́те!
слу́шать	слу́шаю	слу́шаешь	слу́шают	слу́шай!	слу́шайте!
послу́шать	послу́шаю	послу́шаешь	послу́шают	послу́шай!	послу́шайте!
слы́шать	слы́шу	слы́шишь	слы́шат		
услы́шать	услы́шу	услы́шишь	услы́шат		
смея́ться	смею́сь	смеёшься	смею́тся	сме́йся!	сме́йтесь!
посмея́ться	посмею́сь	посмеёшься	посмею́тся	посме́йся!	посме́йтесь!
смотре́ть	смотрю́	смо́тришь	смо́трят	смотри́!	смотри́те!
посмотре́ть	посмотрю́	посмо́тришь	посмо́трят	посмотри́!	посмотри́те!
собира́ть	собира́ю	собира́ешь	собира́ют	собира́й!	собира́йте!
собра́ть	соберу́	соберёшь	соберу́т	собери́!	собери́те!

동사원형	1인칭 단수	2인칭 단수	3인칭 복수	명령형_ты형	명령형_вы형
собира́ться	собира́юсь	собира́ешься	собира́ются	собира́йся!	собира́йтесь!
собра́ться	соберу́сь	соберёшься	соберу́тся	собери́сь!	собери́тесь!
сове́товать	сове́тую	сове́туешь	сове́туют	сове́туй!	сове́туйте!
посове́товать	посове́тую	посове́туешь	посове́туют	посове́туй!	посове́туйте!
спать	сплю	спишь	спят	спи!	спи́те!
поспа́ть	посплю́	поспи́шь	поспя́т	поспи́!	поспи́те!
спеши́ть	спешу́	спеши́шь	спеша́т	спеши́!	спеши́те!
поспеши́ть	поспешу́	поспеши́шь	поспеша́т	поспеши́!	поспеши́те!
спо́рить	спо́рю	спо́ришь	спо́рят	спорь!	спо́рьте!
поспо́рить	поспо́рю	поспо́ришь	поспо́рят	поспо́рь!	поспо́рьте!
спра́шивать	спра́шиваю	спра́шиваешь	спра́шивают	спра́шивай!	спра́шивайте!
спроси́ть	спрошу́	спро́сишь	спро́сят	спроси́!	спроси́те!
ста́вить	ста́влю	ста́вишь	ста́вят	ставь!	ста́вьте!
поста́вить	поста́влю	поста́вишь	поста́вят	поста́вь!	поста́вьте!
станови́ться	становлю́сь	стано́вишься	стано́вятся	станови́сь!	станови́тесь!
стать	ста́ну	ста́нешь	ста́нут	стань!	ста́ньте!
стира́ть	стира́ю	стира́ешь	стира́ют	стира́й!	стира́йте!
постира́ть	постира́ю	постира́ешь	постира́ют	постира́й!	постира́йте!
стоя́ть	стою́	стои́шь	стоя́т	стой!	сто́йте!
стро́ить	стро́ю	стро́ишь	стро́ят	строй!	стро́йте!
постро́ить	постро́ю	постро́ишь	постро́ят	постро́й!	постро́йте!
танцева́ть	танцу́ю	танцу́ешь	танцу́ют	танцу́й!	танцу́йте!
потанцева́ть	потанцу́ю	потанцу́ешь	потанцу́ют	потанцу́й!	потанцу́йте!
убира́ть	убира́ю	убира́ешь	убира́ют	убира́й!	убира́йте!
убра́ть	уберу́	уберёшь	уберу́т	убери́!	убери́те!
у́жинать	у́жинаю	у́жинаешь	у́жинают	у́жинай!	у́жинайте!
поу́жинать	поу́жинаю	поу́жинаешь	поу́жинают	поу́жинай!	поу́жинайте!
улыба́ться	улыба́юсь	улыба́ешься	улыба́ются	улыба́йся!	улыба́йтесь!
улыбну́ться	улыбну́сь	улыбнёшься	улыбну́тся	улыбни́сь!	улыбни́тесь!
умыва́ться	умыва́юсь	умыва́ешься	умыва́ются	умыва́йся!	умыва́йтесь!
умы́ться	умо́юсь	умо́ешься	умо́ются	умо́йся!	умо́йтесь!
устава́ть	устаю́	устаёшь	устаю́т	(не) устава́й!	(не) устава́йте!
уста́ть	уста́ну	уста́нешь	уста́нут		
учи́ть	учу́	у́чишь	у́чат	учи́	учи́те!

동사원형	1인칭 단수	2인칭 단수	3인칭 복수	명령형_ты형	명령형_вы형
вы́учить	вы́учу	вы́учишь	вы́учат	вы́учи	вы́учите!
учи́ться	учу́сь	у́чишься	у́чатся	учи́сь!	учи́тесь!
фотографи́ровать	фотографи́рую	фотографи́руешь	фотографи́руют	фотографи́руй!	фотографи́руйте!
сфотографи́ровать	сфотографи́рую	сфотографи́руешь	сфотографи́руют	сфотографи́руй!	сфотографи́руйте!
ходи́ть	хожу́	хо́дишь	хо́дят	ходи́!	ходи́те!
хоте́ть	хочу́	хо́чешь	хо́чет		
	хоти́м	хоти́те	хотя́т		
захоте́ть	захочу́	захо́чешь	захо́чет		
	захоти́м	захоти́те	захотя́т		
чита́ть	чита́ю	чита́ешь	чита́ют	чита́й!	чита́йте!
прочита́ть	прочита́ю	прочита́ешь	прочита́ют	прочита́й!	прочита́йте!
чу́вствовать	чу́вствую	чу́вствуешь	чу́вствуют	чу́вствуй!	чу́вствуйте!
почу́вствовать	почу́вствую	почу́вствуешь	почу́вствуют	почу́вствуй!	почу́вствуйте!

[별표 10] 전치사

▶ 생격 지배 전치사

о́коло, у, во́зле, недалеко́ от, посреди́ (посреди́не), вокру́г, напро́тив, из, с, от, для, до, из-за, из-под, без, кро́ме, по́сле, вдоль, ми́мо, в тече́ние, в продолже́ние, всле́дствие

▶ 여격 지배 전치사

к, по, благодаря́, вопреки́

▶ 대격 지배 전치사

в, на, че́рез, сквозь, про, за, несмотря́ на

▶ 조격 지배 전치사

с, за, пе́ред, под, над, ме́жду, ря́дом с

▶ 전치격 지배 전치사

в, на, о (об), при

[별표 11] 생격의(**Роди́тельный паде́ж**) 사용

1. МОДЕЛЬ:

У кого́?	есть	кто? что?
Где?	был, -а́, -о, -и	
	бу́дет	

- У меня́ е́сть маши́на.
- Ра́ньше у бра́та была́ маши́на, а тепе́рь нет маши́ны.
- За́втра у нас бу́дет свобо́дное вре́мя.

2. МОДЕЛЬ:

У кого́?	нет	кого́? чего́?
Где?	не́ было	
	не бу́дет	

- У меня́ нет свобо́дного вре́мени.
- Ра́ньше у меня́ не́ было свобо́дного вре́мени, но тепе́рь оно́ есть.
- В го́роде нет теа́тра. Ра́ньше в го́роде не́ было теа́тра, но тепе́рь он есть.
- Завтра у отца́ не будет свободного времени.

3. 숫자

① 2, 3, 4, 22, 23, 24, … + 단수 생격

- Сейча́с 3 часа́.
- Мы обе́даем в 2 часа́.
- Я гуля́ю в па́рке 2 часа́.

② 5~10, 11, 12, 13, 14~20, 25~30, … + 복수 생격

- Сейча́с 5 часо́в.
- Мы у́жинаем в 6 часо́в.
- По́сле экза́мена брат спал 12 часо́в.

4. 전치사 + 생격

ПОСЛЕ + 생격

- По́сле ле́кции студе́нты иду́т в библиоте́ку.

[별표 12] 대격(**вини́тельный паде́ж**) 지배 동사

1. 대격 - КОГО? ЧТО?

глаго́л	вопро́с	приме́р
брать – взять	что? (где?)	Ма́ша ча́сто берёт кни́ги в библиоте́ке.
		В столо́вой мы взя́ли суп, рис и ры́бу.
ви́деть – уви́деть	кого́?	Мы ви́дим Анто́на и Ни́ну.
	что?	Я ви́жу дом, маши́ну, о́зеро.
встреча́ть – встре́тить	кого́?	Мы встре́тили дру́га и подру́гу.
гото́вить – пригото́вить	что?	Ма́ма пригото́вила суп и ры́бу.
де́лать – сде́лать	что?	Де́ти де́лают дома́шнее зада́ние.
есть – съесть	что?	Утром де́ти е́ли рис и о́вощи.
		Сын съел весь суп.
ждать – подожда́ть	кого́?	Мы ждём Анну 20 мину́т.
знать	кого́?	Я зна́ю э́того молодо́го челове́ка, его́ зову́т Анто́н.
	что?	Я зна́ю англи́йский язы́к.
игра́ть – сыгра́ть	во что?	Мы игра́ем в футбо́л.
изуча́ть – изучи́ть	что?	Студе́нты изуча́ют ру́сский язы́к и ру́сскую литерату́ру
конча́ть – ко́нчить	что?	Профе́ссор ко́нчил ле́кцию в 2 часа́.
начина́ть – нача́ть	что?	Учи́тель начина́ет уро́к в 9 часо́в.
переводи́ть – перевести́	что?	Вчера́ я весь ве́чер переводи́л текст.
		Са́ша уже́ перевёл текст, а Оля не перевела́.
писа́ть – написа́ть	что?	Брат написа́л письмо́/ упражне́ние.
пить – вы́пить	что?	Де́ти пьют молоко́.
		Когда́ Ната́ша вы́пила ко́фе, она́ пошла́ на ле́кцию.
пока́зывать – показа́ть	что?	Когда́ Са́ша расска́зывал о Москве́, он пока́зывал фотогра́фии.
покупа́ть – купи́ть	что?	Ми́ша купи́л интере́сную кни́гу.
по́мнить	кого́?	Я по́мню пе́рвую учи́тельницу.
	что?	Я по́мню ру́сскую грамма́тику.

глаго́л	вопро́с	приме́р
понима́ть – поня́ть	кого́?	Студе́нты понима́ют преподава́теля.
	что?	Студе́нты понима́ют грамма́тику.
приглаша́ть – пригласи́ть	кого́? куда́?	Па́вел ча́сто приглаша́ет Ни́ну в рестора́н.
рисова́ть – нарисова́ть	кого́? что?	Де́ти нарисова́ли па́пу, ма́му, мо́ре.
слу́шать – послу́шать	что?	Я слу́шаю му́зыку.
	кого́?	Де́ти слу́шают учи́тельницу.
слы́шать – услы́шать	что?	Мы слы́шим шум.
	кого́?	Ты слы́шишь меня́?
смотре́ть – посмотре́ть	что?	Мы посмотре́ли интере́сный фильм.
	на кого́?	Де́ти смо́трят на ма́му и слу́шают её.
	на что?	Па́па посмотре́л на часы́ и сказа́л: «Сейча́с 2 часа́».
	куда́?	Де́ти смо́трят в окно́.
спра́шивать – спроси́ть	кого́? (о ком? о чём?)	Мы спроси́ли преподава́теля о Пу́шкине. / Мы спроси́ли преподава́теля об экза́мене.
учи́ть – вы́учить	что?	Студе́нты вы́учили стихи́/но́вые слова́.
чита́ть – прочита́ть	что?	Я прочита́ла кни́гу.

2. 대격 – КУДА?

глаго́л	вопро́с куда́?	приме́р
идти́ – пойти́, ходи́ть	куда́?	Де́ти иду́т в шко́лу.
		Вчера́ мы ходи́ли в теа́тр.
е́хать – пое́хать, е́здить	куда́? (на чём?)	Сейча́с мы е́дем в Сеу́л.
		Мы е́здили в Пуса́н на авто́бусе.

[별표 13] 전치격(предло́жный паде́ж) 지배 동사

1. 전치격 – ГДЕ?

глаго́л	вопро́с	приме́р
быть	где?	Вчера́ мы бы́ли в теа́тре.
		Сейча́с брат в библиоте́ке.
		– Где кни́га?
		– Она́ на столе́./Она́ в шкафу́.

глаго́л	вопро́с	приме́р
гуля́ть – погуля́ть	где?	Де́ти гуля́ют в па́рке.
жить	где?	Мы живём в Росси́и, в Москве́.
за́втракать – поза́втракать	где?	Обы́чно я за́втракаю в общежи́тии.
занима́ться – позанима́ться	где?	Студе́нты занима́ются в библиоте́ке.
обе́дать – пообе́дать	где?	Мы обе́даем в кафе́.
отдыха́ть – отдохну́ть	где?	Ле́том мы отдыха́ли на ю́ге.
рабо́тать – порабо́тать	где?	Оте́ц рабо́тает в ба́нке.
у́жинать – поу́жинать	где?	На́ша семья́ ча́сто у́жинает в рестора́не.
учи́ться	где?	Сестра́ у́чится в шко́ле.

2. 전치격 – О КОМ? О ЧЁМ?

глаго́л	вопро́с	приме́р
ду́мать – поду́мать	о ком?	Све́та ду́мает о сестре́.
	о чём?	Студе́нты ду́мают об экза́мене.
говори́ть – сказа́ть	о ком?	Ма́ма говори́т о де́душке.
	о чём?	Профе́ссор говори́т о ру́сской литерату́ре.
мечта́ть	о чём?	Брат мечта́ет о но́вой маши́не.
расска́зывать – рассказа́ть	о ком?	Преподава́тель расска́зывает о ру́сском поэ́те.
	о чём?	Брат расска́зывает о вы́ставке.
спра́шивать – спроси́ть	(кого́?)	
	о ком?	Па́па спра́шивает ма́му о сы́не.
	о чём?	Мы спра́шиваем профе́ссора о Москве́.

3. 전치격 – НА ЧЁМ?

глаго́л	вопро́с	приме́р
е́хать – пое́хать, е́здить	(куда́?) на чём?	Мы е́дем в Сеу́л на авто́бусе.
игра́ть – сыгра́ть	на чём?	Брат игра́ет на гита́ре.

연습문제 정답

제 1 과

ГОВОРЍТЕ ПРА́ВИЛЬНО!

연습문제 1

❶ Это брат.　　❷ Это письмо.

연습문제 2

❶ Кто это?　　❷ Кто это?

❸ Что это?　　❹ Кто это?

❺ Что это?　　❻ Что это?

❼ Кто это?　　❽ Что это?

❾ Что это?　　❿ Кто это?

⓫ Что это?　　⓬ Кто это?

⓭ Что это?　　⓮ Кто это?

⓯ Кто это?

연습문제 3

❶ Он Антон.　　❷ Она студентка.

연습문제 4

❶ Это она.　　❷ Это он.

❸ Это оно.　　❹ Это он.

❺ Это он.　　❻ Это она.

❼ Это оно.　　❽ Это он.

❾ Это она.　　❿ Это он.

⓫ Это оно.　　⓬ Это она.

연습문제 5

❶ слушаю

❷ слушают

❸ читаете

❹ читаешь

❺ слушаем

❻ читают (слушают)

❼ читает, читает

❽ читаешь, не читаю, слушаю

연습문제 6

❶ журнал　　❷ газету

❸ музыку　　❹ письмо

❺ радио　　❻ стихи

❼ тетрадь　　❽ песню

❾ лекцию　　❿ книгу, музыку

연습문제 7

❶ Кто читает книгу?
Что делает Максим?
Что читает Максим?

❷ Кто слушает радио?
Что делает мама?
Что слушает мама?

연습문제 8

❶ Она слушает музыку.

❷ Я читаю стихи.

❸ Они слушают радио.

❹ Дети читают книгу.

ДАВА́ЙТЕ ПОГОВОРЍМ!

연습문제 2

❶ - Что это?　　　　- Это письмо.

❷ - Кто это?　　　　- Это девочка.

❸ - Что это?　　　　- Это журнал.

❹ - Что это?　　　　- Это дом.

❺ - Кто это?　　　　- Это мама.

❻ - Что это?　　　　- Это ручка.

❼ - Кто это?　　　　- Это мальчик.

❽ - Что это?　　　　- Это радио.

❾ - Кто это?　　　　- Это кот.

연습문제 3

❶ - Кто это?
- Это брат, а это сестра.

❷ - Что это?
- Это журнал, а это газета.

❸ - Кто это?
- Это студенты, а это преподаватель.

❹ - Что это?
- Это ручка, а это карандаш.

❺ - Что это?
- Это стол, а это стул.

❻ - Кто это?
- Это сын, а это дочь.

연습문제 4

1 - Да, это папа.　　**2** - Да, это Нина.

3 - Да, это словарь.　**4** - Да, это письмо.

연습문제 5

1 - Это журнал?　　- Нет, это газета.

2 - Это ручка?　　　- Нет, это карандаш.

3 - Это школа?　　　- Нет, это университет.

4 - Это стол?　　　 - Нет, это стул.

연습문제 6

1 - Это ручка или карандаш?
- Это карандаш.

2 - Это журнал или газета?
- Это газета.

3 - Это книга или тетрадь?
- Это тетрадь.

4 - Это мальчик или девочка?
- Это девочка.

연습문제 7

1 - Да, это стихи. / - Нет, это не стихи.

2 - Да, Максим преподаватель. /
- Нет, Максим не преподаватель.

3 - Да, Лариса слушает музыку. /
- Нет, Лариса не слушает музыку.

4 - Да, отец читает газету. /
- Нет, отец не читает газету.

5 - Да, это Виктор Иванович. /
- Нет, это не Виктор Иванович.

6 - Да, он учитель. / - Нет, он не учитель.

7 - Да, они слушают радио. /
- Нет, они не слушают радио.

8 - Да, это тетрадь. / - Нет, это не тетрадь.

연습문제 8

1 - Это девочка?
- Да, это девочка.
- Она читает письмо?
- Да, она читает письмо.

2 - Это студент?
- Да, это студент.
- Он слушает радио (музыку)?
- Да, он слушает радио (музыку).

연습문제 9

1 - Это мама?
- Нет, это папа.
- Он слушает музыку?
- Нет, он слушает песню.

2 - Это брат?
- Нет, это сестра.
- Она читает книгу?
- Нет, она читает письмо.

3 - Это Вадим?
- Нет, это Иван.
- Он читает книгу?
- Нет, он слушает радио.

연습문제 10

- Кто это?
- Это мама.
- Что она делает?
- Она слушает.
- Что она слушает?
- Она слушает музыку (радио).
- Кто это?
- Это дочь.
- Что она делает?
- Она читает.
- Что она читает?
- Она читает журнал.

연습문제 12

Мария Владимировна, Виктор Евгеньевич, Светлана Алексеевна, Игорь Дмитриевич, Надежда Антоновна

연습문제 13

Фамилия: Иванова, Петров, Смирнов, Владимиров, Викторов, Соколова, Васильев

Отчество: Ивановна, Петрович, Антонович, Дмитриевна, Васильевич

АУДИ́РОВАНИЕ

연습문제 1

b)

듣기 대본
Лена: Алло!
Антон: Привет, Лена!

Лена: Привет, Антон!
Антон: Что ты сейчас делаешь?
Лена: Я слушаю музыку. А ты?
Антон: Я читаю стихи.

연습문제 2

❶ b)   ❷ a)

듣기 대본
Юрий: Алло! Это Наташа?
Наташа: Да, это я. А кто это?
Юрий: Это Юрий.
Наташа: Здравствуй, Юрий!
Юрий: Добрый день, Наташа! Где ты сейчас?
Наташа: Я дома. А ты?
Юрий: Я тоже дома. А что ты делаешь?
Наташа: Я читаю газету и слушаю музыку. А ты?
Юрий: Я слушаю песню и читаю письмо.

제 2 과

ГОВОРИ́ТЕ ПРА́ВИЛЬНО!

연습문제 1

преподаватели	упражнения
окна	мамы
журналы	портфели
девочки	мужчины
плащи	недели
трамваи	школы
врачи	библиотеки
кинотеатры	вокзалы
площади	банки

연습문제 2

❶ его, его   ❷ тебя, меня

❸ вас, нас   ❹ её, её

❺ их, их

연습문제 3

❶ его   ❷ её

❸ их   ❹ его

❺ нас   ❻ вас

❼ его   ❽ меня

❾ их   ❿ её

⓫ его   ⓬ их

⓭ его   ⓮ её

ДАВА́ЙТЕ ПОГОВОРИ́М!

연습문제 1

❶ А это дочери.   ❷ А это столы.

❸ А это стулья.   ❹ А это дети.

❺ А это студенты.   ❻ А это люди.

❼ А это газеты.   ❽ А это школы.

❾ А это магазины.   ❿ А это аптеки.

⓫ А это театры.   ⓬ А это музеи.

연습문제 2

❶ - Это стол?
  - Нет, это стул.
  - Нет, это не стол, это стул.
  - Нет, это не стол, а стул.

❷ - Это брат?
  - Нет, это сестра.
  - Нет, это не брат, это сестра.
  - Нет, это не брат, а сестра.

❸ - Это газета?
  - Нет, это журнал.
  - Нет, это не газета, это журнал.
  - Нет, это не газета, а журнал.

❹ - Это кафе?
  - Нет, это ресторан.
  - Нет, это не кафе, это ресторан.
  - Нет, это не кафе, а ресторан.

❺ - Это банк?
  - Нет, это почта.
  - Нет, это не банк, это почта.
  - Нет, это не банк, а почта.

❻ - Это Олег?
  - Нет, это Юрий.
  - Нет, это не Олег, это Юрий.
  - Нет, это не Олег, а Юрий.

❼ - Это дедушка?
  - Нет, это бабушка.
  - Нет, это не дедушка, это бабушка.

- Нет, это не дедушка, а бабушка.

연습문제 3

❶ Я знаю (мы знаем) его.

❷ Я понимаю (мы понимаем) её.

❸ Таня спрашивает их.

❹ Учитель знает нас.

❺ Я знаю их.

연습문제 4

❶ Что вы слушаете (ты слушаешь)?

❷ Как вас зовут?

❸ Это журнал? / Это газеты?

❹ Это Виктор. Ты знаешь его? / Вы знаете его?

❺ Это Вера. Ты понимаешь её? / Вы понимаете её?

❻ Это Антон. Ты знаешь его? / Вы знаете его?

АУДИ́РОВАНИЕ

연습문제 1

❶ a)　　　❷ c)

듣기 대본

Олег: Здравствуйте! Давайте познакомимся. Как вас зовут?

Света: Меня зовут Света. А вас?

Олег: Меня зовут Олег.

Света: Очень приятно.

Олег: Очень приятно. Вы студентка?

Света: Да, я студентка. А вы тоже студент?

Олег: Нет, я учитель.

연습문제 2

❶ нет　　　❷ нет

❸ нет　　　❹ да

듣기 대본

Антон: Игорь, кто это? Это профессор?

Игорь: Да, Антон, это профессор.

Антон: Ты знаешь, как его зовут?

Игорь: Да, знаю, его зовут Валерий Дмитриевич

Антон: А это тоже профессор?

Игорь: Нет, она не профессор, она учительница.

Антон: Как её зовут?

Игорь: Я не знаю, как её зовут.

Вопросы:

❶ Он и она учителя?

❷ Они профессора?

❸ Игорь знает, как её зовут?

❹ Игорь не знает, как её зовут?

제 3 과

복 습

❶ песню　　　❷ газету и журнал

❸ письмо　　　❹ музыку

❺ книгу　　　❻ его

❼ её　　　❽ тебя

❾ вас　　　❿ книгу, книгу, журнал

ГОВОРИ́ТЕ ПРА́ВИЛЬНО!

연습문제 1

❶ - Кто живёт в Москве?
- Александр.
- Что делает Александр?
- Живёт.
- Где живёт Александр?
- В Москве.

❷ - Кто работает в компании «Самсунг»?
- Отец.
- Что делает отец?
- Работает.
- Где работает отец?
- В компании «Самсунг».

❸ - Кто учится в школе?
- Дети.
- Что делают дети?
- Учатся
- Где учатся дети?
- В школе.

연습문제 2

❶ в университете, в школе

❷ на заводе, в библиотеке

❸ в Корее, в Сеуле

❹ в Сувоне, в университете

⑤ в общежитии

⑥ в Америке или в Англии

⑦ в Японии, в Токио

연습문제 3

① обедаю

② отдыхает

③ гуляем

④ ужинаете

⑤ отдыхают

⑥ завтракаешь, завтракаю

연습문제 4

① Олег обедает в ресторане или в кафе.

② Мама и папа отдыхают на юге, на море.

③ Дети гуляют в парке.

④ Мы ужинаем дома.

⑤ Я завтракаю в общежитии.

연습문제 5

① Словарь на столе (в столе).

② Письмо в книге (на книге)

③ Газета в портфеле (на портфеле).

④ Дети в парке (в комнате, в школе).

⑤ Брат в университете (в институте, в Москве).

⑥ Дедушка и бабушка в деревне (на юге, в Пусане).

연습문제 6

① в лесу или в саду

② в портфеле

③ на столе (в столе)

④ в шкафу

⑤ на полу

⑥ дома, в кафе

⑦ в Японии, в Токио

⑧ в аэропорту

⑨ дома, дома, в ресторане

⑩ в доме № 4

ДАВА́ЙТЕ ПОГОВОРИ́М!

연습문제 1

① - Вы учитесь?
- Нет, я работаю.
- Нет, я не учусь, а работаю.

② - Вы работаете?
- Нет, я отдыхаю.
- Нет, я не работаю, а отдыхаю.

③ - Вы завтракаете?
- Нет, я обедаю.
- Нет, я не завтракаю, а обедаю.

④ - Вы обедаете?
- Нет, я ужинаю.
- Нет, я не обедаю, а ужинаю.

연습문제 3

① - Знаю, он учится в университете.
- Нет, не знаю.

② - Знаю, она в библиотеке.
- Нет, не знаю.

③ - Знаю, он работает банке.
- Нет, не знаю.

④ - Знаю, она на рынке.
- Нет, не знаю.

⑤ - Знаю, он в шкафу.
- Нет, не знаю.

⑥ - Знаю, это Максим.
- Нет, не знаю.

⑦ - Знаю, это матрёшка.
- Нет, не знаю.

⑧ - Знаю, она гуляет в парке.
- Нет, не знаю.

연습문제 5

Аптекарь работает в аптеке. Библиотекарь работает в библиотеке. Бизнесмен работает в фирме (в компании). Врач работает в больнице (в поликлинике). Инженер работает на заводе (на фабрике). Повар работает в ресторане (в кафе). Почтальон работает на почте. Преподаватель работает в университете (в институте). Учитель работает в школе.

연습문제 6

① Как вас (тебя) зовут?

❷ Где ты живёшь (вы живёте)?

❸ Где он работает? (Где работает отец?)

❹ Что он читает? (Что читает брат?)

❺ Он завтракает дома? (Брат завтракает дома?)

❻ Это магазин?

❼ Что делает Лена?

АУДИ́РОВАНИЕ

연습문제 1

❶ a) 　　　　❷ b)

듣기 대본

Николай: Здравствуйте. Меня зовут Николай. А вас?

Надежда: Меня зовут Надежда.

Николай: Очень приятно. Где вы живёте?

Надежда: Я живу в Москве. А вы тоже живёте в Москве?

Николай: Нет, я живу в Санкт-Петербурге. Вы студентка?

Надежда: Нет, я работаю в институте. А вы работаете или учитесь?

Николай: Я не учусь, я работаю.

Надежда: Где вы работаете?

Николай: Я работаю больнице, я врач.

연습문제 2

❶ нет 　　　　❷ да

❸ нет 　　　　❹ нет

❺ да 　　　　❻ нет

듣기 대본

Здравствуйте! Меня зовут Вадим. Я студент, я учусь в университете. Сейчас я живу в Москве. А папа и мама живут в Петербурге. Папа – инженер, он работает на заводе. Мама – повар, она работает не в ресторане, а в школе.

Вопросы:

❶ Его зовут Владимир?

❷ Его зовут Вадим?

❸ Он учится в институте?

❹ Он живёт в Петербурге?

❺ Папа работает на заводе?

❻ Мама учительница?

제 4 과

복 습

❶ журнал, письмо, стихи, книгу, тетрадь

❷ в России, в Москве

❸ в Корее, в Сеуле

❹ в Пусане, в библиотеке

❺ в Сувоне, в университете

❻ его

❼ её

❽ вас, меня

❾ в саду

❿ в Японии, в Саппоро

ГОВОРИ́ТЕ ПРА́ВИЛЬНО!

연습문제 1

❶ учится 　　　❷ изучает

❸ учатся, изучают 　❹ учимся, изучаем

❺ учитесь 　　　❻ изучаете

연습문제 2

❶ в институте, историю

❷ в университете, русский язык

❸ литературу

❹ в школе

❺ английский язык

연습문제 3

❶ Ми Хи знает русский язык, она изучает русский язык. Она читает и говорит по-русски.

❷ Вы понимаете по-корейски? Вы изучаете корейский язык? Иван плохо говорит по-корейски.

❸ Дети хорошо читают по-английски. Они изучают английский язык. Сон Ми хорошо знает английский язык. Она говорит по-английски.

연습문제 4

❶ мой, твой 　　❷ наша

❸ ваше, моё 　　❹ наша

❺ мой　　　　　❻ наши

❼ её　　　　　　❽ его

❾ их　　　　　　❿ её

ДАВА́ЙТЕ ПОГОВОРИ́М!

연습문제 1

❶ - Где учится Лариса?
　- Она учится в школе.
　- Что она изучает?
　- Она изучает корейский язык.

❷ - Где учится брат?
　- Он учится в институте.
　- Что он изучает?
　- Он изучает историю.

❸ - Где учатся Олег и Анна?
　- Они учатся в университете.
　- Что они изучают?
　- Они изучают английский язык.

❹ - Где учится Соня?
　- Она учится в институте.
　- Что она изучает?
　- Она изучает литературу.

❺ - Где учится Виктор?
　- Он учится в школе.
　- Что он изучает?
　- Он изучает русский язык.

❻ - Где учатся Татьяна и Андрей?
　- Они учатся в университете.
　- Что они изучают?
　- Они изучают японский язык.

연습문제 3

❶ - Чей это журнал?
　- Это твой журнал.

❷ - Чьи это брат и сестра?
　- Это её брат и сестра.

❸ - Чьё это письмо?
　- Это ваше письмо.

❹ - Чья это подруга?
　- Это наша подруга.

❺ Чей это друг?
　- Это их друг.

❻ - Чьи это сигареты?
　- Это его сигареты.

❼ Чьё это пальто?

- Это моё пальто.

연습문제 4

❶ Его зовут Мин Хо.

❷ Он учится в университете Кёнхи.

❸ Он изучает русский язык.

❹ Нет, его отец врач.

❺ Его отец работает в больнице.

❻ Его мать работает в школе.

❼ Нет, он не очень хорошо говорит по-русски.

❽ Нет, брат изучает английский язык.

❾ Нет, его брат учится в университете Корё.

연습문제 6

❶ Чья это ручка?

❷ Это его портфель?

❸ Где учится Таня?

❹ Что она изучает?

❺ Она изучает японский язык?

❻ Она изучает китайский (японский) язык?

❼ Ты хорошо говоришь по-русски? (Вы хорошо говорите по-русски?)

АУДИ́РОВАНИЕ

연습문제 1

b)

> 듣기 대본
> Татьяна: Сергей, где завтракаешь?
> Сергей: Я завтракаю дома. А ты, Татьяна?
> Татьяна: Обычно я не завтракаю.
> Сергей: Где ты обедаешь?
> Татьяна: Я обедаю в кафе. А ты?
> Сергей: Я тоже.
> Татьяна: А где ты ужинаешь?
> Сергей: Я ужинаю в ресторане. А ты?
> Татьяна: Я ужинаю дома.

연습문제 2

❶ нет　　　　　❷ да

❸ нет　　　　　❹ да

❺ да　　　　　　❻ нет

❼ да

❽ нет

듣기 대본

Это Игорь и Наталья. Они муж и жена. Они живут в Хабаровске. Игорь – бизнесмен, он работает в компании «Байкал». Наталья – врач, она работает в больнице. Обычно они завтракают и ужинают дома, а обедают в ресторане. Вечером Игорь слушает музыку, а Наталья читает журнал.

Вопросы:

❶ Они брат и сестра?

❷ Они муж и жена?

❸ Он работает в банке?

❹ Она работает в больнице?

❺ Дома они завтракают и ужинают?

❻ Дома они завтракают и обедают?

❼ Вечером она читает журнал?

❽ Вечером он слушает песни?

제 5 과

복 습

❶ радио

❷ в Китае, в Пекине

❸ в институте, русский язык и литературу

❹ английский язык, по-английски, по-английски

❺ Чей, её

❻ Чья, твоя

❼ Чьи, его

❽ Чьё, моё

ГОВОРИ́ТЕ ПРА́ВИЛЬНО!

연습문제 1

❶ о маме и о папе

❷ о России

❸ о Москве

❹ о брате и о сестре

❺ об уроке

❻ об институте

❼ о Корее

❽ об учителе Василии Ивановиче

❾ о преподавателе Анне Николаевне

❿ об учебнике и словаре

연습문제 2

❶ Этот словарь, дедушка, стадион

❷ Эта тетрадь, газета, бабушка, рубашка, школа

❸ Это пальто, платье, кафе

❹ Эти сигареты, люди, стихи

연습문제 3

❶ новый журнал

❷ хорошая книга

❸ синие джинсы

❹ красная юбка

❺ чёрное пальто

❻ белый костюм

❼ интересный фильм

❽ маленькие мальчик и девочка

❾ старший брат

❿ младшая сестра

⓫ домашнее задание

연습문제 4

❶ Это ваши чёрные брюки.

❷ Это его новое пальто.

❸ Это наша синяя машина.

❹ Это её белая блузка.

❺ Это её большой словарь.

❻ Это их маленькие дети.

ДАВА́ЙТЕ ПОГОВОРИ́М!

연습문제 2

❶ - О чём говорит отец?
  - Отец говорит о фирме.

❷ - О ком спрашивает Лариса?
  - Лариса спрашивает о друге.

❸ - О чём рассказывает Женя?
  - Женя рассказывает о Петербурге.

❹ - О чём думает сестра?
  - Сестра думает об экзамене.

❺ - О ком ты говоришь (вы говорите)?

- Я говорю о матери и об отце.

❻ О ком вы рассказываете?
- Мы рассказываем об учителе.

❶ - Где твоё красивое платье?
- Оно в шкафу.

❷ - Где ваши чёрные брюки?
- Они в шкафу (в сумке).

❸ - Где его большая тетрадь?
- Она на столе (в столе, в портфеле).

❹ - Где мой старший брат?
- Он в университете (в библиотеке).

❺ - Где наша младшая сестра?
- Она в школе (на стадионе).

❻ - Где её маленькие дети?
- Они в парке.

❼ - Где их интересный журнал?
- Он на столе (в столе, в сумке).

❶ Это восьмой дом.

❷ Это пятая аудитория.

❸ Это десятая квартира.

❹ Это второй кабинет.

❺ Это девятый автобус.

❻ Это шестой трамвай.

❼ Это четвёртое упражнение.

❶ Чей брат ужинает в ресторане?

❷ Какой брат ужинает в ресторане?

❸ Кто ужинает в ресторане?

❹ Что делает брат?

❺ Где ужинает брат?

❶ Кто это?

❷ Какая это сестра?

❸ Что это?

❹ Какой это словарь?

❺ Где учится сестра?

❻ Что изучает брат?

❼ Где отец?

❽ Кто в Москве?

❾ О ком говорит (думает, рассказывает, спрашивает) мама?

❿ О чём говорит (думает, рассказывает, спрашивает) Виктор?

АУДИ́РОВАНИЕ

❶ c)   ❷ b)

듣기 대본

Здравствуйте! Меня зовут Евгений, я живу и учусь в Москве. Я учусь в университете, изучаю немецкий язык. Я хорошо читаю по-немецки, но не очень хорошо говорю и понимаю. А мой старший брат учится в Петербурге, он изучает испанский и французский языки. Он хорошо знает испанский язык, неплохо говорит и понимает по-испански. А французский язык брат знает не очень хорошо.

❶ да   ❷ да

❸ да   ❹ нет

듣기 대본

Валя: Саша, какой сегодня первый урок?
Саша: Первый урок – математика.
Валя:А второй урок?
Саша: Второй урок история
Валя: А третий урок – литература?
Саша: Нет, третий урок – английский язык, а
         литература – четвёртый урок
Вопросы:
❶ Второй урок – история?
❷ Третий урок – английский язык?
❸ Сегодня Саша изучает математику?
❹ Сегодня Саша изучает культуру?

제6과

복 습

1. в Англии, в Лондоне
2. в ресторане
3. наша новая библиотека
4. ваше синее пальто
5. мои старшие братья
6. о матери и об отце
7. дома, музыку

ГОВОРИ́ТЕ ПРА́ВИЛЬНО!

연습문제 1

1. Это наш сосед, который работает на заводе.
2. Это дети, которые гуляют в парке.
3. Это моя сестра, которая изучает английский язык.
4. Я слушаю радио, которое стоит на столе.
5. Отец работает в фирме, которая находится в Сеуле.
6. Я думаю о друге, который живёт в Москве.

연습문제 2

1. Сын ест рис и рыбу.
2. Дети едят фрукты.
3. Дочь пьёт молоко.
4. Родители пьют кофе.
5. Ты ешь хлеб.
6. Я пью чай.
7. Вы едите картофель.
8. Мы пьём сок.

연습문제 3

1. завтракаем
2. едим
3. пьют
4. ужинает
5. едят, пьют
6. ем, пью
7. обедают
8. едим

연습문제 4

1. о них
2. о ней
3. о нём

연습문제 5

1. Преподаватель в этой аудитории.
2. Учебник в моём портфеле.
3. Фотографии на (в) твоём столе.
4. Студенты говорят о нашем преподавателе.
5. Он говорит о вашем словаре и о вашей тетради.

연습문제 6

1. в этом большом городе
2. о нашем старом дедушке
3. в этом новом доме
4. об их трудном экзамене
5. в этой известной компании
6. о вашей старшей сестре
7. об этой симпатичной студентке
8. в котором
9. каком, первом курсе
10. каком, шестом классе

ДАВА́ЙТЕ ПОГОВОРИ́М!

연습문제 2

А)

1. Это девушка, которая живёт в доме № 3.
2. Это дети, которые делают домашнее задание.
3. Это молодой человек, который учится в университете Корё.
4. Это девочка, которая хорошо говорит по-русски.
5. Это студенты, которые знают японский язык.

Б)

1. Я думаю о девушке, которая учится в группе № 5.
2. Я говорю о брате, который делает домашнее задание.
3. Я рассказываю о девочке, которая хорошо говорит по-русски.
4. Я думаю о маме и папе, которые живут в Пусане.
5. Папа рассказывает о бабушке и дедушке, которые отдыхают на море.

В)

1. Мы говорим о профессоре, который хорошо знает английский, испанский и французский

языки.

❷ Я читаю роман, о котором ты рассказываешь.

❸ Русские друзья рассказывают о городе, в котором они живут.

❹ Это медицинский институт, в котором учится сестра.

❺ Родители думают о дочери, которая учится в России.

연습문제 5

❶ Наташа говорит о брате (о сестре).

❷ Сергей говорит о старшем (о младшем) брате.

❸ Я живу в новом доме (в большом, в первом) доме.

❹ Я живу на первом (на втором) этаже.

❺ Обычно я ужинаю в ресторане (дома).

❻ Наша семья ужинает в маленьком (большом, новом) ресторане.

연습문제 6

❶ О какой сестре вы думаете (говорите)?

❷ Где вы завтракаете?

❸ В каком кафе вы обедаете?

❹ Что вы едите?

❺ Что вы пьёте?

❻ На каком этаже вы живёте?

❼ В какой квартире вы живёте?

АУДИ́РОВАНИЕ

연습문제 1

❶ b)   ❷ c)

❸ b)   ❹ c)

❺ a)

듣기 대본
Моя младшая сестра Люда учится в хорошем новом университете, она изучает математику, физику и химию. Она завтракает и ужинает дома, а обедает в маленьком кафе. В кафе она обычно ест суп, картофель, мясо или рыбу. Люда не пьёт кофе, обычно она пьёт сок или чай.

연습문제 2

❶ да   ❷ нет

❸ нет   ❹ да

❺ да

듣기 대본
Вера: Максим, где ты живёшь?
Максим: Я живу в большом старом доме. А ты, Вера?
Вера: Я живу в маленьком новом доме.
Максим: На каком этаже ты живёшь?
Вера: Я живу на шестом этаже. А ты?
Максим: Я живу на четвёртом этаже
Вера: В какой квартире ты живёшь?
Максим: Я живу в восьмой квартире. А ты?
Вера: Я живу в десятой квартире.
Вопросы:
❶ Максим живёт в большом доме?
❷ Вера живёт в маленьком старом доме?
❸ На шестом этаже живёт Максим?
❹ Она живёт в квартире номер десять?
❺ Он живёт в квартире номер восемь?

제 7 과

복 습

❶ в маленьком кафе

❷ суп, рис, рыбу

❸ мясо и овощи

❹ сок или воду

❺ о фильме

❻ о каком, об интересном фильме

❼ который

❽ которая

❾ о которой

❿ в котором

ГОВОРИ́ТЕ ПРА́ВИЛЬНО!

연습문제 1

❶ Юрия Петровича

❷ историю и литературу

❸ преподавателя

❹ Владимира Сергеевича и Марию Ивановну

❺ стихи

❻ радио, бабушку и дедушку

❼ суп, рыбу, фрукты.

연습문제 2

❶ в субботу и в воскресенье

❷ пятница

❸ в понедельник, в среду и в пятницу

❹ в субботу

❺ во вторник и в четверг

연습문제 3

❶ в семь часов   ❷ в три часа

❸ двенадцать часов   ❹ в час

❺ в шесть часов   ❻ в четыре часа

❼ в одиннадцать часов   ❽ в два часа

❾ в девять часов   ❿ в двенадцать часов

연습문제 4

❶ начинается   ❷ начинаются

❸ начинаю   ❹ начинает

❺ начинается   ❻ начинает

❼ начинается   ❽ начинает

❾ начинается   ❿ кончаются

⓫ кончает   ⓬ кончает

⓭ кончается

연습문제 5

❶ Работа начинается в 9 часов.

❷ Занятие начинается в 10 часов.

❸ Урок кончается в 11 часов.

❹ Передача начинается в 8 часов.

❺ Работа кончается в 7 часов.

ДАВА́ЙТЕ ПОГОВОРИ́М!

연습문제 1

❶ Я часто встречаю Максима и Веру.

❷ Я хорошо знаю друга Юрия.

❸ Я понимаю Анну Петровну.

❹ Я спрашиваю о России Владимира Ивановича.

연습문제 2

❶ восемь часов   ❷ час

❸ шесть часов   ❹ два часа

❺ пять часов   ❻ двенадцать часов

❼ семь часов   ❽ десять часов

❾ четыре часа   ❿ три часа

연습문제 4

❶ во вторник

❷ в понедельник и в среду

❸ в воскресенье

❹ в пятницу и в субботу

❺ в четверг

연습문제 9

❶ Вы работаете?

❷ Какие это брюки?

❸ О ком говорит Ирина?

❹ О чём он рассказывает?

❺ Что изучают студенты?

❻ Вы знаете Виктора?

❼ Кого вы знаете?

❽ Что делает Марина?

❾ В каком доме вы живёте?

АУДИ́РОВАНИЕ

연습문제 1

❶ b)   ❷ b)

❸ a)   ❹ c)

듣기 대본

Соня: Антон, где ты учишься?

Антон: Я учусь в медицинском институте.

Соня: Когда начинаются занятия в вашем институте?

Антон: Они начинаются в восемь часов.

Соня: А когда кончаются?

Антон: В пять или шесть часов.

Соня: В нашем университете занятия кончаются в 4 часа. В котором часу ты обедаешь?

연습문제 정답

Антон: Обычно я обедаю в 12 часов.

Соня: А я обедаю в час в студенческой столовой.

А ты тоже обедаешь в столовой?

Антон: Нет, обычно я обедаю не в столовой, а в маленьком кафе.

연습문제 2

❶ да
❷ нет
❸ да
❹ нет
❺ нет
❻ нет

듣기 대본

Павел - инженер, он работает в понедельник, во вторник, в среду, в четверг и в пятницу. Обычно он начинает работу в 9 часов, а кончает в 6 часов. В час Павел обедает, а в 7 часов ужинает. Обычно он обедает в небольшом ресторане, а ужинает дома. В субботу и в воскресенье он не работает. В субботу он часто гуляет в лесу, а в воскресенье читает книги и журналы, слушает музыку, смотрит телевизор.

Вопросы:

❶ Его работа начинается в 9 часов, а кончается в 6?
❷ Он обедает в 12 часов?
❸ Он обедает в маленьком ресторане?
❹ Обычно он ужинает дома в восемь часов?
❺ Он не работает в среду и в воскресенье?
❻ В воскресенье он обычно гуляет, слушает музыку, смотрит телевизор, читает.

제 8 과

복 습

❶ в этом большом новом институте
❷ литературу и историю
❸ Сергея Владимировича и Наталью Григорьевну
❹ о нашем отце и о нашей матери
❺ Веру Ивановну, о её новой квартире
❻ работу, в 8 часов
❼ в которой
❽ дом, улицу, машины, мальчика, девочку.

ГОВОРИ́ТЕ ПРА́ВИЛЬНО!

연습문제 1

❶ смотрим
❷ смотрит, видит
❸ вижу
❹ смотрим
❺ смотрим
❻ вижу

연습문제 2

❶ на машине
❷ на трамвае
❸ на автобусе
❹ на троллейбусе
❺ на такси

연습문제 3

❶ идёт, едет
❷ едешь или идёшь, еду
❸ не идём, а едем
❹ едем, иду
❺ едешь, не еду, а иду
❻ едет, идёт

연습문제 4

❶ в Россию, в Петербург
❷ в театр, на спектакль
❸ в магазин и на рынок
❹ на Чёрное море или на Байкал
❺ в кино и в музей
❻ в библиотеку
❼ в ресторан или в кафе

연습문제 5

❶ Виктор едет на работу на метро.
❷ Мы идём на стадион пешком.
❸ Отец едет на завод на машине.
❹ Студенты едут в Америку, в Вашингтон.
❺ Сестра едет на юг на поезде.

연습문제 6

❶ этого высокого симпатичного студента
❷ нашего нового преподавателя
❸ интересный фильм
❹ эту молодую девушку
❺ весёлую песню

❻ русский язык

❼ моего русского друга

❽ его младшую сестру

❾ в большой красивый город

❿ в новый театр на классическую оперу.

⓫ в студенческую столовую

ДАВА́ЙТЕ ПОГОВОРИ́М!

연습문제 2

❶ Врач работает в больнице.
Сейчас он идёт в больницу.

❷ Бизнесмен работает в фирме (в компании).
Сейчас он идёт в фирму (в компанию).

❸ Повар работает в ресторане (в кафе, в столовой).
Сейчас он идёт в ресторан (в кафе, в столовую).

❹ Преподаватель работает в университете (в институте).
Сейчас он идёт в университет (в институт).

❺ Аптекарь работает в аптеке.
Сейчас он идёт в аптеку.

❻ Почтальон работает на почте.
Сейчас он идёт на почту.

연습문제 6

❶ Ты идёшь (вы идёте) пешком?

❷ Ты едешь на автобусе?

❸ Сколько сейчас времени?

❹ Когда ты идёшь в кино?

❺ Где работает мама? / Где ты делаешь домашнее задание?

❻ Куда ты идёшь?

❼ Кого ты часто видишь?

АУДИ́РОВАНИЕ

연습문제 1

❶ c)   ❷ b)

❸ c)   ❹ a)

❺ b)

듣기 대본

Это Света. Она живёт в России, в большом красивом городе. Света - студентка, учится в хорошем университете, изучает русский язык, литературу и историю. Утром Света едет в институт сначала на трамвае, потом на автобусе. Занятия начинаются в 9 часов, а кончаются в 2 часа и Света обедает, а в 3 часа она идёт в библиотеку. Там она делает домашнее задание и читает русские романы. В 6 часов Света едет домой. Она ужинает в 8 часов, потом она обычно слушает классическую музыку, смотрит телевизор, читает журналы.

연습문제 2

❶ нет   ❷ да

❸ нет   ❹ да

❺ нет   ❻ да

❼ нет   ❽ да

듣기 대본

Лариса – молодая девушка, она не учится, а работает. Она повар и работает в столовой. Утром в 7 часов она едет на работу. Сначала она едет на метро, потом на трамвае № 10. Она начинает работу в 8 часов, а кончается её работа вечером, в 7 часов, и Лариса едет домой. Дома она обычно смотрит телевизор, читает журналы. В воскресенье Лариса не работает, поэтому утром она гуляет в большом красивом саду, а вечером идёт в кино.

Вопросы:

❶ Её зовут Алиса?

❷ Её зовут Лариса?

❸ Она повар и работает в ресторане?

❹ Она едет на работу на трамвае и метро?

❺ Работа начинается в 7 часов и кончается в 8 часов?

❻ Работа начинается в 8 часов и кончается в 7 часов?

❼ В воскресенье утром Лариса гуляет в красивом лесу?

❽ В воскресенье вечером Лариса смотрит фильмы в кинотеатре?

제 9 과

복습 A

1 дом, машину, брата, сестру

2 в больнице, в больницу

3 в России, в Москве

4 в Россию, в Москву, на поезде

5 этого иностранного студента

6 об этом известном профессоре

7 новую учительницу

복습 Б

1 Вот девочка, которая читает по-английски.

2 Вот книга, которую я читаю.

3 Это институт, в котором учится сестра.

4 Я говорю о деревне, в которой живёт мой дедушка.

5 Мы идём в кафе, которое находится недалеко.

6 Это ресторан, в котором мы обедаем.

7 Мы видим преподавателя, который идёт в библиотеку.

8 Это Иван Антонович, которого вы знаете.

ГОВОРИ́ТЕ ПРА́ВИЛЬНО!

연습문제 1

1 справа; Где (находится) дом?

2 долго; Как долго Марина смотрит телевизор?

3 направо; Куда ты идёшь?

4 завтра; Когда вы идёте в театр?

5 плохо; Как он знает русский язык?

6 редко; Как часто мама отдыхает?

7 хорошо; Как учится Оля?

연습문제 2

слу́шал, слу́шала, слу́шало, слу́шали	учи́лся, учи́лась, учи́лось, учи́лись
встреча́лся, встреча́лась, встреча́лось, встреча́лись	был, была́, бы́ло, бы́ли
ви́дел, ви́дела, ви́дело, ви́дели	вёз, везла́, везло́, везли́
стриг, стри́гла, стри́гло, стри́гли	шёл, шла, шло, шли

연습문제 3

1 работает, работал   2 жили, живём

3 изучает, изучала   4 ужинаем, ужинали

5 едят, обедали, ели

연습문제 5

1 Володя сказал, что сейчас 2 часа.

2 Отец сказал, что он едет в Москву на поезде.

3 Дети сказали, что они идут в парк.

4 Лариса сказала, что вчера в библиотеке она видела Олега.

5 Антон сказал, что это его книга.

6 Ира сказала, что их дедушка живёт в деревне.

연습문제 6

1 Мы спросили Джона, сколько лет он изучает русский язык.

2 Студенты спросили преподавателя, когда начинается лекция.

3 Преподаватель спросил, какой сегодня день недели.

4 Я спросил Антона, кого он встретил вчера.

5 Мы спросили Марину, что она читает.

6 Я спросил брата, едет ли он в Сеул.

7 Мы спросили преподавателя, был ли он в Москве.

8 Дети спросили маму, холодно ли сегодня.

9 Преподаватель спросил студента, говорит ли он по-русски.

10 Маша спросила Аню, её ли это пальто.

ДАВА́ЙТЕ ПОГОВОРИ́М!

연습문제 3

1 Сегодня Марина гуляет в парке.
Вчера она тоже гуляла в парке.

2 Сегодня бабушка отдыхает.

Вчера она тоже отдыхала.

❸ Сегодня студенты занимаются в библиотеке.
Вчера они тоже занимались в библиотеке.

❹ Сегодня Софья берёт книги в библиотеке.
Вчера она тоже брала книги в библиотеке.

❺ Сегодня мы разговариваем о России.
Вчера мы тоже разговаривали о России.

연습문제 6

❶ Он идёт в музей (в библиотеку, в кафе)?

❷ Кого ты видела?

❸ Ты едешь в университет на автобусе?

❹ На чём ты едешь в университет?

❺ Когда отец едет в Москву?

❻ Как долго гуляли дети?

❼ Что ты делал вчера?

❽ Какую книгу прочитала Анна?

❾ Как часто Пётр Иванович слушает радио?

АУДИ́РОВАНИЕ

연습문제 1

d)

듣기 대본

Сегодня суббота, Катя весь день дома. А вчера вечером она ходила в Большой театр. Она смотрела балет «Щелкунчик». Балет начался в 6 часов, а кончился в 9 часов. Раньше Катя редко ходила в театр и не очень хорошо знала и понимала классическую музыку. Но теперь она часто слушает оперу или смотрит балет в Большом театре.

연습문제 2

d)

듣기 대본

Миша: Привет, Соня, куда ты идёшь?

Соня: Привет, Миша. Я иду в столовую. Сейчас 2 часа, но я ещё не обедала. А ты обедал?

Миша: Да, я всегда обедаю в 12 часов.

Соня: В нашей столовой? Ну, и как сегодня обед? Вкусный?

Миша: Нет, не в столовой, а в кафе «Надежда». Иногда я обедаю там и ем пельмени, потому что в этом кафе вкусные пельмени.

Соня: Я слышала, что там вкусные пельмени, но не ходила в это кафе, всегда обедаю в столовой.

연습문제 3

❶ нет   ❷ да

❸ нет   ❹ нет

❺ да   ❻ да

듣기 대본

Лара: Привет, Саша!

Саша: Здравствуй, Лара! Ты идёшь в библиотеку?

Лара: Нет, я ходила в библиотеку утром, а сейчас я иду в наш студенческий клуб на спектакль?

Саша: На какой спектакль?

Лара: «Первая учительница». Я слышала, что это очень интересный спектакль. И моя подруга Наташа Петрова тоже идёт на этот спектакль.

Саша: Наташа? Она учится в нашем университете?

Лара: Да-да, раньше она училась в нашей школе, а теперь - в нашем университете. Она изучает химию.

Саша: А я давно не видел Наташу!

Лара: Тогда давай вместе пойдём на спектакль!

Саша: Отлично, пойдём! На спектакле я тоже давно не был.

Вопросы:

❶ Саша учится в университете, изучает химию?

❷ Утром Лара была в библиотеке?

❸ Сейчас Лара идёт в театр?

❹ Саша часто встречает Наташу Петрову?

❺ Саша, Катя и Наташа вместе учились в школе?

❻ Саша редко смотрит спектакли.

복 습

1 в этой новой библиотеке, в эту новую библиотеку

2 в России, во Владивостоке; в Корею, в Пусан

3 на юге, на Чёрном море; на Байкал, на поезде

4 во Франции, в Париже; во Францию, в Париж

5 о нашем новом преподавателе Михаиле Викторовиче, которого

6 в которой

ГОВОРИ́ТЕ ПРА́ВИЛЬНО!

연습문제 1

1 моего, своего, моего, мой

2 её, свою, её

3 твоя, твою, твою, свою

4 свои, его, его, свои

5 их, свой, свой, их

연습문제 2

1 слушаем   **2** слышит

3 слышали   **4** слушают

5 слышим

연습문제 3

1 У неё есть сестра.

2 У нас есть дедушка.

3 У вас есть дети.

4 У них есть машина.

5 У тебя есть словарь.

6 У меня есть друг.

7 У него есть время.

8 У неё есть дети.

9 У нас есть родители.

10 У вас есть сестра?

11 У тебя есть пальто?

12 У них есть квартира.

13 У него есть учебник.

연습문제 4

1 У Наташи есть сестра.

2 У Игоря есть словарь

3 У Виктории есть подруга.

4 У Виктора есть книга.

5 У мужа есть машина.

6 У дедушки есть очки.

7 У Сергея есть квартира.

8 У матери есть сын и дочь.

연습문제 5

1 - Да, у меня есть компьютер.
    - Нет, у меня нет компьютера.

2 - Да, у Вадима есть жена.
    - Нет, у Вадима нет жены.

3 - Да, у Светы есть подруга.
    - Нет, у Светы нет подруги.

4 - Да, у меня есть ручка и карандаш.
    - Нет, у меня нет ручки и карандаша.

5 - Да, у Димы есть тетрадь и учебник.
    - Нет, у Димы нет тетради и учебника.

6 - Да, у брата есть автомобиль.
    - Нет, у брата нет автомобиля.

7 Да, в аудитории есть стол.
    - Нет, в аудитории нет стола.

8 - Да, на острове есть озеро.
    - Нет, на острове нет озера.

9 - Да, в нашем доме есть лифт.
    - Нет, в нашем доме нет лифта.

10 - Да, на нашей улице есть кинотеатр.
    - Нет, на нашей улице нет кинотеатра.

11 - Да, здесь есть аптека.
    - Нет, здесь нет аптеки.

연습문제 7

A)

1 30 минут, час

2 3 часа, весь день, всё утро, всю пятницу

3 15 минут, час, весь вечер

4 1 год, 4 года, 8 лет

5 минуту, 4 минуты, 10 минут

Б)

❶ 10 часов

❷ в 6 часов

❸ 3 часа

❹ в 12 часов или в час

❺ час

❻ 2 часа

❼ в 7 часов

❽ в 4 часа

연습문제 8

❶ Брат изучает английский язык каждый вторник и каждую пятницу.

❷ Профессор читает лекции каждый понедельник и каждую среду.

❸ Света смотрит телевизор каждый вечер.

❹ Я играю в теннис каждую субботу.

❺ Отец читает газеты каждое утро.

❻ Раньше бабушка пила кофе каждый день.

ДАВА́ЙТЕ ПОГОВОРИ́М!

연습문제 2

❶ Лена любит свою бабушку. / Я знаю её бабушку.

❷ Я читаю его книгу. / Сергей читает свою книгу.

❸ Андрей взял его камеру. / Михаил взял свою камеру.

❹ Алёша рассказывает о нашем компьютере. / Мы рассказываем о своём компьютере.

❺ Света и Дима спрашивают о своём друге. / Валя спрашивает об их друге.

연습문제 3

❶ - У тебя есть сестра?
 - Да, у меня есть сестра.
 - Нет, у меня нет сестры.

❷ - У тебя есть дедушка?
 - Да, у меня есть дедушка.
 - Нет, у меня нет дедушки.

❸ - У тебя есть бабушка?
 - Да, у меня есть бабушка.
 - Нет, у меня нет бабушки.

❹ - У тебя есть дядя?
 - Да, у меня есть дядя.
 - Нет, у меня нет дяди.

❺ - У тебя есть тётя?

 - Да, у меня есть тётя.
 - Нет, у меня нет тёти.

❻ - У тебя есть племянник (племянница)?
 - Да, у меня есть племянник (племянница).
 - Нет, у меня нет племянника (племянницы).

❼ - У тебя есть двоюродный брат (двоюродная сестра)?
 - Да, у меня есть двоюродный брат (двоюродная сестра).
 - Нет, у меня нет двоюродного брата (двоюродной сестры).

연습문제 6

❶ Вера играет на скрипке.

❷ Мужчины играют в футбол.

❸ Мальчик играет в компьютерные игры.

❹ Наша команда играет в бейсбол.

❺ Вы играете в баскетбол?

❻ Она играет на пианино.

АУДИ́РОВАНИЕ

연습문제 1

❶ a)

❷ d)

❸ b)

❹ c)

듣기 대본

Андрей – симпатичный молодой человек, он живёт в Новгороде. В прошлом году Андрей учился в университете, изучал математику и физику, а сейчас он работает в школе, преподаёт математику. Обычно он кончает работу в 4 часа и идёт на стадион. Там он и его друзья играют в футбол или баскетбол. Потом они ужинают, и Андрей едет домой. Дома он отдыхает, читает газеты, журналы, слушает музыку, иногда смотрит телевизор. В субботу и в воскресенье Андрей и его подруга Юлия обычно гуляют в лесу или в парке.

연습문제 2

❶ да

❷ нет

❸ нет

❹ нет

❺ да

❻ нет

듣기 대본

Игорь: Люда, когда ты обычно встаёшь?

Люда: Я встаю в 7 часов. А ты, Игорь?

Игорь: Я тоже в 7.

Люда: Ты едешь в университет на автобусе или на метро?

Игорь: На метро.

Люда: Как долго ты едешь?

Игорь: Десять - пятнадцать минут. А ты тоже едешь на метро?

Люда: Нет, я двадцать пять минут еду на автобусе.

Игорь: Что ты обычно делаешь после лекций?

Люда: Сначала занимаюсь в библиотеке, потом играю в теннис. А ты?

Игорь: Я играю в шахматы в нашем спортивном клубе.

❶ Утром Игорь и Люда встают в 7 часов?

❷ Люда едет в университет на автобусе и метро?

❸ Она едет пятнадцать или двадцать минут?

❹ Игорь едет на метро двадцать минут?

❺ Лекции кончаются, и Люда идёт в библиотеку?

❻ После лекций Игорь идёт на стадион.

제 11 과

복 습

① У Наташи, брат

② своего брата

③ У Вадима Андреевича, сына и дочери

④ На нашей улице, магазина, аптеки и почты

⑤ в бадминтон, всю пятницу

⑥ на гитаре, каждую субботу и каждое воскресенье

⑦ времени, двенадцать часов

⑧ в музее, в пять часов

⑨ в библиотеке, два или три часа.

ГОВОРИ́ТЕ ПРА́ВИЛЬНО!

연습문제 1

увидеть	встретить
пойти	купить
послушать	рассказать
написать	спросить
начать	взять

연습문제 2

❶ обедают ❷ гуляют

❸ живёт ❹ отдыхают

❺ изучает ❻ играют

❼ покупает ❽ играет

연습문제 3

❶ читал(а) ❷ прочитали

❸ читали ❹ прочитала

❺ покупали ❻ купила

연습문제 4

❶ писал ❷ написал

❸ написали ❹ писала

❺ написала ❻ ели

❼ съел ❽ съела

❾ ел

연습문제 5

❶ учил ❷ выучил(а)

❸ читали ❹ прочитал

연습문제 6

❶ гуляли

❷ погуляли

❸ шёл

❹ пошла

❺ приготовила

❻ готовила

❼ делала

❽ сделала

❾ делал

⑩ сделали

⑪ сделал, сделал

⑫ нарисовала, нарисовала

⑬ рисовала

⑭ нарисовала

⑮ рисовал

⑯ нарисовал

⑰ нарисовал, нарисовал

⑱ нарисовал

연습문제 7

❶ обедает, обедал, обедал, обедает

❷ играют, играла, играет

❸ живём, жили

❹ изучал, изучаю

❺ занимается, занимался

❻ играют, играли

ДАВÁЙТЕ ПОГОВОРИ́М!

연습문제 3

❶ - Как часто ты покупаешь фрукты?
   - Я покупаю фрукты каждое утро.

❷ - Как часто ты ешь рис?
   - Я ем рис каждый день.

❸ - Как часто ты смотришь фильмы в кинотеатре?
   - Я смотрю фильмы в кинотеатре каждую субботу.

❹ - Как часто ты отдыхаешь на юге?
   - Я отдыхаю на юге каждое лето.

❺ - Как часто ты играешь в баскетбол?
   - Я играю в баскетбол каждую среду.

❻ - Как часто ты играешь в компьютерные игры?
   - Я играю в компьютерные игры каждое воскресенье.

연습문제 4

❶ - Как долго ты рассказываешь о русской культуре?
   - Я рассказываю о русской культуре весь урок.

❷ - Как долго ты показываешь фотографии?
   - Я показываю фотографии час.

❸ - Как долго ты живёшь в Москве?
   - Я живу в Москве год.

❹ - Как долго ты работаешь в фирме?
   - Я работаю в фирме 5 лет.

❺ - Как долго ты изучаешь японский язык?
   - Я изучаю японский язык 3 года.

❻ - Как долго ты играешь в теннис?
   - Я играю в теннис весь вечер.

연습문제 5

❶ В детстве он тоже часто играл в теннис.

❷ Раньше он тоже каждый день занимался в библиотеке.

❸ Когда Юля училась в школе, она тоже редко читала газеты.

❹ В прошлом году отец тоже никогда не отдыхал.

❺ Когда брат учился в университете, он тоже много курил.

연습문제 6

❶ Обычно я завтракаю в 7 часов, но сегодня утром позавтракал в 8 часов (9 часов).

❷ Обычно дети играют в футбол, но вчера сыграли в баскетбол (в бейсбол).

❸ Обычно профессор говорит: «Здравствуйте!», но сегодня утром сказал: «Доброе утро!»

❹ Обычно я ложусь спать в 11 часов, но вчера лёг в 12 часов (в час).

❺ Обычно Ира встаёт в 7 часов, а сегодня встала в 8 часов (в 6 часов).

연습문제 7

❶ Потому что я уже выучил(а) новые слова (их).

❷ Потому что дети уже сделали упражнение (его).

❸ Потому что я уже позвонил(а) домой.

❹ Потому что Света уже написала письмо (его).

❺ Потому что Олег уже рассказал о Петербурге (о нём).

❻ Потому что я уже приготовил(а) ужин (его).

연습문제 정답

연습문제 8

А)

❶ Обычно когда я иду в университет, я слушаю музыку (слушаю новости···)

❷ Обычно когда я делаю домашнее задание, я пью кофе (смотрю телевизор/ слушаю музыку···)

❸ Когда я еду на автобусе, я читаю газеты (слушаю музыку/ смотрю в окно/ сплю···)

❹ Когда мы гуляем в парке, мы разговариваем (едим мороженое/ слушаем музыку···)

Б)

❶ Когда я писал упражнение, я думал о грамматике (спрашивал Таню о грамматике/ слушал музыку/ смотрел телевизор···)

❷ Когда я ехал на метро, я читал книгу (спал/ слушал новости···)

❸ Летом когда мы отдыхали на море, мы хорошо проводили время (мы каждый день плавали···)

❹ Утром когда я шёл в университет, я думал об экзамене (ел мороженое···)

В)

❶ Когда я погулял, я пообедал (сделал домашнее задание/ пошёл в библиотеку···)

❷ Когда брат написал письмо, он поужинал (он пошёл на почту···)

❸ Когда мама приготовила обед, она пошла в парк (дети пообедали···)

❹ Когда семья позавтракала, сестра вымыла посуду (папа поехал на работу···)

연습문제 9

❶ Дима сказал, что он уже прочитал газету.

❷ Отец спросил сына, что он сейчас делает.

❸ Виктор сказал, что вчера он весь день занимался в библиотеке.

❹ Вера спросила Олю, есть ли у неё лишняя ручка.

❺ Олег спросил Наташу, любит ли она танцевать.

❻ Я спросил друга, что он обычно делает вечером.

연습문제 10

Олег спросил Анну, что она делала вчера. Анна сказала, что она учила новые слова. Олег спросил, долго ли она учила слова. Анна сказала, что она учила слова час. Олег спросил, все ли слова она выучила. Анна сказала, что она выучила все слова. Олег спросил Анну, что делал её младший брат, когда она учила слова. Анна сказала, что он учил стихи. Когда он выучил стихи, они пошли в кино.

연습문제 11

❶ Как долго ты вчера занимался в библиотеке?

❷ Как часто вы играете в бадминтон?

❸ Когда ваша семья ужинает?

❹ Как долго мама вчера готовила ужин?

❺ Что бабушка делала вчера вечером?

❻ Почему брат не обедает?

❼ Света хорошо написала текст?

❽ Что вы делали вчера на уроке?

❾ Что ты сделал дома?

АУДИ́РОВАНИЕ

연습문제 1

❶ d) ❷ c)

❸ c) ❹ b)

❺ c)

듣기 대본

Олег: Соня, что ты делала в субботу?

Соня: Я делала разные домашние дела: утром убирала свою комнату, днём стирала и готовила обед, а вечером готовила ужин.

Олег: А в воскресенье?

Соня: Я отдыхала, смотрела телевизор, гуляла, писала письма, потом весь вечер делала домашнее задание. А что ты делал в субботу и в воскресенье?

Олег: В субботу я занимался в библиотеке утром и днём, а в 6 часов играл в бадминтон. Я играл час или 2 часа. А в воскресенье днём я 3 часа отдыхал на море.

연습문제 2

❶ нет
❷ да
❸ нет
❹ нет
❺ да
❻ да
❼ нет

듣기 대본

Яна: Алло!

Дима: Привет, Яна, что ты сейчас делаешь?

Яна: Привет, Дима! Я всё утро делаю домашнее задание. А ты уже всё сделал?

Дима: Я написал упражнение, прочитал и перевёл интересный текст о русском балете.

Яна: - А ты выучил диалог?

Дима: Не выучил, я выучил только новые слова. А ты?

Яна: Я хорошо выучила диалог, прочитала и перевела текст, но не написала упражнение

Дима: Яна, а давай пойдём сегодня вечером в кино, я слышал, что в кинотеатре «Русь» сейчас идёт хороший исторический фильм.

Яна: Спасибо, но я вчера уже посмотрела этот фильм.

Вопросы:

❶ Сейчас вечер?
❷ Яна не сделала упражнение?
❸ Дима сделал всё домашнее задание?
❹ Он написал интересный текст о русском балете?
❺ Дима знает новые слова?
❻ Яна хорошо знает диалог?
❼ Сегодня Яна и Дима идут в кинотеатр?

А

а́вгуст	8월
авто́бус	버스
автомоби́ль	자동차
аккура́тно	깔끔하게, 조심스럽게
Алло́!	여보세요!
Аме́рика	미국
америка́нец	미국인 (남자)
америка́нка	미국인 (여자)
америка́нский	미국의
Англия	영국
англича́нин	영국인 (남자)
англича́нка	영국인 (여자)
англи́йский	영국의
англи́йский язы́к	영어
апре́ль	4월
апте́ка	약국
апте́карь	약사
аудито́рия	강의실
аэропо́рт	공항

Б

ба́бушка	할머니
бадминто́н	배드민턴
Байка́л	바이칼 호수
бале́т	발레
бана́н	바나나
банк	은행
баскетбо́л	농구
бассе́йн	수영장
бег	달리기, 도주
бе́гать	달리다
бежа́ть	달리다
бейсбо́л	야구
бе́лый	흰
бе́рег	기슭
библиоте́ка	도서관
библиоте́карь	사서
бизнесме́н	사업가

бли́жний	가까운
бли́зко	가까이
блу́зка	블라우스
боле́знь	병
боль	고통
больни́ца	병원
большо́й	큰
борщ	보르시(우크라이나식 수프)
борьба́	전투
(спорти́вная борьба́: са́мбо, дзюдо́ и т.д.)	
	(격투기: 삼보, 유도 등)
брат	남자 형제
брать	택하다, 고르다
брю́ки	바지
бутербро́д	샌드위치
бы́стро	빨리
быть	존재하다

В

вам (см. вы)	вы의 여격
ва́ми (см. вы)	вы의 조격
вас (см. вы)	вы의 대격
ваш (ва́ша, ва́ше, ва́ши)	당신의
Вашингто́н	워싱턴
везти́	1. 차를 태워 데려가다
	2. 운이 좋다
верну́ться	돌아오다
верх	상층, 정상, 위
ве́рхний	위의, 겉에 입는
ве́село	즐겁게
весёлый	즐거운, 명랑한
весе́нний	봄의
весна́	봄
вести́	데리고 가다, 인도하다
весы́	저울
весь (вся, всё, все)	모든
ве́чер	저녁
ве́чером	저녁에
ве́шать	걸다

вещь	물건
взять (см. брать)	택하다, 고르다, 집다
ви́деть	보다
вино́	포도주
виногра́д	포도
висе́ть	걸려 있다
включа́ть	켜다
включи́ть (см. включа́ть)	
	켜다 (включа́ть의 완료상)
вку́сный	맛있는
власть	권력
вме́сте	함께
внима́ние	주의
внима́тельно	주의 깊게
вода́	물
войти́ (см. входи́ть)	들어가다
вокза́л	기차역
волейбо́л	배구
волк	늑대
вопро́с	질문
воро́та	대문
восемна́дцать	18
во́семь	8
во́семьдесят	80
восемьсо́т	800
воскресе́нье	일요일
восьмо́й	여덟 번째의
восто́к	동
восто́чный	동방의, 동양의
вперёд	앞으로
врач	의사
вре́мя	시간
всегда́	항상
вспоми́нать	기억하다, 회상하다
вспо́мнить (см. вспоминать)	
	기억하다, 회상하다 (вспомина́ть의 완료상)
встава́ть	일어나다

встать (см. встава́ть)	일어나다 (встава́ть의 완료상)
встре́тить (см. встреча́ть)	
	만나다 (встреча́ть의 완료상)
встре́титься (см. встреча́ться)	
	만나다 (встреча́ться의 완료상)
встреча́ть	만나다
встреча́ться	만나다
вто́рник	화요일
второ́й	두 번째의
вход	입구
входи́ть	들어가다
вчера́	어제
вчера́шний	어제의
вы	당신, 당신들, 너희들
вы́йти (см. выходи́ть)	나가다 (выходи́ть의 완료상)
вы́мыть (см. мыть)	씻다, 씻어내다 (мыть의 완료상)
вы́пить (см. пить)	마시다 (пить의 완료상)
высо́кий	높은, 키가 큰
вы́ставка	전시회
выступа́ть	출연하다, 나서다
вы́ступить (см. выступа́ть)	
	출연하다, 나서다 (выступа́ть의 완료상)
вы́учить (см. учи́ть)	공부하다, 암기하다 (учи́ть의 완료상)
вы́ход	출구
выходи́ть	나가다

Г

газе́та	신문
га́лстук	넥타이
где	어디에
Герма́ния	독일
гимна́стика	체조

гита́ра	기타	де́вять	9
глаз	눈	девятьсо́т	900
говори́ть	말하다	девя́тый	아홉 번째의
год	해, 년	де́душка	할아버지
го́лод	배고픔, 기아	дека́брь	12월
го́лос	목소리	де́лать	하다
голубо́й	푸른색의, 하늘색의	де́ло (Как дела́?)	일 (어떻게 지내니?)
гольф	골프	день	날, 낮
го́род	도시	де́ньги	돈
горо́х	완두콩	дере́вня	시골
горя́чий	뜨거운	де́сять	10
го́спиталь	병원	деся́тый	열 번째의
гости́ница	호텔	де́ти	아이들
гость	손님	де́тский	어린이의, 어린 아이를 위한
гото́вить	준비하다, 요리하다	де́тство (в де́тстве)	유년 시절 (유년시절에)
гото́виться	준비하다	джем	잼
грудь	가슴	джи́нсы	청바지
гру́ппа	그룹	дзюдо́	유도
гуля́ть	산책하다	диало́г	대화
		диск	원판, 디스크
		дискоте́ка	디스코텍
Д		днём	낮에
да	네(yes)	до́брый	선한, 착한
дава́ть	주다	До́брый ве́чер!	안녕하세요! (저녁 인사)
далеко́	멀리	До́брый день!	안녕하세요! (낮 인사)
дари́ть	선물하다	До́брое у́тро!	안녕하세요! (아침 인사)
дать (см. дава́ть)	주다 (дава́ть의 완료상)	дождь	비
да́ча	별장, 다차	до́лго	오랫동안
два (две)	2	дом	집
два́дцать	20	дома́шний	집의
двадца́тый	스무 번째의	дома́шнее зада́ние	숙제
двена́дцать	12	дома́шние дела́	집안일
дверь	문	домохозя́йка	가정주부
две́сти	200	До свида́ния!	안녕히 가세요!
двою́родная сестра́	사촌 언니/누나/동생		(헤어질 때 하는 인사)
двою́родный брат	사촌 형제		
де́вочка	소녀	дочь	딸
де́вушка	아가씨	дре́вний	오래된
девяно́сто	90	друг	친구
девятна́дцать	19	друго́й	다른
		ду́мать	생각하다

духи́ 향수

дя́дя 아저씨

Е

его́
1. 그의(소유형용사)

2. 그를(인칭대명사 대격)

её
1. 그녀의(소유형용사)

2. 그녀를(인칭대명사 대격)

е́здить (차를 타고) 가다

есть
1. 존재하다 (be 동사)

2. 먹다

е́хать (на маши́не) (차를 타고) 가다

Ж

жа́лко 불쌍하다

жаль (Очень жаль!) 유감이다 (매우 유감이다!)

ждать 기다리다

жела́ние 소망, 바람

жела́ть 바라다, 소망하다

желе́зо 철

жёлтый 노란

жена́ 아내

же́нщина 여자

же́нский 여자의

жизнь 삶, 인생

жить 살다

жук 딱정벌레

журна́л 잡지

журнали́ст 기자

З

забыва́ть 잊다

забы́ть (см. забыва́ть) 잊다 (забыва́ть의
완료상)

заво́д 공장

за́втра 내일

за́втрак 아침식사

за́втракать 아침을 먹다

за́втрашний 내일의

зайти́ (см. заходи́ть) 들르다 (заходи́ть의
완료상)

закрыва́ть 닫다, 덮다

закры́ть (см. закрыва́ть)

닫다, 덮다 (закрыва́ть
의 완료상)

занима́ться 공부하다, ~을 하다

заня́тие 1. 일, 2. 수업

за́пад 서, 서양

за́падный 서양의, 서쪽의

записа́ть (см. запи́сывать)

메모하다 (запи́сывать
의
완료상)

запи́сывать 메모하다

заплати́ть (см. плати́ть)

지불하다 (плати́ть의
완료상)

запомина́ть 기억해 두다

запо́мнить (см. запомина́ть)

기억해 두다
(запомина́ть의
완료상)

заходи́ть 들르다

захоте́ть (см. хоте́ть) 원하다
(хоте́ть의 완료상)

защити́ть (см. защища́ть)

방어하다
(защища́ть의 완료상)

защища́ть 방어하다

звать (Как вас зову́т?) 부르다 (당신의 이름은
무엇입니까?)

зверь 짐승

звони́ть 전화하다

зда́ние 건물

здесь 여기에, 여기에서

здоро́вье 건강

Здра́вствуй! Здра́вствуйте!

안녕! 안녕하세요!

зелёный	초록색의	иска́ть	찾다
зе́ркало	거울	иску́сство	예술
зима́	겨울	Испа́ния	스페인
зи́мний	겨울의	испа́нский	스페인의
зимо́й	겨울에	испа́нский язы́к	스페인어
знако́мить	소개시키다	истори́ческий	역사의, 역사적인
знако́миться	인사를 나누다	исто́рия	역사
знако́мый (челове́к)	아는 (사람)	ию́ль	7월
знать	알다	ию́нь	6월
значе́ние	가치		
зо́лото	금		
зуб	이, 치아		

И

К

игра́	놀이, 게임	кабине́т	사무실
игра́ть	놀다, 연주하다, 운동하다	ка́ждый	매, 모든
игру́шка	장난감	как	어떻게, ~처럼
идти́	1. 가다	како́й	어떤
	2. (비, 눈이) 오다	календа́рь	달력
	3. (시간이) 흐르다	кальма́р	오징어
изве́стный	유명한	ка́мень	돌
Извини! (Извини́те!)	미안해! (죄송합니다!)	ка́мера (видеока́мера)	카메라 (비디오 카메라)
изуча́ть	공부하다	Кана́да	캐나다
изучи́ть (см. изуча́ть)	공부하다 (изуча́ть의 완료상)	кани́кулы	방학
		капу́ста	양배추
и́ли	혹은	каранда́ш	연필
и́мя	이름	ка́рта (географи́ческая ка́рта, ка́рта го́рода)	
инжене́р	엔지니어		지도 (지리학 지도, 도시 지도)
иногда́	때때로	карти́на	그림
иностра́нец	외국인 (남자)	ка́рты (игра́ть в ка́рты)	카드 (카드놀이를 하다)
иностра́нка	외국인 (여자)	карто́фель (карто́шка)	감자
иностра́нный	외국의	кафе́	카페
иностра́нный язы́к	외국어	ка́шель	기침
институ́т	연구소	кварти́ра	아파트
интеллиге́нция	인텔리겐치아	кем (см. кто)	кто의 조격
интере́сно	흥미롭다	кино́	영화
интере́сный	재미있는	кинотеа́тр	영화관
интересова́ться	관심을 가지다	кита́ец	중국인 (남자)
Интерне́т	인터넷	Кита́й	중국
		кита́йский	중국의
		кита́йский язы́к	중국어

китая́нка	중국인 (여자)
класс	교실, 학년
класси́ческий	고전적인
класть	~에 두다
клубни́ка	딸기
кни́га	책
кни́жный магази́н	서점
когда́	언제
кого́ (см. кто)	кто의 생격, 대격
колбаса́	살라미
кома́нда	팀
ко́мната	방
компа́ния	회사, 일행
компью́тер	컴퓨터
компью́терная игра́	컴퓨터 게임
(о) ком (см. кто)	кто의 전치격
кому́ (см. кто)	кто의 여격
консе́рвы	통조림 식품
конце́рт	콘서트
конча́ть	끝내다
ко́нчить (см. конча́ть)	끝내다 (конча́ть의 완료상)
конча́ться	끝나다
ко́нчиться (см. конча́ться)	끝나다 (конча́ться의 완료상)
коре́ец	한국인 (남자)
коре́йский	한국의
коре́йский язы́к	한국어
коре́йско-ру́сский (слова́рь)	한러 (사전)
Коре́я	한국
корея́нка	한국인 (여자)
кори́чневый	갈색의
костю́м	정장
кот	고양이
кото́рый	관계대명사
ко́фе	커피
краб	새우
краси́во	아름답게

краси́вый	아름다운
кра́сный	빨간, 붉은
крестья́нин	농민
кри́кнуть (см. крича́ть)	외치다 (крича́ть의 완료상)
крича́ть	외치다
крова́ть	침대
кровь	피
кто	누구
ку́кла	인형
культу́ра	문화
купи́ть (см. покупа́ть)	사다 (покупа́ть의 완료상)
кури́ть	담배를 피우다
ку́рица	닭, 닭고기
курс	년, 코스(과정)

Л

ла́мпа	램프
лежа́ть	누워 있다
ле́кция	강의
лес	숲
лет (см. год)	해, 년 (год의 복수 생격형)
лета́ть	날다
ле́то	여름
ле́том	여름에
ле́тний	여름의
лечь (см. ложи́ться)	눕다 (ложи́ться의 완료상)
лечь спать	잠자리에 들다
лёд	얼음
лимо́н	레몬
литерату́ра	문학
лиса́	여우
лифт	엘리베이터
лицо́	얼굴
ли́шний	남는, 잉여의
ложи́ться	눕다

ложи́ться спать	잠자리에 들다
Ло́ндон	런던
ло́шадь	말
лук	양파
луна́	달
люби́ть	사랑하다
любо́вь	사랑
лю́ди	사람들

М

магази́н	상점
магнитофо́н	녹음기
май	5월
ма́ленький	작은
мали́на	나무 딸기
ма́ло	적게
ма́льчик	소년
ма́ма	엄마
март	3월
ма́сло (расти́тельное ма́сло, сли́вочное ма́сло)	기름 (식물성 기름, 버터)
матема́тика	수학
математи́ческий	수학의
матрёшка	마트료시카
мать	어머니
маши́на	자동차
ме́бель	가구
медици́нский институ́т	의학대학
медве́дь	곰
ме́дленно	천천히
ме́дленный	느린
меня́ (см. я)	я의 대격
ме́сяц	달
метро́	지하철
мечта́	꿈
мечта́ть	꿈꾸다
мёд	꿀
мину́та	분
мла́дший	어린

(обо) мне (см. я)	я의 전치격
мно́го	많이
мной (см. я)	я의 조격
мой (моя́, моё, мой)	나의
молодёжь	젊은이들
молодо́й	젊은
мо́лодость	젊음
молоко́	우유
мо́ре	바다
морко́вь (морко́вка)	당근
моро́женое	아이스크림
Москва́	모스크바
моско́вский	모스크바의
мост	다리
мочь	~을 할 수 있다
муж	남편
мужчи́на	남자
мужско́й	남자의
музе́й	박물관
му́зыка	음악
мы	우리들
мысль	생각, 사고
мыть	씻다
мя́со	고기
мясно́й	고기의, 고기로 만든

Н

наве́рное	아마도
надева́ть	입다
наде́ть (см. надева́ть)	입다 (надева́ть의 완료상)
назва́ть (см. называ́ть)	~이라 명명하다 (называ́ть의 완료상)
называ́ть	~이라 명명하다
называ́ться	~이라 불리다
найти́	찾다, 발견하다
нале́во	왼쪽으로, 왼쪽에
написа́ть (см. писа́ть)	쓰다 (писа́ть의 완료상)
напомина́ть	생각나게 하다, 상기시키다

напо́мнить (см. напомина́ть)

생각나게 하다, 상기시키다

(напомина́ть의 완료상)

напра́во 오른쪽으로, 오른쪽에

нарисова́ть (см. рисова́ть)

그리다 (рисова́ть의 완료상)

нас (см. мы) мы의 대격

научи́ться (см. учи́ться 2)

배우다

находи́ться ~에 위치하다

начина́ть 시작하다

нача́ть (см. начина́ть) 시작하다 (начина́ть의 완료상)

начина́ться 시작되다

нача́ться (см. начина́ться)

시작되다 (начина́ться의 완료상)

наш (на́ша, на́ше, на́ши) 우리의

небольшо́й 자그마한, 크지 않은

невку́сно 맛없게

невку́сный 맛없는

неда́вно 최근에

недалеко́ 가까이

неде́ля (день неде́ли) 주 (요일)

недо́лго 잠시 동안

не́ за что 괜찮습니다

некраси́вый 못생긴

нема́ло 적잖게

не́мец 독일인 (남자)

неме́цкий 독일의

не́мка 독일인 (여자)

немно́го 조금

непло́хо 잘

неплохо́й 좋은(나쁘지 않은)

непра́вда 거짓

нести́ 가지고 가다, 운반하다

нефть 석유

ни́жний 아래의, 안에 입는

низ 아래

никогда́ 결코

но́вость 새로움, 새 소식

но́вый 새로운

нога́ 다리

нож 칼

но́жницы 위

но́мер (но́мер телефо́на, но́мер до́ма, но́мер авто́буса) 번호 (전화번호, 동 호수, 버스 번호)

норма́льно (= хорошо́) 괜찮다 (=좋다)

носи́ть 가지고 가다

носи́ть очки́ 안경을 쓰다

ночь 밤

но́чью 밤에

ноя́брь 11월

ноль (нуль) 0

нра́виться 마음에 들다

О

обе́д 점심식사

обе́дать 점심식사를 하다

о́бувь 신발

общежи́тие 기숙사

обы́чно 보통, 일반적으로

объяви́ть (см. объявля́ть)

선언하다, 광고하다 (объявля́ть의 완료상)

объявля́ть 선언하다, 광고하다

объясни́ть (см. объясня́ть)

설명하다 (объясня́ть의 완료상)

объясня́ть 설명하다

обяза́тельно 반드시

о́вощ (о́вощи) 야채

ого́нь 불

одева́ться 입다

оде́жда 의복

оде́ться (см. одева́ться) 입다 (одева́ться의 완료상)

оди́н (одна́, одно́, одни́)	1
оди́ннадцать	11
о́зеро	호수
ока́нчивать	마치다, 끝내다
окно́	창
око́нчить (см. ока́нчивать)	마치다, 끝내다 (ока́нчивать의 완료상)
октя́брь	10월
он	그
она́	그녀
оно́	그것
они́	그들
ора́нжевый	오렌지색의
о́пера	오페라
освободи́ть (см. освобожда́ть)	해방시키다 (освобожда́ть의 완료상)
освобожда́ть	해방시키다
о́сень	가을
осе́нний	가을의
осма́тривать	둘러보다, 관광하다, 진찰하다
осмотре́ть (см. осма́тривать)	둘러보다, 관광하다, 진찰하다 (осма́тривать의 완료상)
оста́вить (см. оставля́ть)	남기다 (оставля́ть의 완료상)
оставля́ть	남기다
остана́вливать	멈추게 하다
остана́вливаться	멈추다
останови́ть (см. остана́вливать)	멈추게 하다 (остана́вливать의 완료상)
останови́ться (см. остана́вливаться)	멈추다

	(остана́вливаться의 완료상)
о́стров	섬
отве́тить (см. отвеча́ть)	대답하다 (отвеча́ть의 완료상)
отвеча́ть	대답하다
отдохну́ть (см. отдыха́ть)	휴식하다 (отдыха́ть의 완료상)
о́тдых	휴식
отдыха́ть	휴식하다
оте́ц	아버지
открыва́ть	열다
откры́тка	엽서
откры́ть (см. открыва́ть)	열다 (открыва́ть의 완료상)
отправля́ть	보내다
отпра́вить (см. отправля́ть)	보내다 (отправля́ть의 완료상)
о́фис	사무실
о́чень	매우
очки́	안경
ошиба́ться	실수하다
оши́бка	실수
ошиби́ться (см. ошиба́ться)	실수하다 (ошиба́ться의 완료상)

П

пальто́	코트
па́мять	기억
па́па	아빠
Пари́ж	파리
парк	공원
парохо́д	증기선
па́спорт	여권
пассажи́р	승객

Пеки́н	북경
пельме́ни	고기만두
пе́нсия (на пе́нсии)	연금 (연금을 받아 생활하다)
пенсионе́р, пенсионе́рка	
	연금 수령자
пе́рвый	첫 번째의
перевести́ (см. переводи́ть)	
	번역하다 (переводи́ть
	의 완료상)
переводи́ть	번역하다
переда́ча (телевизио́нная переда́ча)	
	프로그램 (TV 프로그램)
пересказа́ть (см. переска́зывать)	
	(요약하여) 다시 말하다
	(переска́зывать의
	완료형)
переска́зывать	(요약하여) 다시 말하다
перча́тка (перча́тки)	장갑
Петербу́рг (Санкт-Петербу́рг)	
	페테르부르크
	(상트 페테르부르크)
петь	노래하다
пе́сня	노래
печь (печь хлеб)	굽다 (빵을 굽다)
пешко́м (идти́ пешко́м)	걸어서 (걸어가다)
пиани́но	피아노
писа́ть	쓰다
письмо́	편지
пить	마시다
пла́вание	수영
пла́вать	수영하다
пла́кать	울다
плати́ть	지불하다
пла́тье	원피스
плащ	비옷, 망토
племя́нник	조카 (남자)
племя́нница	조카 (여자)
пло́хо	나쁘게, 잘 못
пло́щадь	광장
плыть	헤엄치다

по-англи́йски	영어로
по-испа́нски	스페인어로
по-кита́йски	중국어로
по-коре́йски	한국어로
по-ру́сски	러시아어로
по-францу́зски	프랑스어로
побежа́ть (см. бежа́ть)	달리다 (бежа́ть의
	완료상)
по́вар	요리사
повезти́ 1 (см. везти́ 1)	차를 태워 데려가다
	(везти́의 완료상)
повезти́ 2 (см. везти́ 2)	운이 좋다 (везти́의
	완료상)
поверну́ть	방향을 바꾸다
пове́сить (см. ве́шать)	걸다 (ве́шать의 완료상)
повести́ (см. вести́)	데리고 가다, 안내하다
по́весть	중편소설
повтори́ть 1 (см. повторя́ть1)	
	반복하다 (повторя́ть1
	의 완료상)
повтори́ть 2 (см. повторя́ть2)	
	한 번 더 말하다
повторя́ть	1. 반복하다
	2. 한 번 더 말하다
поги́бнуть	죽다
погуля́ть (см. гуля́ть)	산책하다 (гуля́ть의
	완료상)
подари́ть (см. дари́ть)	선물하다 (дари́ть의
	완료상)
пода́рок	선물
подожда́ть (см. ждать)	기다리다 (ждать의
	완료상)
подру́га (подру́жка)	여자친구
поду́мать (см. ду́мать)	생각하다 (ду́мать의
	완료상)
по́езд	기차
пое́хать (см. е́хать)	(차를 타고) 가다 (е́хать
	의 완료상)
пожа́луйста	제발(please)
пожела́ть (см. жела́ть)	원하다, 바라다 (жела́ть

의 완료상)

поза́втракать (см. за́втракать)	
	아침식사를 하다
	(за́втракать의 완료상)
позанима́ться (см. занима́ться)	
	공부하다, ~을 하다
	(занима́ться의 완료상)
позвони́ть (см. звони́ть)	
	전화하다 (звони́ть의
	완료상)
по́здний	늦은
по́здно	늦게
поздра́вить (см. поздравля́ть)	
	축하하다
	(поздравля́ть의
	완료상)
поздравля́ть	축하하다
познако́мить (см. знако́мить)	
	소개하다 (знако́мить
	의 완료상)
познако́миться (см. знако́миться)	
	인사를 나누다
	(знако́миться의
	완료상)
поигра́ть (см. игра́ть)	놀다, (운동을) 하다, (악기
	를) 연주하다 (игра́ть의
	완료상)
поинтересова́ться (см. интересова́ться)	
	관심을 가지다
	(интересова́ться의
	완료상)
поиска́ть (см. иска́ть)	찾다 (иска́ть의 완료상)
пойти́ (см. идти́)	가다 (идти́의 완료상)
пока́ (= до свидания)	안녕 (헤어질 때 하는 인사)
показа́ть (см. пока́зывать)	
	보여 주다
	(пока́зывать의 완료상)
пока́зывать	보여 주다
покупа́ть	사다, 구입하다
покури́ть (см. кури́ть)	담배를 피우다 (кури́ть의

	완료상)
пол	바닥
полете́ть (см. лететь)	날아가다 (лете́ть의
	완료상)
ползти́	기어가다
поликли́ника	병원
положи́ть (см. класть)	놓다 (класть의 완료상)
полуо́стров	반도
получа́ть	받다
получи́ть (см. получа́ть)	받다
	(получа́ть의 완료상)
помечта́ть (см. мечта́ть)	꿈꾸다
	(мечта́ть의 완료상)
помога́ть	돕다
помо́чь (см. помога́ть)	돕다
	(помога́ть의 완료상)
по́мощь	도움
понеде́льник	월요일
понести́ (см. нести́)	가지고 가다, 운반하다
	(нести́의 완료상)
понима́ть	이해하다
понра́виться (см. нра́виться)	
	마음에 들다
	(нра́виться의 완료상)
поня́ть (см. понима́ть)	이해하다
	(понима́ть의 완료상)
пообе́дать (см. обе́дать)	점심을 먹다
	(обе́дать의 완료상)
попла́кать (см. пла́кать)	울다
	(пла́кать의 완료상)
поплы́ть (см. плыть)	헤엄치다
	(плыть의 완료상)
попроси́ть (см. проси́ть)	부탁하다
	(проси́ть의 완료상)
порабо́тать (см. рабо́тать)	
	일하다 (рабо́тать의
	완료상)
порт	항구
портфе́ль	서류가방
посети́ть (см. посеща́ть)	방문하다 (посеща́ть의

	완료상)
посеща́ть	방문하다
посиде́ть (см. сиде́ть)	앉아 있다 (сиде́ть의 완료상)
посла́ть (см. посыла́ть)	보내다 (посыла́ть의 완료상)
по́сле	~한 후에
послу́шать (см. слушать)	듣다 (слу́шать의 완료상)
посмея́ться (см. смея́ться)	웃다 (смея́ться의 완료상)
посмотре́ть (см. смотре́ть)	보다 (смотре́ть의 완료상)
посове́товать (см. сове́товать)	충고하다 (сове́товать의 완료상)
поспа́ть (см. спать)	잠을 자다 (спать의 완료상)
поспеши́ть (см. спеши́ть)	서두르다 (спеши́ть의 완료상)
поспо́рить (см. спо́рить)	논쟁하다, 다투다 (спо́рить의 완료상)
поста́вить (см. ста́вить)	세우다 (ста́вить의 완료상)
постира́ть (см. стира́ть)	세탁하다 (стира́ть의 완료상)
постри́чь (см. стричь)	머리를 자르다 (стричь의 완료상)
постро́ить (см. стро́ить)	건설하다 (стро́ить의 완료상)
поступа́ть	입학하다, 입사하다
поступи́ть (см. поступа́ть)	입학하다, 입사하다 (поступа́ть의 완료상)
посу́да	그릇
поста́вить (см. ста́вить)	세우다 (ста́вить의 완료상)
посыла́ть	보내다
потанцева́ть (см. танцева́ть)	춤추다 (танцева́ть의 완료상)
потому́ что	왜냐하면
поу́жинать (см. у́жинать)	저녁을 먹다 (у́жинать의 완료상)
почему́	왜
почи́стить (см. чи́стить)	씻다, 깨끗하게 하다 (чи́стить의 완료상)
по́чта	우체국
почтальо́н	우체부
почу́вствовать (см. чу́вствовать)	느끼다 (чу́вствовать의 완료상)
поэ́тому	따라서, 그래서
предлага́ть	제안하다
предложи́ть (см. предлага́ть)	제안하다 (предлага́ть의 완료상)
предме́т	물건, 과목
прекра́сный	멋진, 훌륭한
преподава́тель	강사 (남자)
преподава́тельница	강사 (여자)
привезти́ (см. привози́ть)	(차로) 운반하다 (привози́ть의 완료상)
привести́ (см. приводи́ть)	데리고 오다, 인도하다 (приводи́ть의 완료상)
приве́т	안부
Приве́т!	안녕!
приводи́ть	데리고 오다, 인도하다
привози́ть	(차로) 운반하다
привыка́ть	익숙해지다
привы́кнуть (см. привыка́ть)	익숙해지다

	(привыка́ть의 완료상)
приглаша́ть	초대하다
пригласи́ть (см. приглаша́ть)	
	초대하다 (приглаша́ть 의 완료상)
пригото́вить (см. гото́вить)	
	준비하다, 요리하다 (гото́вить의 완료상)
прийти́ (см. приходи́ть)	
	도착하다 (приходи́ть의 완료상)
принести́ (см. приноси́ть)	
	가지고 오다 (приноси́ть의 완료상)
принима́ть	받다, 맞이하다, ~라 여기다
приноси́ть	가지고 오다
приня́ть (см. принима́ть)	
	받다, 맞이하다, ~라 여기다 (принима́ть의 완료상)
прия́тно (Очень прия́тно!)	
	유쾌하게 (매우 기쁩니다!)
приходи́ть	도착하다
прия́тно	반갑다, 반갑게, 기분좋게
прия́тный	기분 좋은, 유쾌한
пробле́ма	문제
прове́рить (см. проверя́ть)	
	검사하다 (проверя́ть의 완료상)
проверя́ть	검사하다
програ́мма (уче́бная програ́мма, телевизио́нная програ́мма)	
	프로그램(학업 프로그램, TV 프로그램)
программи́ст	프로그래머
продава́ть	팔다
продаве́ц	판매원
прода́ть (см. продава́ть)	
	팔다 (продава́ть의 완료상)

проси́ть	부탁하다
профе́ссор	교수
прохла́дно	시원하다, 시원하게
прохла́дный	시원한
проходи́ть	(통과해) 지나가다
прочита́ть (см. чита́ть)	읽다 (чита́ть의 완료상)
про́шлый (в про́шлом году́)	
	지난 (작년에)
пры́гать	껑충껑충 뛰다
пры́гнуть (см. пры́гать)	
	껑충껑충 뛰다 (пры́гать의 완료상)
пря́мо	곧장, 직설적으로
пти́ца	새
Пуса́н	부산
путь	길
пя́тница	금요일
пя́тый	다섯 번째의
пять	5
пятна́дцать	15
пятьдеся́т	50
пятьсо́т	500

Р

рабо́та	일, 일터
ра́дио	라디오
рабо́тать	일하다
ра́дость	기쁨
раз (2 ра́за, 5 раз)	번(2번, 5번)
разгова́ривать	대화하다
ра́зный	다양한
разреша́ть	허락하다
разреши́ть (см. разреша́ть)	
	허락하다 (разреша́ть의 완료상)
ра́но	일찍
ра́нний	이른
расска́зывать	이야기하다
рассказа́ть (см. расска́зывать)	

	이야기하다
	(расскáзывать의
	완료상)
располагáться	위치하다
ребёнок	아기
рéдкий	드문
рéдко	드물게
рекá	강
рестора́н	레스토랑
реша́ть	해결하다, 결정하다
реши́ть (см. реша́ть)	해결하다, 결정하다
	(реша́ть의 완료상)
рис	쌀
рисова́ние	그리기
рисова́ть	그리다
рóдина	조국
роди́тель (роди́тели)	부모 (양친부모)
рóза	장미
рóзовый	장밋빛의
роль	역할
рома́н	소설
Росси́я	러시아
росси́йский	러시아의
роя́ль	피아노
руба́шка	셔츠
рубль	루블
рука́	팔
рýсский 1	러시아의
рýсский 2 (рýсская, рýсские)	
	러시아인(남자) [러시아인
	(여자), 러시아인들]
рýсский язы́к	러시아어
рýсско-коре́йский (слова́рь)	러한 (사전)
рýчка	펜
ры́ба	생선
ры́нок	시장

С

сад	정원
сáмбо	삼보
самолёт	비행기
санатóрий	요양원
Санкт-Петербýрг	상트 페테르부르크
сапóг (сапоги́)	장화
сáхар	설탕
свéжий	신선한
свёкла	비트
сви́тер	스웨터
свобóдное врéмя	여가 시간
свой (своя́, своё, свой)	자신의
сдава́ть экза́мен	시험을 치르다
сдать (см. сдава́ть) экза́мен	
	시험을 치르다
	(сдава́ть의 완료상)
сдéлать (см. дéлать)	하다 (дéлать의 완료상)
сéвер	북
сéверный	북쪽의
сегóдня	오늘
сегóдняшний	오늘의
седьмóй	일곱 번째의
сейча́с	지금
семна́дцать	17
семь	7
сéмьдесят	70
семьсóт	700
семья́	가족
сентя́брь	9월
серебрó	은
сéрый	잿빛의, 회색의
сестра́	여자 형제
Сеýл	서울
сеýльский	서울의
сигарéта	담배
сидéть	앉아 있다
симпати́чный	호감 가는
си́ний	푸른, 청색의
сказа́ть (см. говори́ть)	말하다 (говори́ть의
	완료상)
ска́зка	동화

ско́лько	얼마나	со́товый телефо́н	핸드폰
скри́пка	바이올린	Спаси́бо!	감사합니다!
сла́ва	명예	спать	자다
сле́ва	왼쪽부터, 왼쪽에	спекта́кль	연극, 공연
слова́рь	사전	спеть (см. петь)	노래하다
сло́во	단어	спеши́ть	서두르다
слу́шать	듣다	спо́рить	논쟁하다
слы́шать	듣다	спорт	스포츠
смартфо́н	스마트폰	спорти́вный	운동의
смерть	죽음	спортсме́н	스포츠맨 (남자)
смея́ться	웃다	спортсме́нка	스포츠맨 (여자)
смотре́ть	보다	спра́ва	오른편에서, 우측에서
смочь (см. мочь)	할 수 있다	спра́шивать	질문하다
	(мочь의 완료상)	спроси́ть (см. спра́шивать)	
снача́ла	우선, 먼저		질문하다
снег	눈		(спра́шивать의 완료상)
соба́ка	개	среда́	수요일
собира́ть	모으다	сре́дний	가운데의, 중간의
собира́ться	~할 계획을 세우다	ста́вить	세우다
собра́ние	모임	стадио́н	스타디움
собра́ть (см. собира́ть)	모으다 (собира́ть의	станови́ться	~이 되다
	완료상)	ста́рость	노년
собра́ться (см. собира́ться)		старт	시작
	~할 계획을 세우다	ста́рший	나이가 더 많은
	(собира́ться의 완료상)	ста́рый	늙은, 낡은
сове́товать	충고하다	стать (см. станови́ться)	되다 (станови́ться의
совреме́нный	현대의, 동시대의		완료상)
со́да	소다	стира́ть	세탁
сок	주스	стихи́	시
соль	소금	сто	100
сон	꿈	стол	탁자
сообща́ть	알리다, 통보하다	столо́вая	식탁
сообщи́ть (см. сообща́ть)		стоя́ть	서 있다
	알리다, 통보하다	страна́	나라
	(сообща́ть의 완료상)	страни́ца	페이지
со́рок	40	стричь	머리를 자르다
сосе́д	이웃 (남자)	стро́ить	건설하다
сосе́дка	이웃 (여자)	студе́нт	학생 (남자)
сосе́дний	이웃의	студе́нтка	여학생 (여자)
соси́ска (соси́ски)	소시지	студе́нческий	학생의

стул	의자	три	3
стюардéсса	스튜어디스	трúдцать	30
суббóта	토요일	тринáдцать	13
Сýздаль	수즈달	трúста	300
суп	수프	троллéйбус	트롤리버스
сýтки	1주야, 24시간	трýдно	어렵다
сфотографúровать (см. фотографúровать)		трýдный	어려움
	사진 찍다	тут	여기에
	(фотографúровать의	тýфли	구두
	완료상)	ты	너
счáстье	행복	тысяча	천
сыгрáть (см. игрáть)	놀다 (игрáть의 완료상)		
сын	아들		
сыр	치즈		
съесть (см. есть)	먹다 (есть의 완료상)		
сюдá	여기로		

У

убирáть (кóмнату)	치우다 (방을 치우다)
убóрка	청소
убрáть (см. убирáть)	치우다 (убирáть의 완료상)
уважáть	존경하다
увúдеть (см. вúдеть)	보다 (вúдеть의 완료상)
ýгол	구석
ýголь	석탄
уйтú (см. уходúть)	떠나다 (уходúть의 완료상)
ужé	이미
ýжин	저녁식사
узнавáть	물어서 알다, 알아보다, 알아채다
узнáть	물어서 알다, 알아보다, 알아채다 (узнавáть의 완료상)
ýжинать	저녁식사를 하다
ýлица	거리
улыбáться	미소 짓다
улыбнýться (см. улыбáться)	
	미소 짓다 (улыбáться의 완료상)
умерéть (см. умирáть)	죽다 (умирáть의 완료상)
умирáть	죽다

Т

таксú	택시
там	저기에
танцевáть	춤추다
твой (твоя, твоё, твои)	너의
теáтр	극장
текст	텍스트
телевúзор	TV
телефóн	전화기
темнó	어둡다
темнотá	어둠
тéннис	테니스
тепéрь	이제
тест	테스트
тетрáдь	공책
тётя	아줌마, 고모, 이모
тúхо	조용히
тóже	역시
Тóкио	도쿄
торт	케이크
трамвáй	전차
трéтий	세 번째의

у́мный	똑똑한	фи́рма	회사
умыва́ться	씻다, 세수하다	фиоле́товый	보라색의
умы́ться (см. умыва́ться)		флаг	깃발
	씻다, 세수하다	фотоаппара́т	사진기
	(умыва́ться의 완료상)	фотографи́ровать	사진 찍다
университе́т	대학	фотогра́фия	사진
упражне́ние	연습문제, 연습	Фра́нция	프랑스
уро́к	수업, (책의) 과	францу́зский	프랑스의
услы́шать (см. слы́шать)		францу́зский язы́к	프랑스어
	듣다 (слы́шать의	фрукт (фру́кты)	과일
	완료상)	футбо́л	축구
устава́ть	피로해지다		
уста́ть (см. устава́ть)	피로해지다 (устава́ть의	**Х**	
	완료상)		
у́тренний	아침의	Хаба́ровск	하바롭스크
у́тро	아침	хлеб	빵
у́тром	아침에	ходи́ть	가다, 다니다
утю́г	다리미	хо́лодно	춥다
уха́	생선 수프	холо́дный	추운
у́хо (у́ши)	귀	хоро́ший	좋은
уходи́ть	떠나다	хорошо́	잘, 좋게
уче́бник	교과서	хоте́ть	원하다
учёба	학업		
учи́тель	(초·중·고등학교) 교사	**Ц**	
	(남자)		
учи́тельница	(초·중·고등학교) 교사	цель	목표
	(여자)	центр	시내, 중심
учи́ть (= изуча́ть)	공부하다	центра́льный	시내의, 중심의
учи́ться	공부하다	це́рковь	교회
ую́тный	편안한	цвет (цвета́)	색
		цвето́к (цветы́)	꽃
		цирк	서커스
Ф			
		Ч	
фа́брика	공작		
факс	팩스	чай	차
факульте́т	학부	час	시간
фестива́ль	축제	ча́сто	자주
февра́ль	2월	часть	부분
фи́зика	물리학	часы́	시계
физи́ческий	물리적인, 신체의	чего́ (см. что)	**что**의 생격

чей (чья, чьё, чьи)	누구의
чем (см. что)	что의 조격
чему́ (см. что)	что의 여격
(о) чём (см. что)	что의 전치격
челове́к	인간
четве́рг	목요일
четвёртый	네 번째의
четы́ре	4
четы́реста	400
четы́рнадцать	14
чёрный	검은
Чёрное мо́ре	흑해
чи́стить	깨끗하게 하다
чи́стый	깨끗한
чита́ть	읽다
чте́ние	독서
что	무엇
чу́вствовать	느끼다
чужо́й	낯선, 타인의

Ш

ша́пка	모자
шар	구(球), 원
шарф	스카프
ша́хматы	서양 장기
шесто́й	여섯 번째의
шестна́дцать	16
шесть	6
шестьдеся́т	60
шёл, шла, шли (см. идти́)	
	идти́ 동사의 과거형
широ́кий	넓은
шкаф	찬장, 장
шко́ла	(초·중·고등) 학교
шко́льник	(초·중·고등) 학생 (남자)
шко́льница	(초·중·고등) 학생 (여자)
шум	소음

Щ

щётка	솔
щу́ка	꼬치고기

Э

экза́мен	시험
эконо́мика	경제
экономи́ческий	경제적인
экску́рсия	견학
эта́ж	층
э́то	이것은, 이 사람은
э́тот (э́та, э́то, э́ти)	이(this)
Эрмита́ж	에르미타쥬 박물관

Ю

ю́бка	치마
юг	남쪽, 남
ю́жный	남쪽의
ю́ный	젊은

Я

я	나
я́блоко	사과
я́года	열매
янва́рь	1월
япо́нец	일본인 (남자)
Япо́ния	일본
япо́нка	일본인 (여자)
япо́нский	일본의
япо́нский язы́к	일본어

실속 100% 개정판
러시아어
첫걸음 1

초판발행	2007년 3월 23일
개정판 인쇄	2019년 1월 25일
개정판 7쇄	2023년 3월 31일

저자	안지영, 갈리나 부드니코바
책임편집	양승주, 권이준, 김아영
펴낸이	엄태상
디자인	진지화
조판	이서영
콘텐츠 제작	김선웅, 장형진, 조현준
마케팅	이승욱, 왕성석, 노원준, 조성민, 이선민
경영기획	조성근, 최성훈, 정다운, 김다미, 최수진, 오희연
물류	정종진, 윤덕현, 신승진, 구윤주

펴낸곳	랭기지플러스
주소	서울시 종로구 자하문로 300 시사빌딩
주문 및 교재 문의	1588-1582
팩스	0502-989-9592
홈페이지	www.sisabooks.com
이메일	book_etc@sisadream.com
등록일자	2000년 8월 17일
등록번호	제300-2014-90호

ISBN 978-89-5518-587-4(14790)